内 容 提 要

旅游目的地管理是包含多元系统的专业化和精细化管理活动，本教材以思政融合为导向，结合国际视野、家国情怀、专业知识和实践技能，立足于丰富的教学案例和课后活动，强调理论与实践相结合，以及教师讲授和学生讨论相结合的教学方法。本教材遵循"基础导论—利益相关者—运营管理—趋势与演化"的编写逻辑，以十三章内容覆盖旅游目的地管理的基础知识点，深入介绍国际前沿的理论、概念和案例，助力培养新时代全球化和本土化思维相结合的旅游目的地管理人才。

图书在版编目(CIP)数据

旅游目的地管理：课程思政版/周凌旭主编．—武汉：华中科技大学出版社，2023.6（2025.1 重印）
ISBN 978-7-5680-9582-2

Ⅰ.①旅…　Ⅱ.①周…　Ⅲ.①旅游地-旅游资源-资源管理-教材　Ⅳ.①F590.3

中国国家版本馆CIP数据核字(2023)第112775号

旅游目的地管理(课程思政版)
Lüyou Mudidi Guanli (Kecheng Sizheng Ban)
周凌旭　主编

策划编辑：李　欢　王　乾
责任编辑：王梦嫣
封面设计：原色设计
责任校对：李　弋
责任监印：周治超
出版发行：华中科技大学出版社(中国·武汉)　　电话：(027)81321913
　　　　　武汉市东湖新技术开发区华工科技园　　邮编：430223
录　　排：孙雅丽
印　　刷：武汉科源印刷设计有限公司
开　　本：787mm×1092mm　1/16
印　　张：15.5
字　　数：352千字
版　　次：2025年1月第1版第2次印刷
定　　价：49.80元

总序

Introduction

2014年5月，习近平总书记在北京大学师生座谈会上的讲话中指出，全国高等院校要走在教育改革前列，紧紧围绕立德树人的根本任务，加快构建充满活力、富有效率、更加开放、有利于学校科学发展的体制机制，当好教育改革排头兵。为了实现立德树人的根本任务，中央和国家有关部门出台了多项文件政策。2019年，中共中央办公厅、国务院办公厅印发了《关于深化新时代学校思想政治理论课改革创新的若干意见》，强调要整体推进高校课程思政建设，使各类课程与思政课同向同行，形成协同效应。2020年，教育部印发《高等学校课程思政建设指导纲要》，强调课程思政是高校落实立德树人根本任务的战略举措。因此，高校落实立德树人根本任务，不仅要突出思政课程的地位，更要强化专业课程的思政建设，共同构筑良好的育人课程体系，引导学生塑造正确的世界观、人生观、价值观。

教材建设是课程思政建设的重要内容，对于落实立德树人的根本任务具有重要意义。以往的教材编写，主要侧重于专业知识的讲解，忽略了思政育人作用。即使有较好的育人素材，也没有进行很好的挖掘。基于此，为落实立德树人根本任务，进一步强化国家级一流本科专业（旅游管理）建设，中南财经政法大学旅游管理系筹划了旅游管理专业课程思政系列教材的编写。本系列教材由教育部高等学校旅游管理类专业教学指导委员会委员、湖北名师邓爱民教授担任总主编和总策划。本系列教材从结构到内容，均实现了较大的创新和突破，具有以下特点。

一、突出课程思政主题

本系列教材在编写过程中注重将习近平新时代中国特色社会主义思想“基因式”地融入，推进专业教育和思政教育的有机结合，用“双轮驱动”打破思政教育与专业教育相互隔绝的“孤岛效应”，将价值塑造、知识传授和能力培养三者融为一体，培养学生的家国情怀、职业责任和科学精神。

二、结构新颖

为落实立德树人根本任务，突出课程思政教材的主题，本系列教材在结构安排上实现了创新。例如，《现代旅游发展导论》在每个章节前面列出了本章的“思政元素”，在章节正文部分,无论是案例引用,还是内容介绍,都有机融入了课程思政元素。在每章结束部分,单列了"本章思政总结",对本章涉及的思政元素进行总结、提炼和升华,强化对学生的思政教育。

三、配套全面

本系列教材案例丰富、内容翔实,不仅有利于教师授课,也方便学生自主学习。为适应新时代高校教育模式改革,本系列教材将不断丰富配套资源,建设网络资源平台,方便旅游管理课程思政教学与经验交流。

在编写和出版过程中,本系列教材得到了华中科技大学出版社的大力支持,得到了全国旅游学界和旅游业界的大力帮助,在此一并表示感谢。希望本系列教材能够丰富课程思政教材建设,促进高素质旅游人才培养。

总主编　邓爱民

2021年9月3日

前言

Preface

本教材基于编者五年的旅游目的地管理课程教学经验，结合旅游目的地管理的前沿实践和课程思政的基本需求编写。旅游目的地管理是教育部高校旅游管理类专业教学指导委员会列出的旅游管理核心课程之一，市面上的教学资料丰富。本教材立足于丰富的教学案例和课后活动，强调实践与理论相结合，以及教师讲授和学生讨论相结合的教学方法。本教材具备思政融合性与国际化特色，期望以国际前沿的理论、概念和案例，讲授旅游目的地管理知识，培养全球化与本土化思维相结合的旅游目的地管理人才。本教材按照"基础导论—利益相关者—运营管理—趋势与演化"这一逻辑进行编写，主要包含以下十三章：

基础导论	第一章　旅游目的地管理导论 第二章　旅游目的地规划
利益相关者	第三章　旅游目的地政府管理 第四章　旅游目的地社区管理
运营管理	第五章　旅游吸引物管理 第六章　旅游目的地营销管理 第七章　访客管理 第八章　旅游目的地设施管理 第九章　旅游目的地服务管理 第十章　旅游目的地安全与危机管理 第十一章　信息化管理与智慧旅游
趋势与演化	第十二章　旅游目的地发展与演化 第十三章　国际旅游目的地管理经验与借鉴

其中，第一章旅游目的地管理导论介绍了旅游目的地的概念与特征、旅游目的地管理的主要内容与原则、旅游目的地管理的职业认知和能力需求。第二章介绍了旅游目的地规划的相关概念，以及其规划的原则和主要理论。第三章和第四章重点关注旅

游目的地管理中的利益相关者,第三章介绍了旅游目的地政府职能以及旅游目的地政府机构设置等内容,第四章介绍了旅游目的地社区的相关概念与角色以及旅游目的地社区管理的主要内容等。第五章介绍了旅游吸引物的相关概念及其管理的必要性,以及不同类型旅游吸引物开发与保护的策略。第六章介绍了旅游目的地营销管理的PIB模式、市场细分的STP战略、旅游目的地形象定位与塑造的步骤,以及旅游目的地品牌建设的主要流程。第七章为访客管理,介绍了旅游目的地访客管理的主要工具和内容。第八章介绍了旅游目的地设施管理的具体内容,以及相关的基础知识。第九章介绍了旅游目的地服务体系、旅游目的地接待服务体系、旅游目的地公共服务体系和旅游集散地体系等主要内容。第十章介绍了旅游目的地安全的影响因素,以及旅游目的地安全预防与危机应对措施。第十一章介绍了旅游业中信息化管理的现状,以及智慧旅游的应用与发展趋势。从目的地演化和未来发展趋势的角度,第十二章介绍了旅游目的地发展与演化的主要理论和相关的解释模型,以及旅游目的地发展的驱动机制与阻碍因素。第十三章介绍了国际旅游发展历程及相关的成功管理经验,指出了未来旅游目的地发展中可能会存在的问题以及重振的有效路径。

本教材由中南财经政法大学周凌旭副教授担任主编,南昌大学王文辉副教授、苏州科技大学杨昀副教授担任副主编。其中,第一章、第三章、第八章、第九章、第十章、第十一章由周凌旭编写;第四章、第五章、第七章、第十三章由王文辉编写;第二章、第六章、第十二章由杨昀编写。教材中难免有疏漏之处,敬请读者不吝指正。

编者

2023年4月17日

目录

Contents

第一章 旅游目的地管理导论 /001

第一节 旅游目的地的概念与特征 /003

一、旅游目的地的定义 /003

二、相关概念辨析 /004

三、旅游目的地的特征 /005

第二节 旅游目的地管理的主要内容与原则 /006

一、旅游目的地管理的定义与作用 /006

二、旅游目的地管理与旅游目的地营销的辨析 /006

三、旅游目的地管理的原则 /007

第三节 旅游目的地管理的职业认知与能力需求 /009

一、旅游目的地管理的职业认知 /010

二、旅游目的地管理的能力需求 /010

第二章 旅游目的地规划 /016

第一节 旅游目的地规划的内容体系 /017

一、旅游目的地规划概述 /017

二、旅游目的地规划的类型 /018

三、旅游目的地规划的原则 /020

四、旅游目的地规划的主要内容 /022

第二节 旅游目的地规划的主要理论 /025

一、可持续发展理论 /025

二、旅游地生命周期理论 /026

三、利益相关者理论 /027

四、循环经济理论 /028
五、体验经济理论 /029
六、智慧旅游理论 /031
第三节 旅游目的地规划的编制程序 /032
一、旅游目的地规划的编制要求 /032
二、旅游目的地规划的编制方式 /032
三、旅游目的地规划的基本程序 /033

第三章 旅游目的地政府管理 /038

第一节 政府与政府职能概述 /039
一、政府的定义 /039
二、政府的分类 /040
三、政府的职能 /040
第二节 旅游目的地相关政府机构 /042
一、旅游行政机构 /042
二、旅游目的地政府职能 /043

第四章 旅游目的地社区管理 /050

第一节 旅游目的地社区概述 /051
一、旅游目的地社区概念 /051
二、旅游目的地社区的角色 /052
三、旅游目的地社区管理相关理论 /052
第二节 社区居民态度、行为及其影响因素 /054
一、社区居民对旅游影响的感知与态度 /054
二、社区居民的行为 /056
三、居民行为的影响因素 /058
第三节 旅游目的地社区管理内容 /059
一、社区管理的主要内容 /060
二、社区管理的主要构架 /061
三、社区管理的保障机制 /061

第五章 旅游吸引物管理 /066

第一节 旅游吸引物概述 /067
一、旅游吸引物的概念 /067
二、旅游吸引物的要素 /068

三、旅游吸引物的属性 /069
四、旅游吸引物管理的意义 /070
第二节　旅游吸引物的主要类型 /070
一、自然类旅游吸引物 /070
二、人文类旅游吸引物 /071
第三节　旅游吸引物的开发与保护 /073
一、旅游吸引物开发与保护的必要性 /073
二、旅游吸引物开发与保护的原则 /073
三、旅游吸引物开发与保护的关系 /074
四、不同类型旅游吸引物的开发与保护 /075
第六章　旅游目的地营销管理 /078
第一节　旅游目的地营销管理概述 /080
一、旅游目的地营销的概念 /080
二、旅游目的地营销组织及其职能 /080
三、旅游目的地营销管理框架 /082
第二节　旅游目的地市场细分 /083
一、旅游目的地市场细分的客观基础 /083
二、旅游目的地市场细分的 STP 战略 /084
三、旅游目的地市场细分的标准 /084
第三节　旅游目的地形象策划 /088
一、旅游目的地形象的概念 /088
二、旅游目的地形象定位与塑造 /088
三、旅游目的地形象口号设计 /090
第四节　旅游目的地品牌建设 /090
一、旅游目的地品牌的内涵及作用 /091
二、旅游目的地的品牌化 /092
三、旅游目的地品牌建设的流程 /093
第七章　访客管理 /100
第一节　访客管理基本概述 /101
一、访客管理的起源 /101
二、访客管理的定义 /102
三、访客管理的目标 /102
四、访客管理的原则 /103

Note

第二节　访客动机与行为 /104

一、访客动机 /104

二、访客行为 /105

第三节　访客管理主要工具 /107

一、游憩承载力 /109

二、游憩机会谱 /109

三、可接受的改变极限 /110

四、访客体验与资源保护 /110

五、访客影响管理 /111

六、访客活动管理程序 /111

七、保护区访客影响管理 /112

八、最优化旅游管理模型 /112

第四节　访客管理主要内容 /113

一、访客体验管理 /113

二、访客行为管理 /114

三、访客容量管理 /114

四、访客安全管理 /115

第八章　旅游目的地设施管理 /118

第一节　旅游目的地设施管理 /120

一、旅游设施的概念及特点 /120

二、旅游设施的分类 /121

三、设施管理的概念及特点 /121

四、设施管理的内容 /122

五、设施管理原则 /123

六、旅游目的地无障碍设施管理 /125

第二节　旅游交通设施 /127

一、旅游交通设施的概念 /127

二、旅游目的地道路交通网规划 /127

三、交通设施管理 /128

第三节　旅游目的地接待设施 /129

一、接待设施的概念及特征 /129

二、设施规模确定 /130

三、设施的经营管理 /131

第四节　消防设施 /132

一、消防设施的概念及内容 /132

二、设施设计 /133

三、消防设施的管理 /134

第五节　解说设施 /136

一、解说设施的概念和功能 /136

二、解说设施的类型 /137

三、解说设施设计原则 /138

四、解说设施的规划流程 /138

第九章　旅游目的地服务管理 /141

第一节　旅游目的地服务体系 /142

一、旅游目的地服务的概念 /142

二、旅游目的地服务体系的概念及特征 /142

第二节　旅游目的地接待服务体系 /143

一、旅游目的地接待服务体系的概念及构成 /143

二、旅游目的地接待服务体系的特征 /148

第三节　旅游目的地公共服务体系 /149

一、旅游公共服务体系的概念 /149

二、旅游目的地公共服务体系的构成 /150

三、旅游目的地公共服务体系的特征 /151

第四节　旅游集散地体系 /152

一、旅游集散地的概念 /152

二、旅游集散地的类型 /152

三、旅游集散地的特征 /153

第十章　旅游目的地安全与危机管理 /156

第一节　旅游目的地安全 /157

一、旅游目的地安全的定义 /157

二、旅游目的地安全的影响因素 /157

三、旅游目的地安全事故表现形态 /158

第二节　旅游目的地安全预防 /159

一、旅游安全事故等级 /159

二、旅游目的地安全管理预防工作 /159

三、旅游目的地安全事故处理一般程序 /160

第三节 旅游目的地危机 /161

一、旅游目的地危机的定义 /161

二、旅游目的地危机的特点 /161

三、旅游目的地危机的分类 /162

四、旅游目的地危机的影响机理 /163

第四节 旅游目的地危机管理 /164

一、旅游目的地危机管理的定义 /164

二、旅游目的地危机管理的理论基础 /165

三、旅游目的地危机应对措施 /166

第十一章 信息化管理与智慧旅游 /172

第一节 信息化管理概述 /173

一、信息化的基本概念 /173

二、信息化建设 /175

第二节 旅游信息化管理 /178

一、旅游信息化管理的特征 /179

二、旅游信息化的主要内容 /179

三、旅游管理信息化的发展应用 /180

四、旅游信息化发展的制约因素与创新对策 /181

第三节 智慧旅游 /182

一、智慧旅游的概念 /182

二、智慧旅游建设内容与重点 /183

三、智慧旅游的特征与典型技术 /184

四、智慧旅游的外延和影响 /188

五、智慧旅游发展目标 /189

第十二章 旅游目的地发展与演化 /193

第一节 旅游目的地演化的基本内涵与主要理论 /194

一、旅游目的地演化的基本内涵 /194

二、旅游目的地演化的主要理论 /195

第二节 旅游目的地发展的驱动机制与阻碍因素 /199

一、旅游目的地发展的驱动机制 /199

二、旅游目的地发展的阻碍因素 /204

第三节 旅游目的地治理与可持续发展 /206
一、社会影响视角下的目的地发展观 /206
二、目的地演化情境中治理模式的选择与影响 /207
三、旅游治理与目的地的可持续发展 /210

第十三章 国际旅游目的地管理经验与借鉴 /214

第一节 国际旅游发展历程与趋势 /215
一、国际旅游发展历程 /215
二、国际旅游发展趋势 /217
三、国际旅游目的地管理的主要理念 /218
第二节 国际旅游目的地管理相关案例和经验 /219
一、欧洲文化之都:文化产业带动经济发展 /219
二、法国的“去国家化”模式:遗产管理的自治化 /220
三、日本:观光立国战略下的旅游政策措施 /221
四、伦敦道克兰地区:城市重建与旅游发展 /222
五、比利时布鲁日:历史文化名城的古城保护与旅游开发 /222
六、澳大利亚黄金海岸:生命周期停滞期旅游地的重振规划 /224
七、美国黄石国家公园:生态是最核心的价值 /225

参考文献 /227

第一章
旅游目的地管理导论

学习目标

1. 理解旅游目的地的定义、概念与主要特征。
2. 认识旅游目的地管理的角色。
3. 掌握旅游目的地管理的主要作用与具体内容。
4. 了解旅游目的地管理就业能力培养与职业生涯规划。

素养目标

本章旨在促使学生注重专业知识的积累与学习能力的培养;使学生掌握新时代背景下旅游业对于高质量发展和目的地管理的要求。

学习重难点

1. 旅游目的地的定义。
2. 旅游目的地管理的概念。
3. 旅游目的地管理机构及管理成效评价的“10A”原则。

英国湖区

英国湖区位于英格兰西北海岸的西北部坎布里亚郡,靠近苏格兰地区。湖区内拥有英格兰较高的5座山峰和最大的湖泊,面积2300平方千米,1951年被划归为国家公园,是英格兰和威尔士地区的11个国家公园中最大的一个。英国湖区不仅风光秀丽,还充满了人文气息,不仅有卡塞里格石圈、古罗马时代遗存的哈德诺特要塞,还是英国文学史上“湖畔诗派”发源地,被誉为英国人的“心灵之乡”,富有浓郁的乡村气息。从伦敦尤斯顿火车站乘火车到湖区需要3.5小时。同时,湖区内的城镇之间公交系统发达,既可以乘坐敞篷式的巴士,尽览沿途的美丽风光,又可以搭乘渡船,尽情享受湖光景色。因此,这里是英国人的“后花园”,是英国人最喜爱的旅游休闲胜地,同时也被誉为世界上“一生必去的50个地方”之一。

湖区国家公园的管理部门是湖区国家公园管理委员会(以下简称湖区管委会)。湖区管委会共有200多名工作人员,下设学习与资源董事会、规划与管理董事会,并将湖区公园分为6个看护区,处理道路行驶权问题。湖区管委会对公园的公共人口以及公园管理委员会的财产负责。湖区管委会成员共有22名,其中10名由国家委派,代表国家利益,6名为湖区议会代表,6名为郡议会代表。国家委派的代表来自不同的部门和机构,如农业部门、林业部门、旅游机构和大学。湖区管委会成员的构成,既体现了国家利益和专业知识的重要性,又能反映当地居民的利益。代表当地居民利益的地方官员对公园拥有相当大的影响力。湖区管委会要求能反映当地居民的利益,具体可以概括为保护过去、关注现在、规划未来。保护过去,并不是使事物停留在过去,而是将“过去”带向“未来”,比如向年轻人展现历史,保护古树、历史建筑和特殊地点,给社区提供资金,帮助居民保持当地传统等。关注现在,就是提供各种服务,平衡公园的游客、居民等利益相关者的权利、利益,比如设置旅游信息中心向游客提供咨询,开发并管理新的可进入的场地和水域,鼓励负责任地使用乡村地区,组织庆祝活动来支持经济发展,保护和维持湖区动植物物种的丰富性。规划未来包括控制未来的发展和支持未来的发展,比如与居民和湖区管委会一起制定新政策来应对公园中发生的新情况和新变化,制定或批准规划并指导有关人员和组织执行好规划,将一些机构和志愿者组织起来,确保各项行动落到实处。

在日常的管理中,湖区管委会主要负责如下工作:

一是推动和宣传区域公园产品与旅游。具体内容包括推广标示公园品牌的特色农产品、农场旅游和当地的手工艺制品,建立信息中心及室内外的各种旅游设施等。

二是发现和推动当地的传统特色经济,特别是传统农业。具体内容包括强调和宣传传统生活方式,鼓励和集结当地的文化社团组织,通过农业环境保护举措支持农业可持续发展和当地的特色经济。

三是采用强制性或经济补偿的形式保护乡村的景观风貌。具体包括通过科学调查和研究来制定保护措施;划分自然保护区、景观保护区,保护自然多样性和景观;实施水体保护和湿地保护措施;对城镇规划提出建议等。

(资料来源:张凌云、王静、张雅坤《世界著名旅游目的地开发与管理》,旅游教育出版社,2015年版,有所改动。)

思考: 英国湖区属于旅游目的地吗?我国是否存在类似的旅游目的地?请举例说明。

第一节 旅游目的地的概念与特征

一、旅游目的地的定义

(一)国际定义

国外对旅游目的地的研究始于20世纪70年代,最初它被认为是一个明确的地理区域。美国学者冈恩(Gunn)于1972年提出了"目的地地带"的概念。所谓的"目的地地带"包括:主要的通道和入口、社区(包含吸引物和基础设施)、吸引物综合体、连接道路(吸引物综合体和社区之间的连接通道)。

世界旅游环境中心于1992年对旅游目的地做出定义:旅游目的地包含乡村、度假中心、海滨或山岳休假地、小镇、城市或乡村公园;人们在这一特定的区域内实施特别的管理政策和运作规则,以影响游客的活动及管控其对环境造成的冲击。受到国内外学者认可的是英国学者布哈里斯的定义,布哈里斯(Buhalis,2000)认为旅游目的地是一个特定的地理区域,这一区域被旅游者认知为一个整体,有统一的旅游业管理与规划的政策司法框架,以及统一的目的地管理机构。布哈里斯还认为,旅游目的地是旅游产品的集合体,并且向旅游者提供完整的旅游经历与体验。目的地产品是与目的地有关的市场形象的一切旅游产品和服务的总体,即旅游目的地由6个"A"构成,如表1-1所示。

表1-1 布哈里斯的旅游目的地"6A"构成要素

旅游吸引物(Attractions)	自然的、人造的、出于特殊目的建造的、历史遗留下来的吸引物以及风俗和节庆活动
可达性(Accessibility)	包括路线、站点和工具在内的整个交通体系
设施和服务(Amenities)	提供住宿、餐饮、零售和其他旅游服务的设施
包价服务(Available Package)	由中介和主管机构预先安排的包价
活动(Activities)	消费者在目的地逗留期间可以参加的一切活动
辅助性服务(Ancillary Service)	旅游者可能用到的一切服务,包括银行、电信、邮政、新闻出版、医疗等

莫里森(2013,2018)认为目的地管理是在一个开展旅游业的地方对发展和管理旅游活动的所有努力进行专业指导的方法。目的地管理涉及目的地的协调和相关产品(景点和活动、旅游设施、交通、基础设施、服务质量和好客度)的综合管理。目的地管理组织(Destination Management Organization, DMO)是领导和协调所有旅游利益相关者的旅游专业团队。DMO的角色包括领导和协调、规划和调查研究、产品开发、营销和宣传、伙伴关系和团队建设、社群和利益相关者的关系及参与、访客管理、内部组织

管理。有效的目的地管理涉及长期旅游规划,并且需要持续监控和评估相关工作产生的成果及效益。

(二)国内定义

2004年,世界旅游组织确切地将旅游目的地定义为物理空间,在这个空间内,平均每个游客起码待一个晚上,这个空间包括旅游产品和服务,是具有地理区域和行政界线的、可以通过影响市场竞争力等方面的要素来体现管理活动、形象和旅游者满意度。世界旅游组织对旅游目的地进行了较为全面的定义和概括,并在这个定义中明确规定了旅游目的地及旅游目的地利益相关者概念。

我国学者保继刚(1996)指出旅游目的地是旅游者停留活动的地方,是指附着在一定地理空间上的旅游资源并且将旅游目的地基础设施及相关设施统一联系在一起。崔凤军(2002)提出旅游目的地是一个拥有统一整体形象的旅游吸引物的开放系统;以空间尺度为衡量标准,旅游目的地可以划分为不同类型,其中,一个国家、一个地区、一个城市或一个具体的旅游景区(景点)都可以是旅游目的地;从一定意义上看,旅游目的地是旅游产品和旅游服务与游客体验相结合的整体。国内学者对"旅游目的地"的定义更加侧重其提供综合旅游服务的特性。

综上所述,旅游目的地就是旅游者到达并逗留以及进行一系列旅游活动的地域空间,是旅游者进行旅游活动的空间载体。这个空间汇集了能够激发旅游者旅游动机的旅游资源和以旅游者为经营对象的产业部门,既是一种兼具旅游功能的特殊社区,又是整个旅游系统的关键组成部分。

二、相关概念辨析

(一)旅游目的地与旅游地

张海龙(2019)认为旅游目的地和旅游地之间是较难区分的,有不同的侧重点,所表达的内涵不同。旅游地与旅游目的地的概念存在包含关系,但是二者在空间上不一定存在包含关系。旅游地是泛指有旅游资源、旅游产品、旅游活动的地方,没有明确的内涵和外延,是有旅游活动和旅游开发的地方的泛称。旅游目的地则是从旅游地的经营与发展目标角度提出的旅游区域概念,是具有一定成熟度的旅游区域,有一定的旅游市场感知性,能够通过旅游营销影响旅游者的旅游决策、吸引旅游者前往,为旅游形象化的地理区域。需要说明的是,并非所有的旅游地都是旅游目的地,也并非所有的旅游地都能够成为旅游目的地,但是旅游目的地一定可以简称为旅游地。

(二)旅游目的地与旅游景区

旅游目的地与旅游景区的空间关系比较清晰,应该为隶属关系,旅游目的地是比旅游景区更高层次的旅游地域系统,在空间尺度上旅游目的地是层次丰富的多要素空间地,有旅游景区、旅游基础服务设施、社区、依托城市,以及联结它们的旅游经营企业、交通网络系统等。

一个旅游目的地可能有多个旅游景区,但应该有主导性旅游景区。旅游景区是旅游目的地的旅游活动核心区域,是任何旅游目的地存在的根本,若无旅游景区则难以成为旅游目的地。有时候,旅游目的地所属旅游景区的知名度和影响胜过旅游目的地本身,成为旅游目的地的代名词。例如,因为有九寨沟景区,所以才有了它隶属的旅游目的地。在大多数情况下,旅游者会直奔旅游景区,旅游景区外围基础设施只提供旅游保障服务。因此,旅游目的地的服务与管理的重心在旅游景区。研究旅游目的地管理,最终应该落实到具体的旅游景区。

(三)旅游目的地与旅游吸引物

吴晋峰(2014)认为旅游目的地和客源地的自然、经济、社会、文化、政治、技术等方面的显著差异是旅游吸引力产生的根本原因。旅游吸引物是与客源地的自然、经济、社会、文化、政治、技术具有显著差异,并且能对客源地潜在游客产生旅游吸引力的目的地事物或现象。

三、旅游目的地的特征

莫里森(2018)提出的旅游目的地特征如图1-1所示。

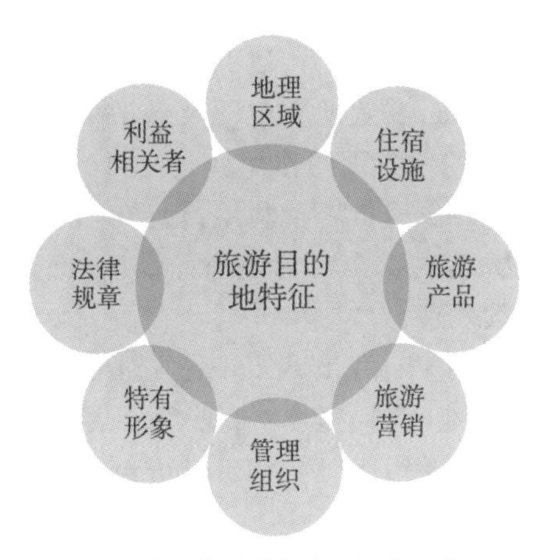

图1-1 旅游目的地特征(译自莫里森,2018)

(1)旅游目的地是具有行政边界的地理区域。这一特征体现出旅游目的地在尺度上的差异,既可以是国土面积最大的俄罗斯,也可以是国土面积最小的梵蒂冈。一个国家范围内的省、市、区、县等也可以成为旅游目的地。

(2)旅游目的地能为游客提供过夜住宿设施。过夜住宿设施主要由酒店提供,但不局限于酒店,还包含其他形式的住宿。一些游客可能是一日游游客,因此不是所有游客都会选择在旅游目的地住宿。

(3)旅游目的地能为游客提供旅游产品。除住宿设施外,旅游目的地还需要提供餐饮、娱乐、购物等其他设施,以及重要的旅游吸引物和节庆活动等旅游产品。

(4)旅游目的地有旅游营销和促销举措。旅游目的地通过营销和宣传来吸引游客。

(5)通过特定的旅游目的地管理组织来领导和协调旅游目的地的营销和管理。

(6)旅游目的地在游客中形成了特有形象,但游客对目的地的感知形象不一定准确。

(7)旅游目的地的管理机构制定了与旅游相关的法律或规章制度。

(8)存在不同类型的利益相关者,如私营企业、公共管理者、社区居民、其他组织等。

第二节 旅游目的地管理的主要内容与原则

一、旅游目的地管理的定义与作用

旅游目的地管理,指运用行政、经济和法律等方法,管理目的地旅游资源、调控机制、组织旅游活动以创造经济效益与社会效益的过程(王世西、刘晓莉,2021)。即旅游目的地的管理者通过行政、经济和法律等各种方法,将旅游目的地视为一个开放型的完整系统,通过合理配置人力、物力、财力,以开发、利用和保护旅游资源、调控目的地的运行机制、组织旅游项目活动,高效地实现既定旅游发展目标和创造显著的经济效益、社会效益的过程。旅游目的地管理的作用就是使目的地旅游产业高效、有序发展,使目的地系统中的各要素得到合理布局及利用,使游客获得良好旅游体验,使目的地旅游品牌鲜明且具有吸引力,实现整个目的地经济效益、社会效益、环境效益的综合提升,实现旅游目的地的可持续发展。

例如,位于宾夕法尼亚州的Visit Pittsburgh是阿勒格尼郡的官方旅游宣传机构,成立于1935年,致力于为匹兹堡地区创造会议、商业贸易展览和休闲旅游等业务,为其成员提供服务,属于非营利性的公益组织(Visit Pittsburgh, 2023)。

二、旅游目的地管理与旅游目的地营销的辨析

目的地管理和目的地营销是过去二三十年在旅游业中发展起来的两个相互关联的概念。目的地管理是一个更广泛的概念,包括目的地营销和其他角色。

随着旅游业进入成熟的发展阶段,旅游目的地之间的竞争引起了业界的关注,如何将旅游者吸引到目的地成为目的地内所有旅游企业和旅游管理部门共同关注的问题。旅游目的地营销要解决的问题就是如何通过营销活动与竞争对手展开竞争以吸引旅游者前来。

归纳不同学者的研究观点,可以把旅游目的地营销看作一个社会化的过程;在这个过程中,旅游目的地(包括目的地的相关企业、政府、社区、个人等)通过为旅游者创造(或与旅游者共创)、提供和交换有价值的旅游体验来满足旅游目的地各利益相关者的需求(科特勒、凯勒,2016)。更通俗地说,旅游目的地营销就是向旅游者提供目的地

的相关信息，突出目的地的核心形象并打造相应的吸引物，以吸引潜在群体和目标市场的注意力，诱发他们对旅游目的地的向往，激发他们的出游动机，促成他们的旅游决策、实地探访、口碑推荐以及重游行为。

三、旅游目的地管理的原则

（一）旅游目的地管理成效评价的“10A”原则

莫里森(2013)提出的旅游目的地管理成效评价的“10A”原则如图1-2所示。

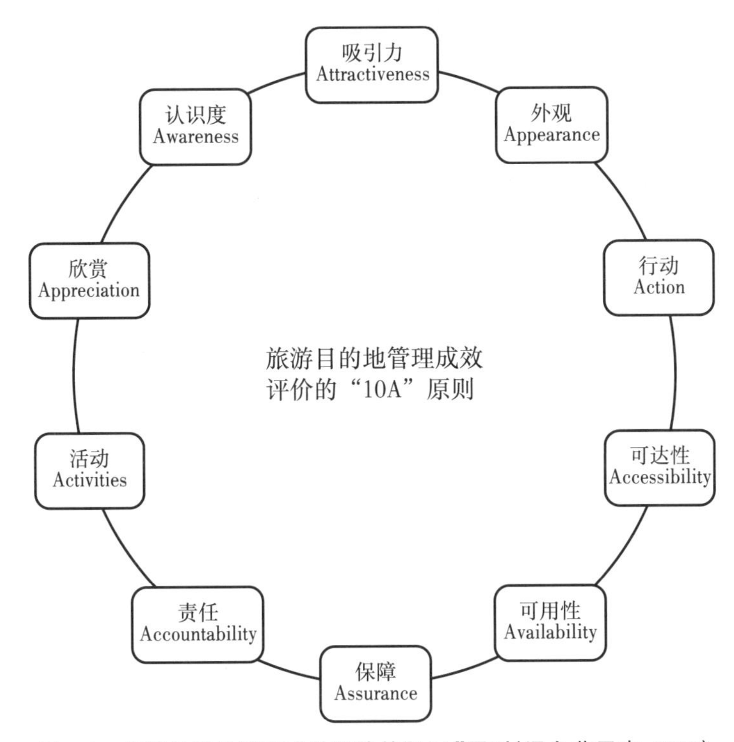

图1-2 旅游目的地管理成效评价的“10A”原则（译自莫里森，2013）

（1）认识度（Awareness），与游客对目的地的知识水平有关，并受他们接收到的信息的数量和性质的影响。DMO的评价问题：潜在游客对目的地的认知度高吗？

（2）吸引力（Attractiveness），目的地吸引物的数量和地理范围构成了吸引力。DMO的评价问题：目的地是否有吸引游客的多元化吸引物？

（3）外观（Appearance），衡量游客第一次到达目的地时及停留期间对目的地的印象。DMO的评价问题：目的地是否给游客留下良好的第一印象？这些印象是否积极、持久？

（4）行动（Action），目的地管理者是否采取行动去保障旅游业的可持续发展，包含制订长期旅游计划和旅游营销计划等。DMO的评价问题：目的地是否有中长期的旅游规划、短期的旅游行动计划和市场营销计划？

（5）可达性（Accessibility），强调往返目的地以及目的地内交通的便利性。DMO的评价问题：所有的运输方式都可以方便地到达和离开目的地吗？目的地内交通便

利吗?

(6)可用性(Availability),由目的地的预订渠道和预订的便捷性,以及可用的预订和预订渠道数量决定。DMO的评价问题:目的地的预订是否可以通过各种渠道进行?

(7)保障(Assurance),与目的地的安全、秩序与卫生相关。DMO的评价问题:目的地干净、安全吗?

(8)责任(Accountability),目的地管理机构应当承担相应的职责,保证行业秩序和游客体验。责任主要针对DMO的绩效评估。DMO的评价问题:DMO是否及时衡量和监测其绩效?

(9)活动(Activities),指游客在目的地可获得的活动和体验。DMO的评价问题:目的地是否提供了游客想要参与的各种活动和体验?

(10)欣赏(Appreciation),与目的地的好客态度相关。DMO的评价问题:游客在目的地是否感到受欢迎,并体验到良好的服务?

"10A"原则可以作为普遍的旅游目的地评价指标,但目的地的侧重可能存在差异。也有学者建议将其他标准增加进来,例如旅游对目的地的经济贡献、可持续旅游发展等。

(二)旅游目的地管理的基本原则

1.突出特色原则

突出主题特色是旅游目的地获得吸引力的核心,也是保持市场竞争力和长久生命力的根本保障。在旅游目的地的管理过程中,要凝聚旅游目的地的特色,并在项目开发、产品设计、品牌营销等各个过程中不断保持和突出特色。旅游目的地的特色主要表现为地方性、民族性、原始性和现代性等方面。旅游目的地特色的凝练首先建立在当地文脉和资源特色分析的基础上,然后通过综合分析及与其他旅游目的地的比较分析,确立符合当地资源特色及与近距离旅游市场差异化的主题特色。

2.综合效益原则

旅游目的地的建设与开发需要巨额资金支持,因此,投资者追求经济效益、获得投资回报无可厚非。旅游目的地管理的基本目标之一,就是要持续增加其吸引力和提高其接待能力,取得源源不断的经济效益。经济效益的实现需要合理布局并充分发挥旅游项目的特色,通过保护、修缮或创新来延长其"生命周期"。旅游目的地是一个复杂的系统,与生态系统、社会系统相融合,因此,旅游目的地管理的目标除了追求经济效益,还要追求社会效益和环境效益的统一。

3.因地制宜原则

旅游目的地管理要因地制宜。不仅旅游开发建设要根据当地特色进行,同时在品牌营销、服务管理、管理体制等多方面都要充分考虑当地的区位因素、政治因素、经济基础、社会文化因素等,不能完全套用其他旅游目的地成功管理的经验,要结合实际情况设置合理的管理目标,选择恰当的管理手段,实施因地制宜的管理模式。

4.勇于创新原则

在当今旅游业持续高速发展和竞争加剧的时代,旅游目的地的管理也处在不断的动态变化中,不存在一套永久适用的管理模式。旅游目的地管理的创新体现在旅游目

的地管理的各个环节，包括旅游目的地的开发建设、组织管理、营销推广等，因此，管理机构或管理者必须勇于创新，增强创新意识和创新能力，以创新保持旅游目的地的生命力。

5.持续发展原则

旅游目的地管理要遵循可持续发展原则，保障目的地系统的持续稳定发展。首先，对自然环境资源和文化资源要实施开发与保护相结合的原则，避免对环境资源的破坏式开发和文化资源的过度商业化运作。其次，要不断提高旅游目的地的服务水平，提高游客满意度和重游率。最后，要不断推陈出新，用新的项目、新的产品组合持续增加旅游目的地的吸引力和知名度。旅游目的地的持续发展也是旅游目的地管理的最终目标。

（三）可持续旅游发展的三重底线原则

可持续的理念也是旅游目的地管理的指导原则。什么是可持续旅游？世界旅游组织将可持续旅游定义为在旅游发展中实现环境、经济和社会文化方面的三重平衡，以确保社区的长期利益。根据世界旅游组织的定义，可持续旅游应该：

(1)优化利用环境资源，维护基本生态系统，协助保护生物多样性；

(2)尊重社会文化真实性，保护固定的和活态的文化遗产，促进跨文化理解和包容；

(3)确保旅游业提供稳定的就业和创收机会、社会服务和扶贫等社会经济收益，且社会经济利益在所有利益相关者间的分配是公平和长期的。

以上三点通常被称为可持续发展的三重底线——环境、经济、社会文化，三重底线体现了旅游业在三个方面给目的地带来的影响和效益。部分学者认为，管理良好的旅游业会带来第四个效益：对游客和居民进行公共教育，加深对文化和生态系统的了解。可持续旅游的实施在很大程度上取决于目的地所处的环境，以及拥有的资源和管理水平。优质的旅游目的地管理意味着将目的地作为一个整体来考虑——不仅是受保护的地点，还包括其人文、自然和文化背景与环境。可持续旅游发展的相关理论和原则将在第二章和第十二章进行深入学习。

第三节 旅游目的地管理的职业认知与能力需求

旅游业是世界各地劳动密集型和快速增长的行业，该行业高度依赖熟练的员工为客户提供高质量的旅游服务。现代旅游业和旅游管理专业需要精心设计的职业规划，高质量发展旅游业需要应用现代管理方法提高劳动力质量，提高组织生产力，尽量减少员工流动，降低人力成本，提高员工归属感。相对餐饮、酒店、会展等服务行业，旅游目的地管理就业方向更具有综合性和专业性，基于旅游目的地管理的就业岗位需要专

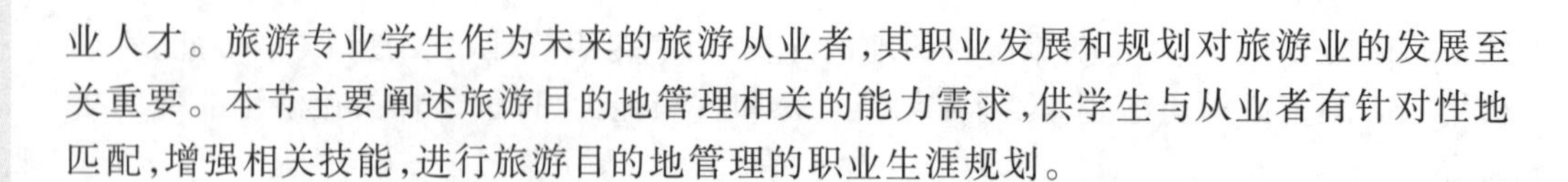

业人才。旅游专业学生作为未来的旅游从业者,其职业发展和规划对旅游业的发展至关重要。本节主要阐述旅游目的地管理相关的能力需求,供学生与从业者有针对性地匹配,增强相关技能,进行旅游目的地管理的职业生涯规划。

一、旅游目的地管理的职业认知

旅游目的地管理的内容不仅包含传统的旅游服务和接待相关职业,也包含旅游策划、市场营销、会展管理等。在高质量旅游发展的背景下,旅游目的地管理相关的就业渠道进一步拓宽。

(一)旅游产品设计与策划人才

随着定制旅游的兴起,未来国内和国际的定制化旅游将迎来快速的增长。旅游产品设计与策划需要针对不同文化背景的客源,设计出符合时代潮流,新颖独特的旅游产品,树立富有特色的旅游品牌。随着市场的不断完善和与国际市场的逐步接轨,以及人们的生活水平和审美意识不断提高,观光旅游和大众旅游将逐渐转向休闲度假旅游和体现个性需求的民俗文化旅游、生态环保旅游、体育健身旅游等。

(二)旅游法律、政策与治理人才

随着人们法律意识不断增强,在旅游活动中产生的游客与旅行社、旅游管理部门之间的有关价格、服务、保险、赔偿、违约等方面的纠纷和争端日益增多,这要求旅游法律不断完善、旅游市场逐步走向正规化。而处理法律问题,需要专业的旅游法律人才。随着旅游业在国民经济和社会事业中的重要性不断增强,以及与旅游发展、行业规范、乡村运营和治理等领域相关的政策需求也十分紧迫,旅游目的地管理需要相关公共事务管理与行政治理人才。

(三)数字化与新媒体营销人才

数字经济逐渐渗透到传统行业,旅游业也不例外。在旅游目的地管理与营销领域,新型的营销形式不断涌现,需要培养数字化背景下的电子商务和新媒体营销人才,充分利用当前旅游目的地在直播、短视频、游戏等不同渠道的营销需求和元宇宙趋势下的旅游体验营造需求。

旅游目的地管理、整合和营销旅游资源,需要协调多元利益相关者,共同构建良性的旅游目的地生态。在这一过程中,旅游人才是关键。旅游目的地管理领域的就业方向需要更明确、职业发展路径需要更清晰,从而抢占人才市场。同时,旅游管理专业学子与从业者也要充分认识到旅游目的地管理的就业空间和能力需求,培养相关能力,做好职业生涯规划。

二、旅游目的地管理的能力需求

如果在搜索引擎中输入“旅游目的地管理就业”,结果通常只是反映旅游管理专业的就业情况,如果输入“旅游目的地管理岗位”,则会出现旅游企业的岗位需求,而不是

针对目的地管理组织的。旅游目的地管理和营销这一方向的专业人才目前在全球都是短缺的。世界各地的旅游目的地管理组织具有种类和属性的多样性,因此很难对其就业岗位进行非常精准的评价和描述。在许多国家,旅游目的地管理组织属于政府官方机构,因此,其所提供的岗位属于公务员范畴。在另一些国家,目的地管理组织则大部分是法定机构或非营利组织,其员工均以签订劳动合同形式聘用。那么从职业发展和就业形势来看,旅游目的地管理这一岗位需要具有哪些能力呢?

以新加坡旅游局(STB)为例,新加坡旅游局是新加坡贸易产业部下属的机构。引用其官方说明,新加坡旅游局旨在促进旅游业作为新加坡主要服务产业和经济支柱之一的繁荣发展,并承担新加坡作为旅游目的地的营销和推广工作。新加坡旅游局对学生和应届毕业生的承诺是"Not Your Usual Day Job"(与常规工作大不同)。

2015年,新加坡旅游局在招聘中对其工作特征的描述如下:

> 在新加坡旅游局工作,从推动F1赛事等大型活动的成功举办,到重塑和振兴唐人街等遗产区,再到通过滨海湾花园等世界级景点重新定义城市景观,新加坡旅游局的工作在很多方面都具有独特的意义。
>
> 通过多方面的工作,你将接触到旅游业所涉及的各行各业。从酒店和旅游景点到旅行社,从娱乐和游轮到会展(包括会议、奖励旅游、节事和展览等),你将逐渐形成独特的宏观社会经济视角,了解和欣赏旅游业为新加坡发展所做出的突出贡献。在这个过程中,你也将锻炼你的商业头脑。
>
> 通过与行业伙伴和各政府机构建立强大的合作关系,在新加坡旅游局工作,你还可以体验并参与规划、发展、监管和政策制定,在旅游产业中发挥自己的作用。
>
> 通过从产品和体验,到基础设施和性能等方面来构思、塑造和发展我们的旅游景观,你将接触到各类学科,获得专业知识和能力,如市场营销、品牌管理、商业发展、投资推广、产品开发、旅游规划、调查研究等能力。最后,在国际上创造和展示新加坡形象时,你也将开阔全球视野并获得珍贵的体验。

由此可见,基于各地旅游目的地管理组织的角色不同,其所需要的技能和能力也各不相同。具体如表1-2所示。

表1-2 旅游目的地管理组织的角色及专业知识与职业能力需求(莫里森,2018)

旅游目的地管理组织的角色	专业知识与职业能力需求
领导和协调	管理能力 团队建设能力
规划和调查研究	旅游规划能力 城市和区域规划能力 统计和市场分析

续表

旅游目的地管理组织的角色	专业知识与职业能力需求
产品开发	财务分析 建筑和景观设计 城市和区域规划
营销和宣传	市场营销能力 品牌管理 销售能力 广告知识 公共社交和媒体 数字营销能力
伙伴关系和团队建设	管理能力 团队建设能力 谈判能力
社群和利益相关者的关系及参与	社区建设 游客社群维护 管理能力 公共关系能力
访客管理	旅游承载力评估 旅游体验设计 保护区管理 危机和灾害管理
内部组织管理	人力资源管理 财务管理 资金筹集能力

依据表1-2所示的旅游目的地管理能力需求和培养,说明这一领域在不断专业化,需要综合性的人才培养和人力资本积累。从职业发展的角度,旅游目的地管理组织可以根据自身发展需要,对所有岗位和其需要的能力进行系统布局,为从业者设计良性的晋升渠道,也有助于破除旅游业就业低端化、临时性和晋升路径不明晰的刻板印象。

本章小结

本章介绍了旅游目的地的概念与特征,辨析了旅游目的地与旅游地、旅游景区等概念,分析了旅游目的管理的主要内容以及旅游目的地的管理原则。旅游目的地管理和目的地营销是两个相互关联的概念,在过去的二三十年中逐渐发展完善。旅游目的地管理是更为广义的概念,涵盖旅游目的地营销和其他的相关概念及作用。

旅游目的地管理组织的角色包括领导和协调、规划和调查研究、产品开发、营销和宣传、伙伴关系和团队建设、社群和利益相关者的关系及参与、访客管理、内部组织管理。

世界上有许多类型的旅游目的地管理组织，包括国家、省、区、市、县各级。旅游目的地管理组织的建设和管理并没有统一的标准化的结构模板，每个国家各有不同。国际上的管理趋势是由原先的政府直辖转变为公私合营的形式。旅游目的地管理组织涉及大量的利益相关者，它必须与利益相关者建立良好联系及和谐关系，还需要满足许多要求，这也是旅游目的地管理和营销的一个特别之处。旅游目的地管理组织的成功至少在一定程度上是由它与利益相关者的沟通和互动的情况来衡量的。由于旅游目的地管理的综合性和专业性不断受到业界认可，相关的就业岗位开始逐年增加。尽管目前与酒店管理领域相比，其规模较小，但对旅游管理专业的学生来说，这也是一个有前途的就业方向。

夏威夷群岛

夏威夷群岛是由火山爆发形成的，包括8个大岛和124个小岛，绵延2450千米，形成新月形岛链，总面积约1.67万平方千米。其中，夏威夷岛为最大岛，岛上有2座活火山。夏威夷州是由19个主要的岛屿及珊瑚礁所组成，位于中部太平洋。夏威夷州属于热带气候，终年暖湿，每年温度为26℃到31℃，全年气温变化不大，季节性不明显，二、三月较冷，八、九月较热。降水量受地形影响较大，各地差异悬殊，通常情况下，从当年十月到次年四月雨量较大，随时可能下雨。森林覆盖率较高。夏威夷群岛已经成为国际著名的旅游度假地之一，其中夏威夷岛、毛伊岛、瓦胡岛、莫洛凯岛、考爱岛和拉奈岛现已成为夏威夷群岛六大主要的旅游目的地，其中夏威夷州首府檀香山所在地的瓦胡岛是人口最多、旅游开发最早、游客出游频率最高的岛屿。

不可否认，夏威夷群岛作为国际著名的观光旅游度假地之一，它的旅游业发展离不开风光秀丽的自然资源和淀积深厚的历史文化，更与政府的正确政策和适当支持是分不开的。下面详细分析夏威夷旅游局在旅游业发展中所发挥的重要作用以及其方针政策。

1998年，夏威夷州通过156号法案，建立了夏威夷旅游局，其运作资金来源于从酒店及其他住宿设施征收的临时性住宿税。作为官方的旅游机构，夏威夷旅游局有以下职责：

(1)制定旅游发展政策和发展方向。

(2)实施旅游发展战略和品牌管理计划。

(3)管理项目和活动来维持夏威夷州健康的旅游经济体系，包括维持充足的航空运输量和海上运输量。

(4)向全球推销休闲和商务旅行。

(5)管理夏威夷的会议中心。

(6)协调与旅游业相关的研究、规划、促销、体验和推广活动。

夏威夷旅游局很好地充当了连接政府、私人企业、旅游行业、游客和当地社区的桥梁,成功地实现了其通过发展旅游业来提高当地社区居民生活质量的目的。自然环境、世界著名的接待设施和"阿罗哈精神"(热情好客的精神)成为夏威夷旅游业发展的三大重要因素。夏威夷旅游局将继续发扬岛上本土文化和多文化传统,并将继续支持岛上的社区发展。其战略目标是最大化地实现夏威夷的利益,并将游客、当地社区以及旅游行业的利益融为一体。

1.夏威夷旅游局旅游发展指导原则

(1)协作。

鼓励和支持所有利益相关者之间正在进行的对话并鼓励利益相关者与州政府互动以及参与当地旅游发展战略的制定。

(2)可持续发展。

最大化夏威夷社区和企业的社会、经济效益,同时尊重、保护和增强夏威夷的自然、文化和人类遗产。

(3)社会责任。

鼓励旅游业中所有的利益相关者通过对环境、社会和文化负责任的行动参与夏威夷宝贵资源的保护。

(4)整体质量。

在旅游产品和服务中提供整体的卓越体验,同时使夏威夷独特的属性和地方感得到保留、珍惜和尊重。

(5)政府责任。

形成一个全面综合系统,可以有效地制定政府政策,评估政策实施的影响,评估政策实施的结果,并能够及时做出调整。

2.夏威夷旅游发展的核心价值观——"阿罗哈精神复兴"

(1)"阿罗哈精神复兴"的核心价值观。

其具体表现包括:通过帮助别人来提升自己;给予且不图回报;分享在每一次聚会活动中获得的新经历;关爱他人。

(2)"阿罗哈精神"的五个根本要素。

"阿罗哈精神"的五个根本要素是音乐、冲浪、菜肴、语言、文化。

3.夏威夷旅游局旅游品牌发展策略

政府在夏威夷旅游业发展中更多地扮演组织者和协调者的角色,而非管理者。根据夏威夷旅游局的2014年品牌管理战略(2014年品牌管理战略是2005—2015年旅游发展战略的延伸,它指出和强调了夏威夷旅游局最关注的问题,同时也为夏威夷州政府的每一个发展策略提供了详细的执行计划),夏威夷旅游局在发展旅游业所采取品牌策略主要涵盖五个领域。

(1)品牌维持。

维持的是一种抽象但核心的精神要素，主要是指影响夏威夷旅游目的地长期可持续发展的项目，它与夏威夷旅游发展的根本要素相关，体现着夏威夷居民地方感和文化。

(2)品牌体验。

体验的是一种能够给游客带来的具体的独特的经历，例如节庆和事件活动。这些经历结合了夏威夷当地的居民地方感和文化。夏威夷旅游局负责创造、发展以及支持着这种富有特色的游客体验。

(3)品牌管理。

品牌管理即旅游目的地的市场营销，以吸引更多的游客。

(4)交流与沟通。

交流与沟通即促进夏威夷旅游发展中的利益相关者相互交流与沟通，以及促使所有的利益相关者支持品牌维持、品牌体验及品牌管理的工作，同时提高夏威夷旅游局作为夏威夷旅游业发展领导者的意识。

(5)旅游研究。

旅游研究为决策提供信息，这些决策支持为品牌维持、品牌体验和品牌管理所做出的努力。

(资料来源：张凌云、王静、张雅坤《世界著名旅游目的地开发与管理》，旅游教育出版社，2015年版，有所改动。)

课后活动

结束本章学习后，教师将班上的同学分成若干个小组，每组由4名同学组成。根据本章内容，每个小组选取一处国内的旅游目的地，基于"10A"原则分析旅游目的地管理成效，并在课上与其他小组分享。

Note

第二章

旅游目的地规划

学习目标

1. 了解旅游目的地规划的概念、必要性、功能与目标及其指导思想。

2. 认识旅游目的地规划的类型及各自的特点，熟悉旅游目的地规划的主要内容。

3. 掌握旅游目的地规划的原则，并应用于指导具体的规划实践。

4. 掌握旅游目的地规划的主要理论。

5. 了解旅游目的地规划的编制要求、编制方式和基本程序。

素养目标

本章旨在督促学生在规划实践中树立法治观念，遵循职业道德与行业规范；提高学生的专业素养，培养学生严谨求实的科学态度；引导学生在规划实践中彰显旅游从业者和研究者的社会责任感和人文关怀。

学习重难点

1. 旅游目的地规划的指导思想和主要内容的理解。

2. 不同类型旅游目的地规划的特点及其区别。

3. 旅游目的地规划原则、理论方法的理解与应用。

4. 旅游目的地规划编制流程的掌握。

北京印发长城国家文化公园建设保护规划

为加快推进长城国家文化公园建设，近日，经国家文化公园建设工作领导小组批准，北京正式印发《长城国家文化公园（北京段）建设保护规划》（以下简称《规划》）。

《规划》提出，北京长城国家文化公园以“中国长城国家文化公园建设保护的先行区”和“服务首都及国家对外开放的文化金名片”为形象定位，以“漫步长城史卷的历史文化景观示范区”和“文化、生态、生活共融发展的典范区”为建设保护目标。《规划》明确了“一线、五区、多点”的整体空间布局,将重点建设管控保护、主题展示、文旅融合、传统利用4类主体功能区,通过保护线、整合区、做亮点,展现北京长城历史文化景观,弘扬当代中华文化强国精神。

根据《规划》及相关实施方案,北京围绕保护传承、研究发掘、环境配套、文旅融合、数字再现五大工程,提出国家级标志性项目、市级标志性项目及其他项目共三级24项工作任务,其中包括中国长城博物馆改造提升工程、箭扣长城修缮项目、北京长城文化系列节庆活动3项国家级标志性项目,以及按照“主题化、网络状、快旅与漫游结合”原则,打通融合“交通、文化、体验、游憩”于一体的“京畿长城”国家风景道等7项市级标志性项目。

(资料来源:魏彪《北京印发长城国家文化公园建设保护规划》,有所改动。)

第一节 旅游目的地规划的内容体系

旅游规划是对未来旅游发展状况的构想和安排,它建立在一定的现实调查与评价的基础上,通过科学论证寻求最佳决策,以实现经济、社会和环境效益的最大化;是一个地域综合体内旅游系统的发展目标与实现方式的整体部署过程,具有动态性和连续性,需要不断地修订和完善。旅游规划兼具“科学+艺术+政策”的属性特征,其研究方法和分析手段具有较强的科学性,而在协调相关利益群体的利益时又十分注重策略和艺术。同时,旅游规划经相关政府部门审批后,又是该区域旅游开发、建设和管理控制的法律依据。因此,旅游规划必须站在高屋建瓴的角度统筹全局,提供顶层设计的指导方针。

一、旅游目的地规划概述

所谓旅游目的地规划,指的是以目的地的各类旅游要素为对象,在资源调查评价的基础上,以系统优化和持续发展为目标的战略设计和实施的过程,是对旅游目的地的产业发展、开发管理和可持续发展所做的系统性安排。

(一)旅游规划的必要性

要实现旅游资源的保护性开发和旅游产业的可持续发展,必然需要规划先行。科学的旅游规划能够提升旅游资源的吸引力,增强旅游目的地的可进入性,促进旅游基础设施建设和旅游专项服务设施的完善,能够有效提高旅游地的核心竞争力,是促进旅游业健康可持续发展的重要保障。高水平的旅游目的地规划设计能够明确旅游发展的方向和目标,有效盘活旅游目的地的资源要素,合理发挥其旅游价值,使旅游资源得到综合利用和持续保护,为相关部门的管理工作提供参考指南。

(二)旅游规划的目标与功能

旅游目的地规划的核心目标是系统最优和持续发展,为地方旅游发展制定战略方向。旅游规划的重要功能是借助科学的规划管理手段和技术方法,通过资源评价、市场调查、产品设计、形象策划、区位分析、战略定位、发展预测、保障体系的构建,对目的地的旅游资源要素进行有效配置,从而实现综合效益的最大化。旅游目的地系统是动态演进的过程,面对不断变化的内外部环境的压力与挑战,旅游规划能够综合判断目的地的发展条件,有针对性地解决现实问题,通过预先谋划和及时调整旅游系统的耦合结构,来抵御并规避环境变化所带来的潜在风险,保障目的地旅游发展的可持续性。

(三)旅游规划的指导思想

1.以可持续的科学发展观为根本

旅游目的地规划首先要遵循可持续的科学发展观,以"人与自然"和谐发展为指导方向,以辩证唯物主义的观点科学认识旅游业发展的客观规律,在规划管理过程中要维持经济竞争力和可持续发展间的平衡、经营管理和环境保护间的平衡,从而获得旅游目的地的长远可持续发展。

2.以旅游资源的调查评价为基础

从供给的角度来看,旅游资源的稀缺性和独特性是对旅游者产生吸引力的根本原因,也是通过开发而转化为经济优势的潜在资本。旅游资源的数量、分布状况和地域组合,直接影响所在区域旅游业的发展规模;旅游资源的质量和品位以及主要客源地的交通可进入性等因素影响着旅游客流的流量和流向,在一定程度上决定着目的地旅游业发展的方向和竞争力。

3.以客源市场的需求条件为导向

从需求的角度来看,旅游业既具有经济属性,也具有社会属性,因此,旅游目的地规划的编制应该遵循市场规律,进行科学的市场论证,严谨分析旅游产品设计和项目策划的市场可行性,避免只谈资源开发的生产导向观念。在旅游规划的编制过程中,应将现实旅游者和潜在旅游者的需求及其变化作为重要因素,强调对客源市场的调查研究,充分论证游客消费行为规律和市场需求变化的特点与趋势,合理打造体验参与型的旅游产品与项目。

4.以旅游目的地的社会经济实力及区位条件为依托

新时期旅游发展强调全行业融合、全环境营造、全居民参与、全社会共建,旅游目的地规划需要考虑地方的社会经济实力和区位条件,以旅游业发展的地域背景为依托,深入研究全域旅游发展理念,充分发挥"旅游+""+旅游"的产业带动效应,构建空间协调化的系统大旅游格局,提升旅游目的地发展的综合竞争力。

二、旅游目的地规划的类型

旅游目的地规划是广义上的旅游规划的一个细分层次,按不同的标准,可以分为不同类型(见图2-1)。

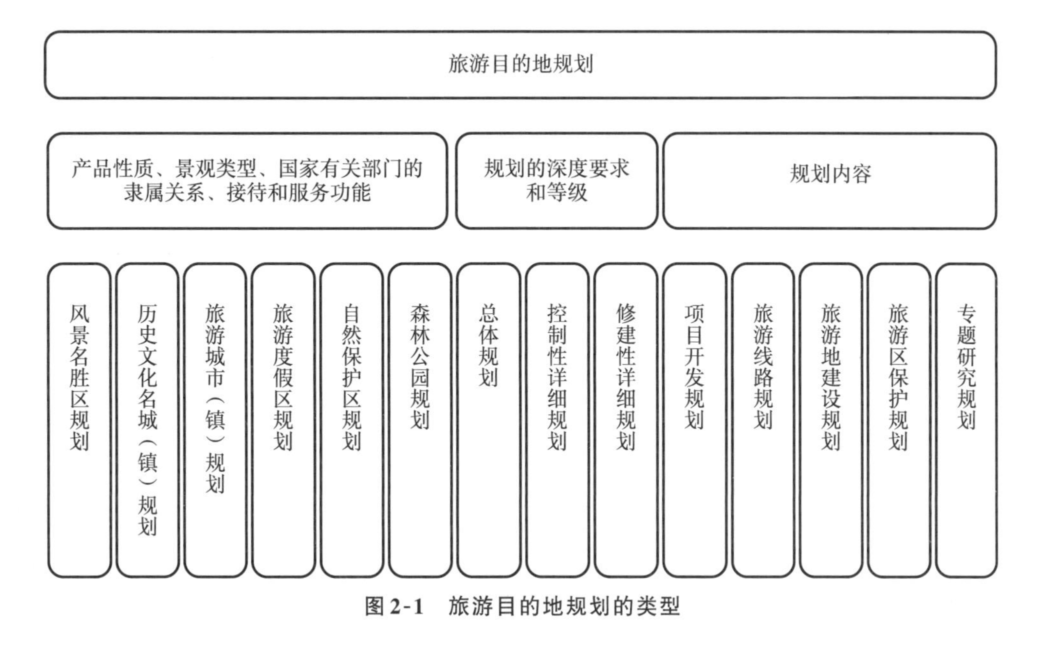

图 2-1 旅游目的地规划的类型

（一）按产品性质、景观类型、国家有关部门的隶属关系、接待和服务功能划分

根据产品性质、景观类型、国家有关部门的隶属关系、接待和服务功能，旅游目的地规划可以分为风景名胜区规划、历史文化名城（镇）规划、旅游城市（镇）规划、旅游度假区规划、自然保护区规划和森林公园规划等。

（二）按规划的深度要求和等级划分

根据规划的深度要求和等级，旅游目的地规划可以分为总体规划、控制性详细规划、修建性详细规划等。其中，旅游目的地总体规划又称为旅游目的地综合规划，是从全局的高度对目的地的旅游发展进行战略部署，是旅游发展规划的进一步落实与细化，与旅游产品的具体形式和旅游目的地的功能有着直接的联系。任何一个旅游目的地在开发建设前，原则上都应当编制旅游目的地总体规划，它具有全局战略性，对旅游目的地内各景点及具体建筑项目不做详细规划。

旅游目的地控制性详细规划，是指以旅游目的地总体规划或分区规划为依据，详细规定旅游目的地开发建设用地的各项控制性指标和其他规划管理要求，强化规划控制功能，并指导旅游目的地修建性详细规划的编制。旅游目的地控制性详细规划是一个管理型的规划，较大型的旅游目的地可以在总体规划的基础上增编旅游目的地控制性详细规划，小型旅游目的地可以跳过总体规划直接编制控制性详细规划。

旅游目的地修建性详细规划，是以旅游目的地总体规划和旅游目的地控制性详细规划为依据，将旅游目的地建设的各项物质要素在当前拟建设开发的地区进行空间安排和布置。修建性详细规划将为接下来的旅游目的地建设提供直接指导和具体方案，更加注重旅游目的地建筑、景观设计和空间布局。体量较小的旅游目的地可以直接编制修建性详细规划，一般的旅游目的地则要在策划、总体规划后再做修建性详细规划。

(三)按规划内容划分

根据规划内容,旅游目的地规划可分为项目开发规划、旅游线路规划、旅游地建设规划、旅游区保护规划等功能性规划,以及专题研究规划等。专题研究规划也称为部门规划或专项规划,是综合规划报告的重要补充,与目的地的发展目标和主题特色相对应,比如阳朔县建设高品质世界级旅游目的地的策略研究、阳朔县社区参与旅游推动乡村振兴专题研究、阳朔县民宿业发展路径与经营模式研究,安康市中心城区建设风貌和色彩控制专题研究、安康市旅游业对国民经济的贡献及趋势专题研究,以及新疆喀纳斯禾木村落文化景观保护规划等。

三、旅游目的地规划的原则

为了保证旅游规划的科学性和有效性,许多国家和地区在各种类型的旅游规划实践与长期的理论研究中积累了丰富的经验,并由此形成了旅游规划编制的指导性原则体系。掌握并遵循这些原则,对于指导新时期我国旅游目的地的规划发展具有重要意义。

(一)整体系统原则

旅游目的地是一个完整、独立的地域系统,整体系统原则是指旅游规划要将旅游目的地看成一个有机的、动态演化的整体,突破对于系统内要素组合的单一思维模式,使旅游各子系统之间紧密配合,成为一个有机整体。旅游规划就是对旅游活动中所涉及的内容进行协调的过程,在此过程中,只有坚持整体系统原则,才能让旅游目的地的自然、社会、经济效益达到最优化。开发过程中还要综合考虑游客的食、住、行、游、购、娱,以及信息联络等多方面的需求,做好相关设施的配套和供应,以形成旅游目的地的整体竞争力。

(二)主题特色原则

"一方水土养一方人",每个旅游目的地及其地理环境都是独特的存在,正是旅游资源的鲜明特色构成了旅游目的地的吸引力。旅游规划要充分挖掘地方特色,明确开发建设的主题,树立目的地特有的形象特征,在产品设计和项目策划的各个环节都要注意突出体现其主题,并且在各项设施建设中也要因地制宜,体现地域的个性特色。

(三)循序渐进原则

由于旅游目的地的资源类型多种多样,功能各不相同,所处的开发状态也不尽一致。因此,旅游目的地的规划要循序渐进,分阶段进行,兼顾近期、中期和远期目标,避免一蹴而就、急于求成,要按照不同的资源禀赋和开发条件进行分时有序的梯度开发。对目的地的旅游资源加强科学系统的普查、分析与评价,确定资源的分类和等级,优先开发那些地理位置优越、可进入性较好、级别较高的旅游资源,提高现有旅游景区景点和配套设施的利用率,避免属性相同的资源要素竞争,并及时根据市场状况进行调整,

争取以较少的投资和较短的建设周期产生较大的经济效益。

(四)资源市场结合原则

旅游资源是旅游目的地规划的基础,而市场的需求变化则是目的地供给系统开发建设的风向标,唯有两者相结合,旅游资源才能得到充分利用,旅游市场才能得以不断开拓。因此,旅游目的地规划需要系统调查、充分揭示旅游资源的特性,注重旅游市场的调查、细分与目标市场的选取,针对不同目标市场开发出适宜其需求的旅游线路和旅游项目。此外,在旅游产品的开发设计上,要充分调动游客的多种感官,将观赏性、趣味性、互动性、参与性相结合,打造沉浸式的旅游体验。

比如苏州的"姑苏八点半"夜经济品牌项目,结合特色文化,推出夜游苏景、夜赏苏艺、夜品苏味、夜购苏礼、夜泊苏城5个夜游品牌。其中,"江南小剧场"项目深受游客喜爱,其中喜剧《新唐伯虎点秋香》、沧浪亭的《浮生六记》、网师园的《遇见姑苏·游园惊梦》、平江路历史街区的《声入姑苏·平江》等,给游客带来了印象深刻的沉浸式体验,赢得了良好的市场口碑。

(五)利益主体协调原则

旅游目的地规划涉及当地的社区居民、地方政府、旅游投资企业、管理运营企业、旅游者等多个利益相关群体。旅游规划需要协调各方关系,通过各种途径了解各方的意见建议和利益诉求,为他们提供讨论决策的机会。在规划实践中,最难的不是科学问题,也不是技术问题,而是当规划区管理方的方案与规划专家团队的方案不一致时,专家团队是违心"尊重"管理方的方案,还是"据理力争"坚持科学的方案。如何处理这一问题是做旅游规划的重要的"艺术"之一。在面对"Speaking Truth for Power or Speaking Truth to Power"(为权力讲述真理还是对权力讲述真理)的抉择时,必须坚定科学立场和坚持规划者的良心。

在规划过程中,规划者既要尊重投资方和管理方的意见,又要维护社区和旅游者的权利,保持和各方的友好沟通,积极推进交流,促使合作在各方满意的情况下良好推进。面对利益冲突的时候,规划者要努力寻求合理有效的解决方式,充分考虑当地社会经济文化和环境的全面协调发展,增强对当地居民这一环境改造被动方的人文关怀,促使规划真正能够落地执行。

(六)可持续发展原则

旅游资源是大自然和人类留下的宝贵遗产,一般都具有较高的科学价值、美学价值、历史文化价值等,但同时这些资源又具有易损性,甚至被破坏后不可再生。因此,在旅游目的地规划开发的过程中,要注意对旅游资源及其依托环境的保护,制定切实有效的资源保护措施,坚持可持续的发展原则,其精髓在于"既满足当代人的需求,又不损害后代人满足其需求的权利",不能以牺牲环境为代价去谋取经济利益。可持续发展的原则包含生态环境的可持续性、社会文化的可持续性和经济发展的可持续性三者的和谐统一,以及防止资源景观和依托环境遭到破坏。

(七)科技创新原则

互联网和数字化已经成为大众旅游的生活内容和消费场景。由AR、VR和AI推动的“云展览”“云演艺”“云旅游”“数字博物馆”等虚拟体验产品,已经实现了从概念导入到市场接受的过程。目前,虚拟旅游、分时预约、无接触服务、数字场景、沉浸式剧本演出已经走进我国大众的日常生活。

当下体验经济高速发展,旅游目的地规划首先可以通过VR、AR、MR等技术,将融合了文化内涵的虚拟景象、文化形象生动地展示在游客眼前,丰富游客对旅游地的形象感知,弥补一些实地旅游时游客期待与实际体验之间的差距,增强游客的沉浸感,使游客获得深刻的旅游体验。其次,可以通过大数据等数字化技术来调查和收集游客“云旅游”时感到满意和不满的地方,发挥优势,弥补短板,加快“云旅游”技术更新迭代,促使平台和企业不断优化服务,提供更加优质的旅游产品。

四、旅游目的地规划的主要内容

旅游目的地规划是广义上的旅游规划的一个细分层次,是一个系统工程,包含的内容较为复杂,具体包含以下十二个方面。

(一)规划总则

从高屋建瓴的角度,详细介绍旅游目的地的规划背景,与规划委托方确认规划范围与规划期限,对目的地已有的规划进行评估,交代规划依据和原则,阐明与其他规划的衔接,明确规划任务与发展目标。

(二)宏观发展背景分析

全面分析旅游目的地的宏观发展背景,结合目的地的具体性质和资源特色,可以从国内国际双循环、高质量发展、生态文明建设、乡村振兴战略、旅游扶贫等角度响应国家战略需求,从政策导向、产业投资、市场供给、消费趋势等不同角度对旅游发展趋势进行研究。

(三)综合环境条件分析(见图2-2)

对旅游目的地发展的综合环境条件展开分析,包括目的地的区位交通、自然环境、人文社会环境、产业经济状况等。其中,区位交通包括目的地与客源市场的大交通以及目的地内部的小交通,自然环境包括自然条件、环境质量、气候要素、生态植被、自然灾害等,人文社会环境包括历史沿革、人口构成、社会经济、民风民俗等,产业经济状况包含产业规模、产业结构、企业数量、经济收入等,在对这些环境要素进行详细介绍的基础上,展开SWOT分析。

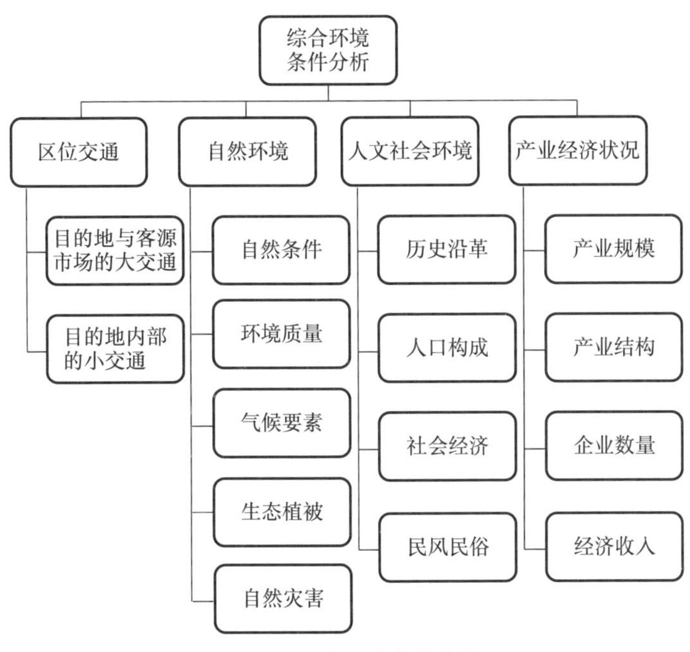

图2-2 综合环境条件分析

(四)旅游资源调查与评价

旅游资源是旅游业赖以发展的基础,其类型、规模、品质及其所处的区位条件是目的地旅游业发展的关键。旅游目的地规划首先需要全面调查、综合分析旅游资源的种类、数量和分布状况等,科学评估其资源价值和开发条件,从而明确当地旅游资源的开发主题、开发方向和开发顺序。在此过程中,规划者要本着科学严谨的实地考察态度,注重创新调查评价的方法,客观描述旅游资源的开发现状,并进行开发潜力评估,制定合理的旅游资源开发策略。

(五)旅游市场分析、定位与预测

市场需求往往是旅游目的地供给系统的风向标。旅游目的地规划需要结合旅游资源的特点、旅游业竞争态势的分析,确定旅游目的地的主要客源市场,包括客源市场的范围等级、客源地概况,以及客源市场的规模、结构和消费水平等。在对客源市场进行调查分析的基础上,展开市场细分,对现实游客和潜在市场的行为特征与消费期望进行分析,进行目标市场的定位与市场趋势预测,并提出旅游目的地的营销组合方案。对客源市场的评估将直接影响后续旅游产品的开发、旅游项目的创意设计、旅游基础设施和旅游服务设施的规划安排等。

(六)旅游开发定位与空间布局

旅游目的地的开发定位和空间布局是战略规划的内容。其中,开发定位包括目标定位、主题定位与形象定位,决定旅游目的地未来的开发方向和发展目标;空间布局涉及旅游目的地的规划布局原则、空间结构和功能分区,决定着旅游目的地的空间分布

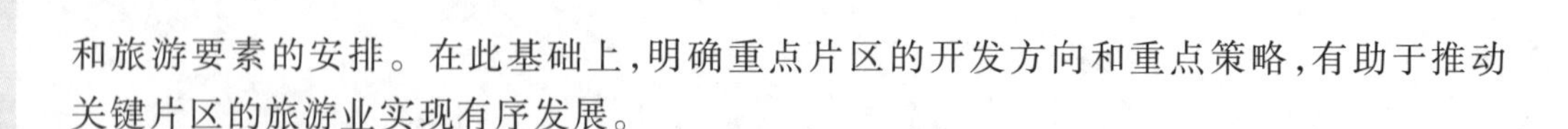

和旅游要素的安排。在此基础上,明确重点片区的开发方向和重点策略,有助于推动关键片区的旅游业实现有序发展。

(七)旅游产品设计与项目策划

根据旅游目的地的资源特色和目标市场的需求特点,对旅游目的地进行产品体系规划,明确基础旅游产品和重点旅游产品,进行产品线路的组织设计,要充分考虑旅游目的地各景区内部游览线路的设计和外部区域旅游线路的统筹。同时,从旅游开发、运营和管理的角度来看,还需要对目的地展开旅游项目的创意设计。一个好的旅游项目是连接旅游资源和旅游产品的纽带,是地方实现招商引资的重要抓手,能够较快带动地区旅游产业的飞速发展,有助于提升旅游目的地的整体吸引力。

(八)旅游公共服务体系规划

旅游目的地的公共服务涉及旅游者活动的方方面面,包括游憩交通规划、旅游集散服务体系规划、旅游标识系统规划、旅游厕所规划、智慧旅游规划和旅游救援体系规划等。

其中,旅游交通是旅游开发的先决条件,是联系旅游目的地与客源市场的纽带,也是联通各个旅游景区景点的通道,包括对外交通规划和区内交通规划。对外交通规划要能够确保游客进出游览通畅无阻,区内交通包括游憩线路的布局和交通方式的规划,要注重营造移步换景的感觉,将交通线路美化设计为"风景道"供游客欣赏,交通方式可进行多样化组合,并结合目的地的特点设计徒步道、登山道、索道、游船航线、自行车道等,以服务于不同的细分目标市场。

(九)环境保护规划

环境保护是当今世界发展的主题,也是新时期中国旅游业发展和践行"两山理论"的重要途径。旅游目的地的环境保护规划首先要对当地的环境保护现状和旅游发展的影响进行调查分析,制定环境与资源保护的目标,并针对具体问题提出环境保护的措施。具体包括生态环境保护规划、旅游资源保护规划、景观绿化规划、防震减灾规划、安全防护规划等。制定有针对性的环境保护规划,有助于实现目的地旅游业的可持续发展。

(十)基础设施与保障体系规划

旅游目的地的基础设施包括生活与商品供应、邮电通信、医疗卫生、市政交通、安保等设施设备,这些都要与旅游发展的需求相配套。此外,旅游发展中的各种政策、资金、人力资源、体制改革、区域合作、危机管理等保障体系规划也是旅游目的地规划的重要内容。

(十一)效益分析与规划实施的行动计划

旅游目的地规划的效益分析包括对社会效益、经济效益和生态环境效益的评估和

分析,其中最重要的是经济效益分析,即旅游资源开发的投入产出分析。同时,规划要确定分期目标和分期实施计划,根据时序安排滚动建设发展,尽量确保效益分析与时序行动计划相一致。

(十二)规划图件

旅游目的地的规划图件一般包括地理区位图、客源市场分析图、土地利用现状图、旅游资源分布图、旅游线路图、旅游产品和项目布局图、旅游功能分区图、交通规划图、环境保护规划图、旅游公共服务体系规划图和景观效果图等。

第二节 旅游目的地规划的主要理论

一、可持续发展理论

(一)理论概述

1.可持续发展的概念

可持续发展是建立在社会、经济、人口、资源、环境相互协调和共同发展的基础上的一种科学发展观,其宗旨是既能相对满足当代人的需求,又不损害子孙后代满足其自身需要的能力。可持续发展理论强调环境保护与经济发展的协调平衡,追求的是人与自然的和谐。其核心思想就是,健康的经济发展应建立在生态可持续能力、社会公正和人们积极参与自身发展决策的基础之上。

2.可持续旅游的产生与发展

旅游业作为以服务消费与精神消费为内容的高层次消费,对环境有很强的依赖性。因此,旅游具有实现可持续发展的内在动力。可持续旅游的提出首先是直接受可持续发展理论的影响,是可持续发展思想在旅游领域的具体运用。

1990年,在加拿大温哥华召开的全球可持续发展大会上,旅游组行动策划委员会提出了《旅游持续发展行动战略》草案,构筑了可持续旅游的基本理论框架,并阐述了可持续旅游发展的主要目的。

1995年,联合国教科文组织、联合国环境规划署、世界旅游组织和岛屿发展国际科学理事会在西班牙兰萨罗特岛召开了可持续旅游发展世界会议,大会通过了《可持续旅游发展宪章》和《可持续旅游发展行动计划》,对旅游可持续发展的基本理论观点做了精辟的说明,为可持续旅游提供了一整套行为规范,并制定和推广了可持续旅游的具体操作程序,标志着可持续旅游研究进入实践性阶段。

1996年9月,为了响应联合国《21世纪议程》提出的可持续发展理念及其行动计划,世界旅游组织、世界旅游理事会、地球理事会联合制定了《关于旅行与旅游业的21世纪议程:迈向环境可持续发展》,并于1997年6月在联合国第九次特别会议上发布。

1997年,世界旅游组织授权中华人民共和国国家旅游局出版《旅游业可持续发展——地方旅游规划指南》,用以指导各地旅游业的发展。

3.可持续旅游的内涵

1993年,WTO组织出版了“旅游与环境”丛书,其中,《旅游业可持续发展——地方旅游规划指南》一书对可持续旅游发展的定义如下:旨在维护文化完整、保持生态环境的同时,满足人们对经济、社会和审美的要求。它能为当今的东道主和游客提供生计,又能保护和增进后代人的利益,并为其提供同样的机会。

1995年,《可持续旅游发展宪章》中指出,可持续旅游发展的实质就是要求旅游与自然、文化和人类生存环境成为一个整体,即实现旅游、资源、人类生存环境三者的统一,以形成一种旅游业与社会经济、资源、环境相互协调的发展模式。

因此,可持续旅游(Sustainable Tourism)包括两个层面的含义:目的地的可持续发展和旅游者负责任的旅行。从目的地的角度来讲,可持续旅游是指目的地在对旅游的开发和管理方面充分考虑环境和旅游资源的可持续性。从旅游者的角度来说,可持续旅游是指旅游者在旅行过程中,尽最大可能减少对环境、对目的地的影响,让目的地的社会文化、地方经济通过旅游者的旅游活动得到受益的同时,保持原有状态,并得到长期发展。

4.可持续旅游的目标

在1990年全球可持续发展大会上,旅游组行动策划委员会提出旅游业发展的五个目标:增进人们对旅游所产生的环境、经济效应的理解,强化其生态意识;促进旅游的公平发展;改善旅游接待地的生活质量;向旅游者提供高质量的旅游经历;保护上述目标所依赖的环境质量。

简言之,就是为旅游者提供高质量的旅游体验的同时,也要提高当地居民的生活水平,在发展中维护公平,保持生态环境的良性循环,使人们能够认识到旅游给经济和环境带来的好处。

(二)在旅游目的地规划中的应用

在大众旅游蓬勃发展的背景下,越来越多的学者对于旅游业是“无烟工业”的观点表示质疑。因此,旅游目的地规划不能只关注经济效益,还要注重社会文化和生态环境的可持续性。要找到旅游开发和资源、环境保护的平衡点,既要保护资源和环境,又能有序开展旅游者游览体验活动,实现经济效益。在规划过程中体现“强调保护先行的开发原则”,积极引入现代化的科技手段进行旅游资源的质量监管和保护性开发,避免竭泽而渔的短视思维,分阶段、分区域地适度开发,为旅游目的地的未来发展预留空间,不断推出新项目,以持续吸引旅游者,保持旅游业的长久活力,达到经济效益、社会效益和环境效益的良性循环。

二、旅游地生命周期理论

(一)理论概述

旅游地的生命周期,是一种客观存在的现象,在发展演进的不同阶段表现出鲜明的特点和规律。

(1)探查阶段:只有零散的游客,没有特别的设施,其自然和社会环境未因旅游而产生变化。

(2)参与阶段:游客人数增多,旅游活动变得有组织、有规律,本地居民为游客提供一些简陋的食宿设施,地方政府被迫改善设施与交通状况。

(3)发展阶段:旅游广告扩大旅游市场,外来投资骤增,简陋的食宿设施逐渐被规模大、现代化的设施取代,旅游地自然面貌的改变比较显著。

(4)巩固阶段:游客量持续增加但增长率下降,旅游地功能分区明显,地方经济活动与旅游业紧密相连,常住居民开始对旅游产生反感和不满。

(5)停滞阶段:旅游地自然和文化的吸引力被"人造设施"代替,旅游地良好形象已不再时兴,市场份额维持艰难,旅游环境容量超载,相关问题随之而至。

(6)衰退/复苏阶段:一方面,旅游市场进入衰退期且房地产的转卖率很高,旅游设施大量消失,最终旅游地将变成名副其实的"旅游贫民窟";另一方面,旅游地也可能采取增加人造景观、开发新的旅游资源等措施,增强旅游地的吸引力从而进入复苏阶段。

(二)在旅游目的地规划中的应用

生命周期理论对编制调整型的旅游目的地规划具有较大的启示意义。调整型旅游规划是指在规划实施一段时间后,针对旅游地发展的实际情况对原有规划内容进行适当调整,常见的有旅游发展整合提升规划、旅游发展总体规划(修编)等。在这种情况下,调整型旅游规划需要系统总结梳理地方旅游发展的历程,判断旅游目的地所处的生命周期及其发展特点,总结取得的成就和经验,找出存在的主要问题,并提出解决方案的指引。在此基础上,及时调整旅游目的地的开发方向和产品结构、改善旅游发展环境、改变市场营销策略等,以尽量延长旅游地的生命周期,通过不断推进全方位的创新来提升目的地对客源市场的长久吸引力。

三、利益相关者理论

(一)理论概述

利益相关者(Stakeholder)是一个来自管理学的概念,斯坦福研究所于1963年首次提出了这个术语。经济学家弗里曼(Freeman)于1984年率先把利益相关者理论应用于美国,认为"一个组织的利益相关者是指任何可以影响组织目标的或被组织目标影响的群体或个人",一般包括股东、债权人、雇员、供应商、消费者、政府部门、相关社会组织、社会团体和周边社区等。利益相关者理论有两个核心问题:一是对利益相关者的认定,即谁是组织的利益相关者;二是利益相关者的属性,即管理者依据什么来给予特定群体关注。因此,组织必须考虑到他们的利益并且要均衡各方的利益要求。

国外在20世纪80年代中后期将"利益相关者"概念引入旅游研究,索特(Sautter)和莱森(Leisen)二人根据弗里曼的利益相关者图谱,绘制了包括政府部门、雇员、本地企业、本地居民、活跃团体、旅游者、竞争者和旅游规划师等在内的旅游规划利益相关者图谱。

(二)在旅游目的地规划中的应用

旅游规划中涉及的各个组织或群体来自不同行业或部门,具有分散性和复杂性的特点。这些组织或群体都有其各自的目标和利益指向,这些目标和利益指向经常都是相互冲突和难以协调的;而且随着新兴旅游目的地的不断出现,旅游目的地间竞争日益加剧,成功整合旅游目的地中各参与方的分散力量和资源可以形成协同效应,增强旅游目的地的竞争力。在旅游规划过程中,政府部门应扮演战略决策者、政策指导者和管理控制者的角色,协调好各个旅游企业的利益,逐步从开发主导者转向宏观调控者。旅游开发商是旅游规划的投资者,注重投资回报率,具有一定的方案选择权。旅游企业同旅游开发商一样,十分注重规划的实际操作性和可行性以及投资回报率,并将结合长远利益来评价规划方案。

旅游规划过程实际上就是协调各方关系和利益的过程,利益相关者理论在旅游规划与目的地管理中的作用就是减少冲突、增强合作,以及促进旅游规划的落地实施。所以,旅游规划中利益相关者之间的关系是既对立又依存的。他们之间少了谁,旅游规划活动都进行不了。只有协调好这些利益相关者之间的利害关系,旅游规划才可以得到各方的认可,以达到既定的目的。

在这些利益相关者中,社区居民和旅游者虽然没有直接参与到旅游规划中去,但是却起到了指向针的作用。把社区居民作为重要的利益相关者纳入旅游规划编制过程一直是旅游可持续发展的热点问题。基于社区的规划(Community-based Planning)较为依赖旅游目的地各运营者之间自组织的力量,尤其在一些相对不发达的地区,它成为资源保护管理和扶贫旅游激励的基本考虑方向。科学的旅游发展观的主要内涵是"坚持以人为本,统筹区域发展,促进旅游业的健康发展"。"以人为本"的"人"主要是指旅游者和社区居民。旅游开发应坚持人文性、正义性原则,满足旅游者需求,符合社区居民意愿,切实照顾社区居民的根本利益,把旅游开发与促进当地就业和提高人民的生活质量结合起来,做到兴地富民。

四、循环经济理论

(一)理论概述

"循环经济"一词最早是由美国经济学家波尔丁(Boulding)在20世纪60年代提出生态经济时谈到的。波尔丁受当时发射的宇宙飞船的启发来分析地球经济的发展,他认为飞船是一个孤立无援、与世隔绝的独立系统,靠不断消耗自身资源存在,最终它将因资源耗尽而毁灭。能使之延长寿命的方法就是要实现飞船内的资源循环,尽可能少地排出废物。同理,地球经济系统如同一艘宇宙飞船,只有实现对资源的循环利用、发展循环经济,地球才能得以长存。

循环经济是一种以资源的高效利用和循环利用为核心,以减量化、再利用、资源化为原则,以低消耗、低排放、高效率为基本特征,符合可持续发展理念的经济增长模式。发展循环经济的目的是在不影响经济、社会高速发展的前提下,实现资源节约、生态环境改善,使人类步入可持续发展的轨道。循环经济的产生顺应了人与自然和谐共生的

原则,它是一种把经济活动组织成一个"资源—产品—再生资源"的物质流动过程,所有的物质和能源要能在这个不断进行的经济循环中得到合理和持久的利用。在环境污染和能源危机并存的情况下,循环经济成为解决经济发展和环境保护之间矛盾的有效手段。

(二)在旅游目的地规划中的应用

旅游目的地的生态环境是一个多元化的概念,既包括自然生态环境,又包括依赖于人类而建构的文化生态环境,两者共同构成旅游目的地的吸引力。旅游业的资源依赖性使其可持续发展迫切需要循环经济理念的指导。在旅游目的地规划中,关键任务在于构建循环经济型的旅游规划范式,提倡以实用生态观来调节旅游者与旅游资源、旅游环境和社会大众间的伦理关系。在这种范式下,旅游者通过个体的消费权直接影响旅游规划、政府部门通过法制权支持旅游规划、生态环境通过生态条件规范旅游规划、旅游专家通过知识权引导旅游规划,旅游规划的智力创造过程将景观生态、消费生态、企业生态、行业生态等多重生态体验作为设计导向,从而为旅游业的发展提供可持续的智力支持。

五、体验经济理论

(一)理论概述

1.体验经济的产生与发展

美国著名未来学家阿尔文·托夫勒(Alvin Toffler)于1970年在《未来的冲击》一书中最先提出体验业(Experience Industry)的概念,他将体验作为一种可交换物,并作为经济价值来看待,认为体验是商品和服务心理化的产物,并认为人类社会发展在经历了农业经济、工业经济、服务经济等形态后,将进入体验经济时代。B. 约瑟夫·派恩(B. Joseph Pine Ⅱ)和詹姆斯·H. 吉尔摩(James H. Gilmore)于1999年出版《体验经济》一书,对体验经济的概念做了较为系统的阐述,认为体验经济就是"以企业服务为舞台,以商品为道具,围绕消费者创造出值得其回忆的活动"。其中,商品是有形的,服务是无形的,而所创造出的那种"情感共振"型的体验最令人难忘。在概念界定的基础上,两位学者进一步指出体验构成的"4E"模型,分别是娱乐(Entertainment)、教育(Education)、遁世(Escape)、审美(Estheticism)。这四种体验相互交叉所形成的综合感知——"甜蜜地带"(Sweet Spot),能够带给我们最丰富的体验。最优的体验质量衡量标准用英文单词表述为"Flow",可译为畅爽,是指"具有适当的挑战性,而能让人深深沉浸其中,以至于忘了时间的流逝,意识不到自己存在的体验"。

2.旅游与体验

旅游产品具有无形性的特点,更为强调经历或记忆,关注消费的过程而非结果,与体验具有天然的相似属性。旅游体验是指旅游者观察、参与的过程以及该过程所形成的主观感受。随着旅游业的深入发展,旅游目的地的开发已经从传统的景点式观光转向强调参与互动的休闲度假全域旅游模式,体验式旅游应运而生。2001年6月,一份关于澳大利亚旅游业发展的报告首次提到了"体验式旅游"这个新概念,综合相关研究,

体验式旅游可以定义为“一种预先组织设计的、按照一定程序展开、需要旅游者主动投入时间和精力参与的、对环境影响小且附加值高的旅游方式,旅游者通过与旅游产品间的互动,获得畅爽旅游体验,实现自我价值”。体验式旅游主要有以下三大特征。

(1)个性化:体验式旅游更强调旅游产品的个性化,通过独一无二、针对性强的旅游产品,来满足旅游者求新求异的心理。例如,广西阳朔依靠自身独特的山水资源而开展攀岩、遇龙河竹筏漂流等活动,体现了旅游产品的个性化。

(2)参与性:通过参与和互动,旅游者能更深层次的感受消费过程的每一个细节,获得更直观和深刻的旅游体验。例如,参与主题公园的庆典游园活动,参与滑草、滑雪活动,参与红军小指挥员的红色爱国主义教育活动等。这些活动都强调了旅游者的角色模仿和参与,更加全身心地投入旅游活动能够产生身临其境的感觉。

(3)过程性:体验式旅游最重要的是旅游者对旅游产品的感受和享受的过程,而不是一味追求“到此一游”的结果,更加强调心理感知和理解。例如,依托现有自然景观开发“露营”“雅居”等特色度假体验区,旅游者能够亲身体会自然景观所带来的放松身心、远离都市的度假感受,通过停留参与其他活动,追寻一种心理体验的过程。再比如,非物质文化遗产的保护与传承是新时期加强“文化自信”的重要举措;苏州非遗办举行的苏扇制作技艺、桃花坞木刻年画、“非遗绣生活”等系列体验活动,让旅游者能够与非遗大师面对面交流,并亲自体验手工制作的全过程。

(二)体验经济理论在旅游目的地规划中的应用

体验经济与旅游体验的相关研究对景区规划、管理与营销等实际工作具有重要的指导作用和应用价值,从本质上来说,旅游规划的核心就是为旅游者创造独特丰富的旅游体验,主要包括以下五个要点。

第一,旅游目的地的各个景区要有特别鲜明的主题,突出差异化和多元化,避免同质化和模式化误区。比如东京迪士尼乐园匠心独运地设置出“西部乐园”“探险乐园”“明日乐园”“梦幻乐园”等体验旅游项目,不同的娱乐主题为不同年龄的人们塑造了属于自己的娱乐经历。

第二,要用一系列“线索”,串联整个主题。规划景区就像写剧本,要提供最好的道具和舞台,让旅游者乐在其中。比如杭州宋城、无锡影视基地等通过再现当时的社会文化生活场景使旅游者恍如隔世,布局布景、建筑艺术、服装道具、文化语言等都能再现所塑造的主题,让旅游者有身临其境之感,通过旅游产品或活动的设计,引导旅游者也进入景区并塑造角色,全方位地体验角色转换的愉悦。

第三,要给旅游者足够的感官(视觉、听觉、触觉、嗅觉、味觉)刺激,将目的地抽象的自然文化景观通过创意设计策划,转变为旅游者能接触、感受的形式。比如金秋十月到苏州,不仅要去看古典园林,还要去听评弹昆曲,闻满城的桂花香,尝尝大闸蟹,获得丰富的体验。

第四,旅游产品要有适当的挑战性和丰富的参与性,最好是能让旅游者达到“忘我”的境界。例如,在景区开展“森林定向穿越”活动,旅游者自己规划线路、寻找方向、破解难题,最终到达目的地,这种方式能够为旅游者创造交往契机,满足其探索未知、挑战自我的愿望。

第五，提供旅游纪念品，延长记忆。融入当地特色的创意纪念品，不仅具有回忆体验的价值，还是馈赠亲友的佳品，也是旅游者在目的地游览体验时不可或缺的一部分。它的开发要承载当地的历史文化内涵，具有一定的艺术价值，代表部分民族及民俗特色文化。比如近年来文旅产业的融合和文创产品的大力开发能够较好地强化旅游者的旅游体验。

六、智慧旅游理论

(一)理论概述

旅游业具有高信息强度的特征，因此对于信息和通信技术高度依赖。伴随着5G、大数据、云计算、物联网、人工智能、区块链等信息技术的日趋成熟，智慧旅游的“新基建”推进了现代旅游的数字化、网络化、智能化转型升级。2015年1月，国家旅游局(现文化和旅游部)印发的《关于促进智慧旅游发展的指导意见》指出，要建设一批智慧旅游景区、智慧旅游企业和智慧旅游城市，建成国家智慧旅游公共服务网络和平台。为了完善智慧旅游公共服务体系，接下来将加大旅游公共信息方面的互联网采集和数字技术运用，从而推动旅游公共信息数据向社会开放，构建数字智能、价格公开、信息透明的智慧旅游体系。通过智慧旅游，实现多场景、多人群的互联互通，实现对出游数据进行智能分析并使得出游选择变得更多样、更便捷，还可以使景区能够及时通过数据集合旅游者行为，从内推动结构性改革，从而满足消费者日益增长的旅游需求，推动旅游产业转型升级，带动周边经济发展，形成全域旅游的形式，促进经济多元化繁荣发展。

目前，多数学者较为认同的一个观点是，智慧旅游是以物联网、云计算、大数据挖掘等信息技术为基础构建的一种全新系统，借助有效的技术手段结合科学系统的管理，能够实现区域旅游资源集约、旅游数据共享、旅游数据分析，可以协助旅游企业和政府做出决策，满足旅游者个性化需求，并最终促进旅游产业转型升级。

(二)在旅游目的地规划中的应用

智慧旅游是旅游信息化发展的高级阶段，也是旅游发展中前沿技术应用的集合，智慧旅游平台信息的集成能够大大方便旅游者的出行。在旅游目的地规划中，智慧旅游建设应当以旅游者的体验及评价为基本标准，紧随旅游者需求的变化，同时加快创新脚步，将消费过程作为线索，注重和电信、交通、金融、文化、医疗等机构的协作，构筑起以旅游者需求为中心的资源共享平台，提供更加人性化的旅游体验及旅游服务。通过互联网平台，整合目的地的旅游资源，与在线旅行商、移动运营商及金融机构合作，建立起一个集信息查询、在线预订、消费购买、线上导览等功能于一体的目的地智慧旅游系统，实现消费者、政府、旅游服务供应商一体化，使得旅游相关信息互联互通，实现消费透明，旨在切实解决“黑导游”“黄牛”以及旅行团中出现的强制购物现象等问题，规范旅游市场，使旅游者安心。比如苏州借助数据分析技术进行精细运营，帮助苏州旅游市场中的优质资源建立市场与消费者之间的关系，实现高效运营，并借助数字信息技术对旅游产品全生命周期进行跟踪及分析，实现旅游的智能化。

第三节　旅游目的地规划的编制程序

一、旅游目的地规划的编制要求

旅游目的地规划的编制需要符合以下七个方面的要求。

第一,旅游目的地规划的编制要符合国家有关政策法规要求,以国家和地方社会经济发展战略为依据,以旅游业的发展指导方针为基础,协调“多规合一”的规划衔接,以“发展规划”明确规划方向,以“城乡规划”确定规划坐标,以“土地规划”限定用地指标,以“环保规划”划定发展底线,以“主体功能区规划”识别发展功能,并积极与交通、农林、文化、体育、教育、健康等相关专项规划进行衔接,根据发展形势不断调整。

第二,旅游目的地规划的编制要坚持以旅游资源为基础,以旅游市场需求为导向,以旅游产品谱系开发为主体,以促进目的地的社会、生态、经济效益的最优化和可持续发展为根本目标。

第三,旅游目的地规划的编制要进行科学合理的主题定位,突出地域特色,协同区域发展目标,与周边邻近目的地进行差异化开发,规避不合理的重复性建设,减少对旅游资源和相关服务设施的浪费。

第四,鉴于旅游业发展的综合交叉属性,旅游目的地规划的编制要引入多学科先进的理论和技术方法,对标借鉴国内外相似类型的旅游目的地的发展经验,并广泛征求多个利益相关主体的意见和建议,尤其是当地居民的意见,符合相关行政管理部门的审批规定。

第五,旅游目的地规划的编制人员应该具备广泛的专业技术背景,包括旅游管理、城乡规划、风景园林、地理学、经济学、管理学、建筑设计、资源与环境等相关专业,并结合目的地的专项规划需求配备相应的规划编制团队。

第六,旅游目的地规划的编制工作所采用的勘察、测量方法与成果清单中的图件资料,要符合国家相关标准和规范。

第七,旅游目的地规划的技术指标需要参考《旅游规划通则》(GB/T 18971—2003),并要结合旅游业长远发展的需求,具有一定的前瞻性。

二、旅游目的地规划的编制方式

旅游目的地规划任务的来源多种多样,其编制主体也各不相同,因此,旅游目的地规划的编制方式主要有以下四种。

(一)委托旅游规划专业单位编制

目前,国内可以进行旅游目的地规划的专业单位包括:高等学校的旅游管理院系;城乡规划、风景园林、建筑设计、地理学、资源与环境、经济管理、历史人文等相关专业

的教学科研单位，如中山大学旅游发展与规划研究中心；科学院系统的研究院所，如中国科学院地理科学与资源研究所；城市规划设计院所；风景园林和林业规划设计院所等。国家旅游行政管理部门正在研究建立旅游规划编制机构和个人的资质认定制度。

旅游目的地可根据自身的资源特点及人力、财力、物力情况，委托具有法人资格的专业团队编制相应的旅游规划，这样的规划起点较高、操作比较规范、质量比较有保障。

（二）由本地或本单位部门的专业人员编制

有些旅游目的地发展历史久远、文化积淀深厚、旅游业发展水平较高、相应的人力资源储备丰富，地方旅游行政管理部门和城建部门可以牵头组织当地的有关专业人员组成编制规划班子。这些本地工作人员对旅游目的地的发展情况较为熟悉，对于管理运营也有丰富的经验，善于把握旅游业的发展趋势，编制出来的规划具有很强的可操作性和历史连贯性。但是不足之处也很明显，由于对地方发展过于熟悉，他们可能会思维固化，有一定的视野局限，很难进行较大的创新性突破。

（三）本地相关单位与旅游规划专业单位专家联合编制

这是一种可以使以上两种编制方式的优势得以联合发挥的方式，取长补短，更加容易成功。具体操作可分为两种。

一种是以旅游规划专业单位为主导，本地相关单位配合。在规划设想、调研考察、研讨思路、拟定规划大纲、构思规划图纸等从修改到定稿的全过程，双方共同参与商讨、合作完成各个环节的任务。旅游规划专业单位负责规划文本和图纸的具体起草，本地相关单位协助完成相关内容。

另一种是以本地相关单位为主，旅游规划专业单位指导和协助相关规划工作。规划文本和图件主要由本地工作团队完成，旅游规划专业单位派出相关专家在参与深入调研的基础上，提出规划编制的指导意见，审定规划大纲、文本和图纸，或者参与规划文本的修改，承担技术性较强的部分工作，如绘制精细的图纸内容、测定相关经济指标、旅游项目投资分析与预测、投入产出估算等。

（四）通过招标投标方式编制

公开招投标确定规划编制单位是当前旅游目的地规划的常见形式。这种方式的优点是委托方可以从多家规划单位和方案中选择最符合当地发展目标和方向、最令人满意的规划设计单位和方案。流程可以参考《中华人民共和国招标投标法》执行。

三、旅游目的地规划的基本程序

旅游目的地规划需要遵循科学合理的编制流程，一般可以分为任务确定阶段、前期准备阶段、规划编制阶段、征求意见阶段、规划评审阶段。

(一)任务确定阶段

1.委托方确定编制单位

旅游目的地的委托方应根据国家旅游行政管理部门对旅游规划设计单位资质认定的有关规定确定旅游规划编制单位。通常有公开招标、邀请招标、直接委托等形式(见图2-3)。

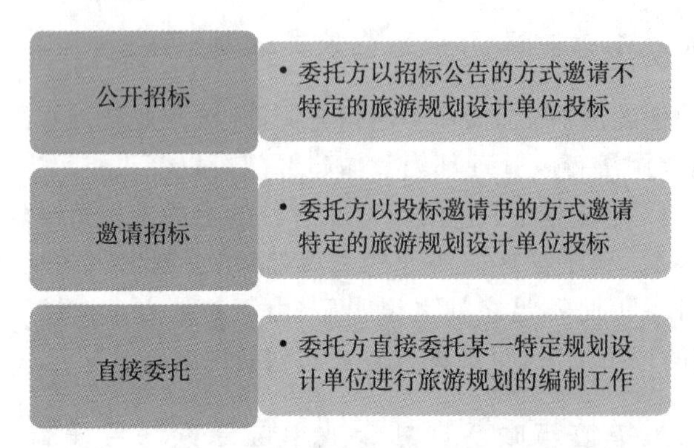

图2-3　公开招标、邀请招标、直接委托的形式

2.制订项目计划书并签订旅游规划编制合同

委托方应制订项目计划书并与规划编制单位签订旅游规划编制合同,明确规定旅游目的地规划的名称、双方的权利义务、规划期限、违约责任等。从签订规划委托书或合同书之日起,就进入了旅游规划的正式编制阶段。

(二)前期准备阶段

1.明确规划范围,组建规划编制专家组

规划队伍在人员构成上可分为两个小组,即规划领导小组和规划编制小组。其中,规划领导小组一般由当地行政主管部门的代表、投资方的代表等联合组成,其主要任务是协调规划编制过程中遇到的问题,协商规划的目标任务。规划编制小组的成员要求专业覆盖全面,多学科合作,交流规划思想,开阔规划视野。

2.制订编制工作计划

确定考察路线与日程等具体内容,详细描述室内资料整理与分析、室外实地考察调研及规划编制各个阶段的进度安排,可以将计划安排以甘特图的形式列出,并明确标出完成各项工作预计所需时间及达到的阶段目标,并确定每个编制成员的任务分工。

3.进行室内资料准备与分析

比如对国家和本地区旅游及相关政策、法规进行系统研究,全面评估规划所需要的社会、经济、文化、环境及政府行为等方面的影响。查阅当地国民经济和社会发展五年规划及长期发展规划资料,查阅当地交通运输局、自然资源局、生态环境局、市场监督管理局、园林局、发展和改革委员会、乡村振兴局等相关部门的规划统计资料,地方史志等文献资料。

4.旅游资源实地考察调研

对规划区内旅游资源的类别、品位进行全面调查，编制规划区内旅游资源分类明细表，绘制旅游资源分析图，具备条件时可根据需要建立旅游资源数据库，确定其旅游容量，调查方法可参照《旅游资源分类、调查与评价》(GB/T 18972—2017)。

5.旅游客源市场调查分析

在对规划区的旅游者数量和结构、地理和季节性分布、旅游方式、旅游目的、旅游偏好、停留时间、消费水平进行全面调查分析的基础上，研究并提出规划区旅游客源市场未来的总量、结构和水平。

6.对规划区旅游业发展进行竞争性分析

确立规划区在交通可进入性、基础设施、景点现状、服务设施、广告宣传等方面的区域比较优势，综合分析和评价各种制约因素及机遇。

(三)规划编制阶段

规划编制阶段如图2-4所示。

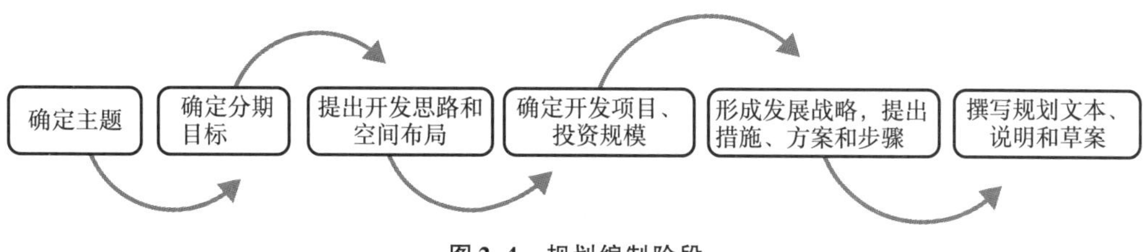

图2-4 规划编制阶段

(1)确定主题。在前期准备工作的基础上，确立规划区旅游主题，包括主要功能、主打产品和主题形象。

(2)确定分期目标。

(3)提出旅游产品及设施的开发思路和空间布局。

(4)确定重点旅游开发项目，确定投资规模，进行经济、社会和环境评价。

(5)形成规划区的旅游发展战略，提出规划实施的措施、方案和步骤，包括政策支持、经营管理体制、宣传促销、融资方式、教育培训等。

(6)撰写规划文本、说明和草案。在深入调查研究的基础上，编制工作进入资料处理、文本撰写和图件绘制阶段，初步完成规划的草稿一般被称为征求意见稿。

(四)征求意见阶段

草稿形成后，首先由规划编制领导机构对草稿进行审议，并反复征求委托方和相关主管部门的意见，召开各方面、各相关专业人士的研讨会和座谈会，征求本地旅行社、住宿业和主要景区景点相关管理运营人员的意见。同时，应该利用大众媒体，让公众了解和讨论规划思路和要点，并在微信公众号、官方网站、地铁商场等居民活动场所、广播、电视、报刊等渠道开展“我为旅游献一策”“发展旅游之我见”等有奖征集活动，鼓励公众参与当地旅游规划的修订，从中获取灵感和思路。在广泛征求各方意见的基础上，对草稿进行修改、补充和完善。

（五）规划评审阶段

规划在反复修订后，形成规划评审稿，邀请专家组成评审委员会，然后举行规划评审会。这阶段可能会经历几轮汇报，听取专家意见，继续修改完善规划评审稿。当规划编制完成后，形成的规划终稿还要上报当地政府、旅游行政管理部门及文化和旅游部审批和公布，从而最终完成一个旅游目的地的规划编制工作。

本章小结

本章首先概述了旅游目的地规划的内涵、必要性、功能与目标、指导思想等，介绍了旅游目的地规划的类型、原则与主要内容；其次介绍了旅游目的地规划的主要理论，如可持续发展理论、旅游地生命周期理论、利益相关者理论等；最后从编制要求、编制方式等方面介绍了旅游目的地规划的编制程序。

典型案例

向世界讲好大运河的故事

大运河的开凿、发展与兴盛的历程就是一部中华文明演进史，也是中华民族文化不断丰富、联动、升华的历史。大运河巧妙地把我国东西向河流进行了连通，打通了海河、黄河、长江、淮河、钱塘江五大水系，实现了人力工程与天然水道的一体化交通，包含着大量的科学智慧、工程技艺、治理才华、管理经验。大运河是一条中国联通世界的文化纽带，是展现中华文明开放包容精神的文化载体。

目前，全球51个国家拥有500多条运河，涉及3000多个运河城市，世界运河历史文化城市合作组织秘书处常设于中国扬州。今后，我们要讲好中国大运河自身的故事，及其与世界如何发生关联的故事。这些故事展现在相关的运河工程遗产、考古遗存、博物馆、文物保护单位、历史文化名城名镇、非物质文化遗产、名胜古迹中。我们可以通过旅游、互联网展示、跨国展览、国际学术交流、友好城市互动等方式讲好故事，通过“运河”这个世界共有的文化符号讲述运河与人类命运的故事，让大运河文化在推动国际合作和民心相通中发挥作用。

近年来，在建设大运河文化带的过程中，大运河沿线文化遗产保护和利用工作显著加强，文物保护修缮步伐加快。大运河江苏段完成了全面的文物保护利用规划并付诸实施，扬州中国大运河博物馆建成开放。大运河沿线一批专题博物馆建成开放，大量可移动文物得到良好保护和陈列。

2019年7月24日，中央全面深化改革委员会会议审议通过《长城、大运河、长征国家文化公园建设方案》。大运河作为国家文化公园，将更致力于文化遗产保护、展示和

文化的民众共享,将向世界展示中国人民珍爱文化遗产、追求和谐发展、建设生态文明的现代化理念和国家形象。大运河担负着文化保护、南水北调、灌溉供水、物资运输、生态廊道等功能,在国家文化公园建设中如果能够统筹协调好保护传承与合理利用的关系,可以为世界提供中国智慧。

(资料来源:贺云翱《向世界讲好大运河的故事》,有所改动。)

课后活动

请同学们分小组查阅相关文献,就"大运河国家文化公园建设"的规划纲要与实施进展进行分析,归纳并发掘不同区段的亮点与问题,为大运河的保护与传承建言献策。

第三章
旅游目的地政府管理

学习目标

1. 了解政府与政府职能。
2. 掌握我国旅游目的地机构设置。

素养目标

本章旨在启发学生讨论政府在旅游目的地发展中的重要性，培养学生的系统观、全局观；让学生理解政府在引导旅游目的地发展中的作用及旅游目的地管理的专业性，培养学生的国家及地方认同感。

学习重难点

1. 政府与政府职能概念。
2. 旅游目的地政府机构设置。
3. 旅游目的地政府职能。

“流量经济”下的旅游目的地治理思维更新：文旅局局长“卷”起来了

轻舟绿溪之上，乘风打太极；素袍斗笠，仗剑走天涯；草原牧场上，化身格萨尔王；身披红斗篷，策马驰骋雪原……最近一段时间，四川、湖北、新疆等多地的文旅局局长，纷纷出镜为家乡代言、为旅游助力，不少人也成为“网红局长”，可谓“火出了圈”。从办公室到镜头前，文旅局局长引发不少关注。认为接地气的有之，认为有创意的有之，认为真代言的有之；当然，质疑质量不高、扮相不好、身份不妥的也有之。这些声音在网络和现实中均掀起了热议，我们应从中汲取经验。毋庸置疑的是，经由“网红局长”介绍的地方，知名度大增、好感度提升，吸引不少人的目光，在一定程度上打破了“藏在深山人未识”的困境。从这个角度看，文旅局局长的“出圈”，是一种充满创新意识的探索和尝试，不妨给予更多包容与鼓励。

从传播的角度来看，这些文旅局局长的“出圈”呈现了以下几个方面的特点。

第一，社交媒体让一些不知名的城市拥有了“出圈”的机遇，我们发现这些“出圈”的文旅局局长大都来自知名度没那么高，但历史、文化资源都非常丰富的地方。这样的方式可以让一个名不见经传的小地方迅速被人们所认知，这也体现了社交媒体时代的特征，无论是知名城市或是不知名的城市都被放在同等的媒介机遇之下。

第二，情境化的传播更容易被大众所接受，在这些“出圈”的文旅局局长的视频当中，很多都是古风、民族风的造型服装，背景多选择风景优美的自然环境，从而营造出来一种情境化的场景来进行传播。

第三，文旅局局长比起“网红”“大V”的传播效果更好，由于文旅局局长具有意见领袖的特性，而他们的身份背后代表了专业度、权威性，大众对其信任程度将会远高于网络自媒体“大V”。就目的地的推荐形式而言，这是比之前盛行的地方形象代言人更好的一种方式，也是一种创新。

文旅局局长走到台前主动推介不仅是一种行动，更意味着文旅营销思维的改变。在以内容为王的新媒体时代，文旅局局长借助大众传媒的力量“走红”，可以为其他政府管理部门带来启示，应该重视新媒体并掌握新媒体的表现形式。

媒体对于文旅局局长“内卷”的报道层出不穷，不少专家也进行了深度分析，文旅局局长的“代言”是一种公共服务活动，是政府营销的一部分，从某种程度上来说，这属于工作创新，或者说是服务创新的一种途径。但也正因为这是公共服务创新的一个途径，所以尤其要注意界限问题。公共服务应该是服务于公共形象、公共物品的营销推广宣传，过于市场化的营销活动应该交给市场来做，比如说文旅局局长可能更适合对城市形象、城市特征、文化属性的宣传推广，“带货”可能就更适合交给市场来运营。

旅游目的地的发展是一个系统的过程，政府的宣传推广在这当中扮演了很重要的角色，但这不是唯一的工作。旅游业要想做起来，就要花心思去“博眼球”“抢流量”，与此同时，硬件设施和旅游产品也要下功夫，这是相辅相成的，流量能否转化，如何长久维持热度，背后是特色的品牌建设、系统的推广渠道和旅游目的地优质的游客体验。

（资料来源：整理自 http://opinion.people.com.cn/n1/2023/0221/c223228-32628326.html，https://travel.ifeng.com/c/8Nnx8pzNE8o，https://chinanews.com.cn/cul/2023/03-21/9975632.shtml。）

思考：你如何看待文旅局局长的“网红化”？

第一节　政府与政府职能概述

一、政府的定义

“政府”一词起源于唐宋时期的“政事堂”和“二府”两名之合称。在现代，政府是指国家进行统治和社会管理的机关，是国家表示意志、发布命令和处理事务的机关，实际上是国家代理组织和官吏的总称。政府的概念一般有广义和狭义之分,广义的政府是指行使国家权力的所有机关,包括立法、行政和司法机关;狭义的政府是指国家权力的执行机关,即国家行政机关。

二、政府的分类

从分类的角度,政府分为中央政府和地方政府两个层级。

在我国,中央政府是指中华人民共和国中央人民政府,即中华人民共和国国务院。在我国行政系统中,国务院居于最高领导地位,它是最高国家权力机关的执行机关,是最高国家行政机关。国务院组成如图3-1所示。

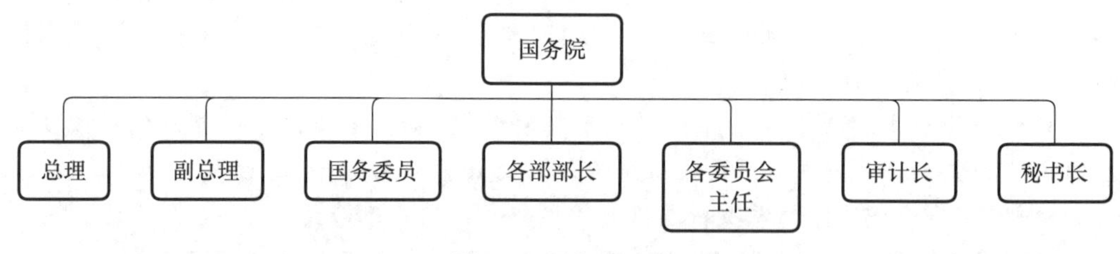

图3-1 国务院组成

国务院统一领导所属各部和各委员会的工作,统一领导全国各级地方行政机关的工作,有权根据宪法、法律管理全国范围内的一切重大行政事务。

地方政府是指一个国家的特定地方内,具有规范性之自我治理能力的政权团体,与中央政府相对应。地方政府的概念表明中央政府与地方政府关系。有中央政府,才有地方政府,反之亦然。在我国,地方各级人民政府是地方各级人民代表大会的执行机关,是地方各级国家行政机关。地方各级人民政府对本级人民代表大会和上一级国家行政机关负责并报告工作。一般而言,旅游目的地政府主要是指地方政府(省级、地市级、县市级等)及其派出机构。

三、政府的职能

政府是国家进行统治和社会管理的特殊机构。政府职能也叫行政职能,是指行政主体作为国家管理的执行机关,在依法对国家政治、经济和社会公共事务进行管理时应承担的职责和所具有的功能。它体现着公共行政活动的基本内容和方向,是公共行政本质的反映。在我国,政府主要有四个方面的职能(见图3-2)。

(一)政治职能

政治职能是指政府为维护国家统治阶级的利益,对外保护国家安全,对内维持社会秩序的职能。我国政府主要有四大政治职能。

(1)军事保卫职能,即维护国家独立和主权完整、保卫国防安全、防御外来侵略的职能。

(2)外交职能,即通过政府的外交活动,促进本国与世界其他各国正常的政治、经济往来,建立睦邻友好关系,促进国与国之间互惠互利,反对强权政治,维护世界和平

等方面的职能。

(3)治安职能,即维持国家内部社会秩序、镇压叛国和危害社会安全的活动、保障人民的政治权利和生命财产安全、维护宪法和法律尊严的职能。

(4)民主政治建设职能,即通过政府活动,推进国家政权完善和民主政治发展的职能。

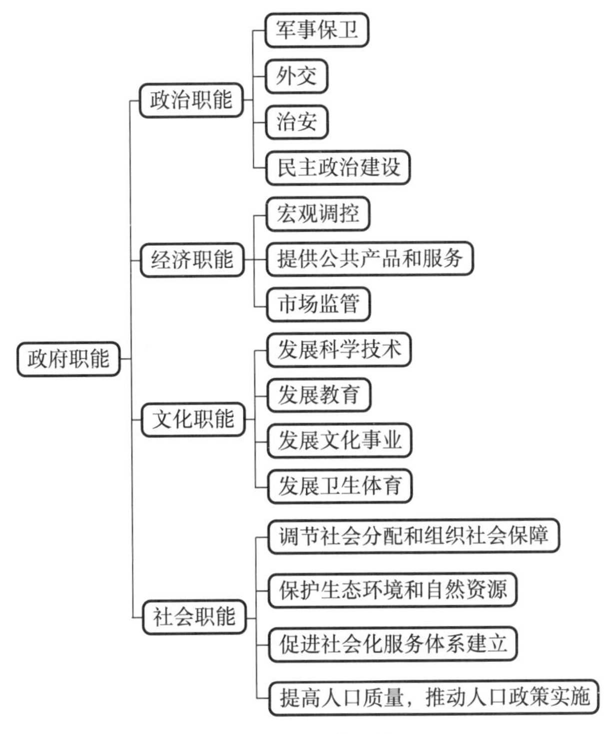

图 3-2 政府职能

(二)经济职能

经济职能是指政府为国家的经济发展,对社会经济生活进行管理的职能。随着我国逐渐从计划经济体制转向社会主义市场经济体制,政府主要具有三个方面的经济职能。

(1)宏观调控职能,即政府通过制定和运用财政税收政策和货币政策,对整个国民经济运行进行间接的、宏观的调控。

(2)提供公共产品和服务职能,政府通过政府管理、制定产业政策、计划指导、就业规划等方式对整个国民经济实行间接控制;同时,还要发挥社会中介组织和企业的力量,与政府一道共同承担提供公共产品的任务。

(3)市场监管职能,即政府为确保市场运行畅通、保证公平竞争和公平交易、维护企业合法权益而对企业和市场所进行的管理和监督。

(三)文化职能

在我国,政府的文化职能指政府为满足人民群众日益增长的文化生活需要,依法

对文化事业实施的管理。中国政府的文化职能主要有四类。

(1)发展科学技术的职能,即政府通过制定科学技术发展战略,加强对重大科技工作的宏观调控,做好科技规划和预测等工作。

(2)发展教育的职能,即政府通过制定社会教育发展战略,优化教育结构,加快教育体制改革,逐步形成政府办学与社会办学相结合的新体制。

(3)发展文化事业的职能,即政府通过制定各种方针、政策、法规等,引导整个社会文学艺术、广播影视、新闻出版等各项事业健康繁荣地发展。

(4)发展卫生体育的职能,即政府制定各种方针、政策、法规等,引导全社会卫生体育事业的发展。

(四)社会职能

政府的社会职能也称社会公共服务职能,即除政治、经济、文化职能以外政府必须承担的其他职能。政府的社会职能主要有四个方面。

(1)调节社会分配和组织社会保障的职能,即政府运用各种手段来调节社会分配、组织社会保障,以提高社会整体福利水平,最终实现共同富裕。

(2)保护生态环境和自然资源的职能,即政府通过各种手段,对因经济发展、人口膨胀等因素所造成的环境恶化、自然资源破坏等进行恢复、治理、监督、控制,从而促进经济的可持续发展。

(3)促进社会化服务体系建立的职能,即政府通过制定法律法规、政策扶持等措施,促进社会自我管理能力的不断提高。

(4)提高人口质量,推动人口政策实施的职能。

第二节　旅游目的地相关政府机构

政府是旅游目的地旅游发展政策的制定者、执行者和监督者,旅游目的地政府管理主要是指地方政府部门运用政府权力,为解决政府面临的与旅游目的地发展相关的各种问题、维护旅游目的地整体利益而对辖区内事务施加管理的政府行为模式。

一、旅游行政机构

旅游目的地管理中涉及的行政机构包含国家旅游行政机构、省级旅游行政机构、城市旅游行政机构及内设机构等。

(一)国家旅游行政机构

国家旅游行政机构是指在中央政府层面成立的管理全国(将整个国家作为一个旅游目的地)旅游业的机构。国家旅游机构包括三种模式,如图3-3所示。

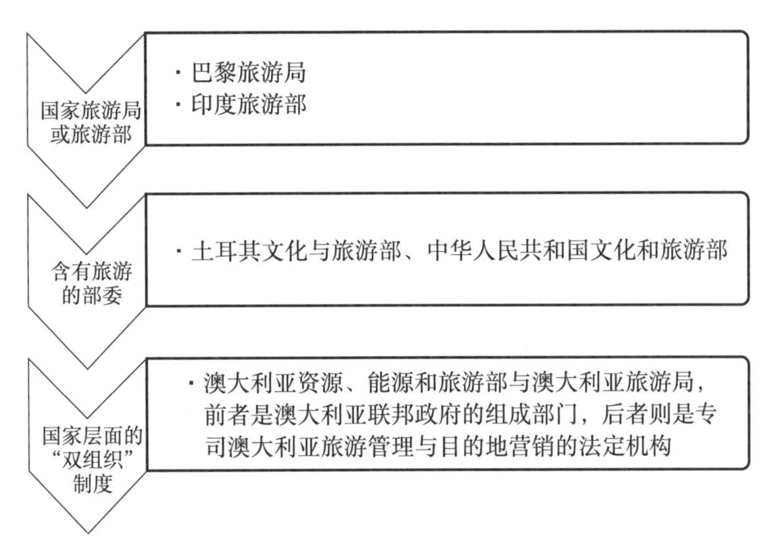

图3-3 国家旅游机构模式

(二)省级旅游行政机构

新一轮的政府机构改革(2018年)之后，在我国省级人民政府中，旅游行政管理部门一般是省文化和旅游厅(市文化和旅游局、市文化和旅游发展委员会)，例如，四川省文化和旅游厅、北京市文化和旅游局、重庆市文化和旅游发展委员会。比较不一样的是，海南省人民政府下设海南省旅游和文化广电体育厅，为主管全省旅游、文化、广电、体育工作的省政府组成部门。

(三)城市旅游行政机构

在旅游目的地城市层面，主管旅游的政府行政机构设置与省级行政区的政府机构基本保持一致。例如，与海南省人民政府下设海南省旅游和文化广电体育厅类似，三亚市人民政府下设三亚市旅游和文化广电体育局。但也有不完全一致的情况，例如，广东省人民政府下设广东省文化和旅游厅(政府组成部门)，广州市人民政府则下设广州市文化广电旅游局(政府组成部门)；珠海市人民政府下设珠海市文化广电体育旅游局(政府组成部门)。

(四)内设机构

内设机构是指独立机构(工作部门)的内部组织，又称内部机构。在旅游目的地政府机构设置情境下，内设机构主要是指旅游目的地的旅游行政管理部门的内部组织。旅游目的地的旅游行政管理部门的内设机构大体一致，但不同层级的旅游目的地可能会有机构设置和命名上的差异。

二、旅游目的地政府职能

随着旅游活动规模的不断扩大，特别是旅游业在推动经济与文化的发展中所扮演

的角色日渐重要,世界各国的政府部门和旅游目的地的地方政府都对旅游业的发展越来越关注。2012年,在墨西哥洛斯卡沃斯举行的G20峰会上,各国政府正式承认旅游业是创造就业、经济增长的重要工具和发展的重要手段。研究普遍认为,旅游目的地发展必须由政府进行管制和协调,主要原因可归结为两个因素。其一,只有政府才能创造一个有利于旅游业竞争的环境(Devine 、Devine, 2011)。政府的政策通常涉及一系列目标,从经济和环境到社会和教育,可以加强国家作为目的地的拉动因素(Bull, 1995; Devine、Devine, 2011; Tang、Jang, 2009)。其二,旅游业所涉及的范围之广及旅游产品的综合性和复杂性使得各有关方面很难存在自动调节,只有政府拥有必要的合法权利来提供安全、政治稳定、立法和财政框架,才能促进旅游业的发展 (Ritchie、Crouch, 2003; Tang、Jang, 2009)。因此,旅游目的地要想得到迅速稳定的发展,要想在日益激烈的市场竞争中立于不败之地,政府部门的进入和干涉就会成为一种必然选择,尤其是政府在整个目的地的协调、控制方面的作用更是无可替代。

有学者认为,政府的适度干预和相关政策制定是发展旅游业的重要因素,也是提升旅游目的地竞争力的重要手段。有部分学者指出,政府参与旅游业管理有两种类型,即积极参与和消极参与;尤其在发展中国家,政府积极参与旅游业管理的现象更为明显,目的是更好地优化旅游发展带来的经济贡献、社会影响和环境影响等,同时在一定程度上弥补私人旅游发展的不足。政府部门以各种方法,比如通过立法、基础和公共设施的建设、提供鼓励等,凭借自己的权利对当地旅游业的发展产生影响。当然,旅游业的发展也会从不同的方面影响政府部门的利益和权利。总之,旅游业的健康发展需要一个总体利益和目标的代言人来控制、引导、协调、规范其他利益相关者的行为和目标。而政府部门是公共利益的代表,能够担此重任的就只有它了。

基于欧洲的政治环境和社会背景,Alejziak(2008)认为各级政府在旅游目的地中承担了监管、规划、对经营者的补助、管理、研究、教育和培训等职能。本教材结合我国国情和旅游业的发展现状,将旅游目的地政府的职能划分为以下五个方面。

(一)资金支持

在旅游目的地建设和发展过程中,资金投入是一个关键问题,也是最现实的问题。大多数地方政府的财力有限,在旅游业的发展上投入有限,一般来说,政府通过两大主要路径去实现资金支持职能。一是依靠招商引资,招商引资是指地方政府(或地方政府成立的开发区)吸收投资(主要是非本地投资者)的活动。招商引资一直是各级地方政府的主要工作,并且在各级政府工作报告和工作计划中出现。旅游目的地政府的招商引资主要是指地方政府(或各类旅游开发区)以说服投资者受让土地或租赁房屋为主要表现形式的,针对一个地区(旅游景区、度假区等)的投资环境的销售行为。例如,三亚市海棠区(海棠湾国际休闲度假区所在地)人民政府公布的"三亚市海棠区发展和改革委员会2019年权力清单"明确规定,三亚市海棠区发展和改革委员会的职权包括:政府投资项目建议书、政府投资项目可行性研究报告、政府投资项目初步设计与概算、企业投资项目监管等。二是设立专项资金,政府部门为促进旅游发展,划拨一定资金专门用于完善旅游基础设施建设,改善旅游发展的基础条件。

旅游发展专项资金分为国家级、省级、市级、县级等不同级别。另外,交通、文物、

林业、环保、经贸、水利等部门都有部门资金或专项资金，可直接或者间接地支持旅游开发项目。例如，由于近年来旅游业遭受疫情、汛情等影响，国家发展和改革委员会会同文化和旅游部向各地下达了文化保护传承利用工程2021年中央预算内投资，共安排约24亿元资金，重点支持76个旅游景区、旅游度假区等重大旅游基础设施建设项目及长城国家文化公园项目，这批资金将在旅游景区、度假区建设方面发挥重要作用。各地旅游景区、度假区将借助资金推进通景公路、内部道路、停车场、厕所等基础设施建设，开展汽车充电设施、游客中心、观景平台、标识系统、安防系统等公共服务设施建设，进一步夯实旅游景区、度假区建设基础，加大对旅游基础设施和公共服务设施支持力度。一些景区、度假区还借此积极开展智慧化建设升级，完善智能监控、安防与信息服务，启动智能流量监测系统和大数据平台建设。在整个“十四五”期间，中央预算内投资将继续支持一批资源禀赋良好、开发条件成熟、预期效益显著的旅游景区、度假区开展建设，并重点支持中西部地区旅游项目建设，巩固拓展脱贫攻坚成果。

（二）市场监管

在旅游目的地，常见的政府监管包括对价格、交通、环境卫生等方面的监督管理。2016年，国务院办公厅针对旅游市场的综合监管工作首次印发了《关于加强旅游市场综合监管的通知》，强调要加快建立权责明确、执法有力、行为规范、保障有效的旅游市场综合监管机制，制定旅游市场综合监管责任清单。要求各地政府通过政府公告、政府网站、公开通报等方式，向社会公开旅游部门及相关部门职能、法律依据、实施主体、执法权限、监督方式等事项，加强部门间对旅游市场违法违规行为的信息沟通，强化联合执法协调监管的相关工作机制，提升综合监管效率和治理效果。在2021年1月，文化和旅游部印发了《文化和旅游部关于加强旅游服务质量监管提升旅游服务质量的指导意见》，再次提出各级政府要加强行业旅游服务质量监管，构建高效协调的服务质量监管体系，加强游客权益保护，促进旅游服务质量整体提升。

（三）旅游营销

近年来，随着旅游业的深入发展和区域竞争在全球范围内的展开及加剧，旅游目的地营销日益成为增强目的地竞争力、促进目的地旅游业发展的重要战略手段。旅游目的地营销提供的信息是目的地整体旅游形象的展现，必须全面、客观、公正，具有权威性。而政府的权威性是公认的。因此，政府介入目的地营销系统是必然的，并且在系统建设初期，往往是政府起主导作用，统筹负责（章勇刚，2006）。肯德尔提出政府应该积极参与旅游营销，促进旅游营销效率的提高。贝利和马丁通过分析旅游目的地形象的形成过程，指出政府在旅游目的地形象塑造中应发挥重要作用（宋慧林、蒋依依、王元地，2015）。政府发挥旅游营销职能的意义在于塑造旅游地形象和解决旅游中的信息不对称等问题。例如，2008年5月12日发生的汶川大地震损害了四川作为旅游目的地的安全形象，影响了公众对四川旅游的环境感知和旅游安全预期，使公众形成旅游目的地“不安全”的心理图谱进而影响他们的风险决策结果，使很多旅游者取消或改变他们的旅游计划导致四川游客量陡降，给四川旅游业带来了巨大损失。在此背景下，

Note

政府目的地营销是重塑目的地形象、恢复四川旅游业的重要策略和手段。政府作为权威、公正的代言人,在四川目的地形象受损、游客消费信心下降的危机时期,具有不可替代的主导作用(刘丽、陆林、陈浩,2009)。

以国家级旅游目的地为例,几乎所有的国家都在不同程度上参与旅游营销。世界旅游组织通过对80个国家旅游预算调研发现:中央政府参与提供旅游促销预算的有68个国家占总数的85.0%。其中,中央政府100%提供旅游促销预算的共42个国家,占总数的52.5%;中央政府提供50%~99%旅游促销预算的共20个国家,占总数的25.0%。我国旅游目的地营销资金也大都直接来源于财政拨款。蒋满元(2009)根据政府介入旅游目的地营销活动的程度不同,将政府的参与模式分为三种,如图3-4所示。

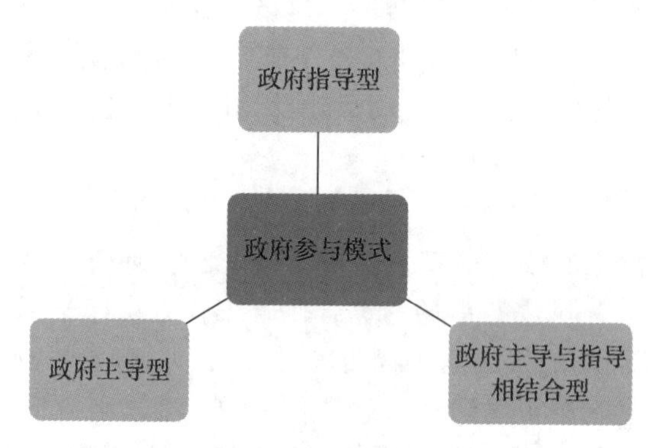

图3-4 政府参与模式

一是政府指导型的营销模式,即政府只进行少许监管。目前,此模式主要运用于美国。由于美国的旅游业高度发达,再加之旅游业相关配套设施的相对完善,政府除负责少量的监管职能外,其他方面的任务一般均由企业完成。二是政府主导与指导相结合型的营销模式。这种模式主要适用于市场经济基础较好以及旅游业的发展处于上升阶段的国家及地区,其主要特点是中央行政当局负责全局性或区域性的行政管理职能,同时委托相关的下属机构行使资金支持、规划以及监督职责,而诸如市场营销规划及运作等方面的工作则大多交由相关的企业自己负责。三是政府主导型的营销模式。此模式的重要特征是政府的管理既是全方位的(能覆盖所有与旅游相关的其他行业),同时又能借助自身的权威性来扫除各种旅游业发展过程中的市场与非市场的障碍。同时,章勇刚(2006)指出,政府与市场合作才是旅游目的地营销系统的最佳运营模式。

(四)协调关系

所谓协调,指正确处理组织内外各种关系,为组织正常运转创造良好的条件和环境,促进组织目标的实现。如果将旅游目的地看作一个组织,那么它的正常运转也需要正确处理其内部以及它与其他旅游目的地之间的关系。因此,对旅游目的地的内外关系进行协调也是政府的主要职能。对内而言,政府需要协调各利益主体的关系,如各景区(各旅游企业)之间、各社区之间、景区(企业)与社区之间的关系;对外而言,政府则需要谨慎处理与其他旅游目的地的竞合关系。

近年来,乡村旅游作为促进乡村振兴战略实施的重要路径之一。在乡村旅游开发过程中,利益相关者(当地居民、企业、政府、旅游者)之间会出现各种各样的冲突,常见的冲突如下:一是旅游市场普遍陷入不正当竞争的"怪圈",出现了旅游"柠檬市场"。二是旅游企业与当地居民间利益关系恶化。旅游企业为了自身利益,使其在旅游开发中出现了一些问题,表现为寻租行为、圈地现象以及对生态系统的破坏和对自然资源的开发利用不当等行为。三是旅游者、旅游企业和当地居民之间的冲突,如2015年,大理白族自治州共接待海内外旅游者2928.51万人次,而大理白族自治州全州人口仅约为340多万人。不少当地居民反映,客流量增大,旅游者乱扔垃圾、破坏环境等情况时有发生。随着洱海边的客栈越来越多,一些小旅馆还存在将生活污水直接向洱海排放的情况,让居民心生不满,而这时政府及时发挥了协调的职能。为减少景区对周边居民生活的影响,世界文化遗产丽江古城保护管理局规定丽江大研古城内白天一律禁止播放音乐,并明确了晚上酒吧一条街音乐的关停时间和室外的噪声分贝,以及违反规定的相应处罚。早在2013年,凤凰县就出台相关规定鼓励凤凰古城区内涉旅游行业外迁转移到凤凰古城区域外经营,外迁的涉旅行业经营者2年内可享受房租定额补贴和相关奖励政策。

(五)人才输送

对旅游目的地的生存和发展而言,拥有一支具备良好的基础教育水平、专业素养和职业道德的人力资源队伍至关重要。因此,政府作为旅游目的地主要利益相关者之一,肩负着提供、推进与旅游相关的人才输送职能。杨昀、保继刚(2020)通过对阳朔的案例研究指出,当地旅游快速发展、旅游精英人才辈出,而阳朔成功的背后离不开政府的适时引导和政策保障,这使社区力量得到最大限度的释放。

一般旅游目的地政府部门与辖区内外的高等院校、中专和职业院校建立合作关系,培养旅游目的地发展所需要的各类人才;与辖区内外的旅游高等院校、咨询机构建立合作关系,展开各层次、各类型的人才培训项目。例如,"旺工淡学"旅游业人才培养项目是2020年海南自贸港首批制度创新案例,鼓励从业者旺季上班、淡季进修、工学交替。因为海南旅游业受气候环境和节假日影响,存在明显的淡旺季。海南省旅游和文化广电体育厅在调查中发现,每年10月到次年3月是旅游旺季,每年3月到10月则是淡季,旅游旺季供求矛盾突出而淡季人才流动大。人才"潮汐现象"严重制约了海南省旅游人才素质的提升和旅游产业的整体发展。于是,海南省制定人才培养项目,建立自学为主、辅导为辅、工学结合及校企联合培养的教育培训机制。这个项目实施两年以来,海南省已有1万余名旅游从业者加入学习,人才培养规模稳步提升。

此外,地方政府会制定各项政策来吸引人才,从而为旅游目的地的发展提供动力。以武汉市为例,2017年,武汉市开始大力推行市民下乡、能人回乡、企业兴乡的"三乡工程",鼓励和引导市民到农村租用空闲农房,鼓励本地能人、外地企业家到乡村创业。回乡能人许江参与投资建设,在不改变农民宅基地所有权的前提下,对天星村的闲置住房进行个性化改造,修建花海、露营地、戏台、大型娱乐设施等,打造了花博汇。在保持乡村自然特色的基础上完成改造升级,花博汇盘活了农村闲置资产,带动周边天星、西湾、文岭、凤凰等村近500人就业,其中贫困人口12人,主要从事花卉种植、清扫保洁、餐饮服务等,年人均增收4万元以上。花博汇先后获评湖北省三乡工程样板、湖北省首批特色小镇——景绿网红小镇等称号。

(1)中华人民共和国文化和旅游部官网(https://www.mct.gov.cn/)。

(2)中国旅游报(微信公众号)。

(3)中国旅游研究院(微信公众号)。

本章小结

旅游业是典型的跨界产业,涉及方方面面,需要调动各种资源和要素,尤其是打造旅游目的地,更是一个庞大的系统构建,必须依靠各级政府的行政手段进行资源的有效配置。本章首先对政府和政府职能的内容进行了概述,其次又介绍了国内旅游目的地机构设置,最后过渡到旅游目的地政府职能。

走出青海特色文旅蝶变发展之路

青海省人民政府、文化和旅游部联合印发《青海国际生态旅游目的地行动方案》(以下简称《行动方案》),部省合作共同打造青海国际生态旅游目的地。《行动方案》以习近平新时代中国特色社会主义思想为指导,着眼正确处理发展生态旅游和保护生态环境的关系,锚定到2025年,旅游人次与总收入年均增速20%以上的目标,以生态塑造旅游品质、以旅游彰显生态价值,促进国内国际旅游双循环,以文化赋能,打造基础设施完善、产业布局合理、产品体系丰富、服务水平优质、管理运营科学、带动效益明显的国际生态旅游目的地。

青海省人民政府会同文化和旅游部成立领导小组,加强组织推动,着力推动六大重点行动,28项具体措施。国际标准引领,优化发展布局。坚持"一环引领、六区示范、两廊联动、多点带动"的生态旅游发展框架,构建以点带面、以线连片,生态环境优美、文化氛围浓郁、旅游要素集聚、服务功能完善、区域协作密切的国际生态旅游目的地发展空间布局,加强区域交流合作,安全有序扩大对外开放。发展生态旅游,丰富产业体系。打造重点生态旅游景区,构建生态旅游线路,建设以自然人文为主的生态旅游风景道,推动产业融合发展,完善生态旅游发展机制。构建目的地体系,完善设施服务。构建旅游都市、旅游县(市)、特色旅游乡镇、重点生态旅游景区(旅游乡村)四级生态旅

游目的地，完善基础服务设施，提升旅游服务标准，提高旅游交通便捷水平，完善网络平台体系。加强生态教育，保护资源环境。实施开发空间管控与环境容量调控。推进生态旅游业节能减排。优化营商环境，加强宣传推广。把生态旅游业培育成全省现代服务业龙头产业，培育市场主体，构建生态旅游品牌体系。重视科技人才，实现共建共享。强化技术创新，培育人才队伍，健全智力支撑体系，建立社会参与和利益共享机制，建立生态旅游志愿者制度。

（资料来源：李欣《走出青海特色文旅蝶变发展之路》，有所改动。）

课后活动

结束本章学习后，请同学们以小组为单位，选择某个旅游目的地，分析在其发展过程中政府所采取的行为与扮演的角色，结合旅游目的地发展的综合水平，判断哪种政府参与类型更适合该旅游目的地。

第四章 旅游目的地社区管理

学习目标

1. 理解旅游目的地社区的概念与角色。
2. 了解旅游目的地社区管理的理论基础。
3. 认识社区居民的态度、行为及其影响因素。
4. 掌握旅游目的地社区管理的方法。

素养目标

近年来，伴随着生态文明建设、乡村振兴战略的实施，社区参与对于旅游目的地的价值日益受到重视，社区参与是提升旅游目的地整体形象和营造良好的人文环境所不可或缺的重要因素。目前，许多旅游目的地，如传统村落，因交通不便等因素，仍存在旅游资源利用率低、民俗文化逐渐消失、公众缺乏参与等困境，其生存状况不容乐观。党的十九大报告提出的乡村振兴战略激发了村落新活力，为传统村落发展提供了新型社区参与路径。乡村振兴不能仅靠一人一家，必须解决市场、人才、政策等一系列问题，仅有政府的宏观政策还不够，必须从微观层面建立起有组织的社区参与模式，让村民成为自己家乡建设的真正主人，不断增强乡村内生动力，这样才能让政策、规划更接地气，实现全民参与、共同富裕，助推乡村振兴。本章旨在深化学生对乡村振兴战略和社区参与理论的认识，鼓励学生积极投身乡村建设和参与旅游目的地社区管理。

学习重难点

1. 理解和区分社区管理相关理论。
2. 掌握社区居民态度、行为及其影响因素。
3. 明确社区管理内容，运用社区管理办法。

导入案例

旅游减贫的中国实践——阿者科计划的实施及启示

在元阳县,19万亩[①]绵延不断的梯田,从山脚一直到海拔2000多米的高山之巅。1300多年来,哈尼族创造了"山有多高,水有多高,田有多高"的奇迹。2013年6月,气势磅礴的元阳哈尼梯田被列入联合国教科文组织《世界遗产名录》,成为我国第一个以民族名称命名的世界遗产。阿者科村地处云南红河哈尼梯田世界遗产核心区内,海拔1880米。村寨建于1988年,因其保存完好的四素同构、空间肌理、蘑菇房建筑和哈尼族传统文化,成为红河哈尼梯田申遗的5个重点村寨之一,同时也是第三批中国传统村落之一。

阿者科村内经济发展缓慢,传统生产生活方式难以为继,人口外出务工,村落空心化趋势严重。如何守护并利用好世界遗产,如何帮助村民走出贫困,如何为村民增权,如何为村民创造收益,都是亟待解决的问题。这里也因此成为检验产生于中国情境下的社区增权理论、吸引物权理论、旅游综合效益的最佳试验田。

2018年1月,中山大学保继刚教授团队应元阳县政府邀请,到元阳梯田区开展"元阳哈尼梯田旅游区发展战略研究"调研与规划工作,团队一行人实地调研了包括阿者科村在内的5682家农户。当该战略研究完成后,团队专门为阿者科村单独编制阿者科计划。经过一年的实践,阿者科计划取得了"开门红",实现了稳定增收,群众积极参与,取得了良好的经济效益和社会效益。实践证明,阿者科计划是践行习近平总书记"绿水青山就是金山银山"发展理念的活样板,是一种实践检验理论、实践创造理论的新路径,为全球旅游减贫提供了一个中国的解决方案,找到了一条可持续的旅游减贫之路。

(资料来源:保继刚《旅游减贫的中国实践——阿者科计划的实施及启示》,有所改动。)

第一节 旅游目的地社区概述

一、旅游目的地社区概念

社区的概念最早是由德国社会学家滕尼斯(Tonnies)提出的,认为社区是由居住在某一特定地域内的人们结合而形成的社会群体,继而形成多种社会关系,从事各类社会活动所构成的社会实体。在旅游语境下,旅游目的地社区通常是指旅游目的地社区居民,它包括旅游目的地的居民,也包括在旅游目的地从事各种生计的人。与行政管

①1亩≈666.67平方米。

理和统计口径所指的村民、村集体等概念相比,社区概念本身没有明确的含义,只泛指旅游目的地的居民。旅游是在社区之间开展的活动,社区是旅游发展的依托,旅游目的地社区并非一定指某个地理疆域,重点是指居住在旅游目的地的人,基于他们邻近的地缘关系,加强彼此间的关联性与共同感。

二、旅游目的地社区的角色

(一)旅游服务的提供者

旅游目的地必须为旅游者提供必要的服务设施与服务,而社区居民往往是这些设施的建设者、维护者和共享者,同时也是相应服务的提供者和生产者。在旅游目的地发展早期,社区居民几乎是旅游目的地所有服务的提供者和生产者,他们对旅游者的态度直接影响旅游目的地后续发展。随着旅游目的地的不断发展,社区居民在旅游目的地服务的提供与生产过程中的角色会逐渐发生一些变化,但总体来讲,社区居民仍然是服务的提供者和生产者,他们所提供的服务形式多样。

(二)旅游影响的承受者

旅游是一个涉及经济、环境和社会文化的复杂活动,大量研究和实践表明,旅游发展和旅游活动对旅游目的地的经济、环境和社会文化产生了积极和消极的影响。社区居民是旅游目的地最重要的利益主体,他们长期居住于此,是旅游发展的受益者,亦是其负面影响的承担者。

(三)旅游发展的参与者

社区居民也可能是旅游目的地政策与规划制定的参与者甚至主导者。旅游目的地社区居民既是旅游服务的提供者、生产者,又是旅游影响的承受者,还是旅游吸引物的组成部分,因此,他们能否参与当地旅游发展政策与规划的制定就显得尤为重要。受中西方体制与文化差异的影响,社区居民在参与旅游目的地事务中有很大区别。通常情况下,我国的大多数社区居民对于参与规划和决策事务,从而影响旅游目的地的发展并不积极,但在一些传统宗族势力影响比较大的区域,当地社区以宗族或血缘关系组成社区力量并积极参与当地旅游规划与政策制定的情况较多。近年来,随着社区居民的维权意识不断增强,他们在参与当地旅游政策制定与规划过程的积极性也在逐步增强。

三、旅游目的地社区管理相关理论

(一)社会学相关理论

1.社会交换理论(Social Exchange Theory)

社会交换理论兴起于20世纪50年代后期,最早由美国学者Homans通过从微观角度研究人类行为提出,最初主要应用于社会学领域。社会交换理论认为,社会行为是交换过程的产物,而交换的目的就是实现成本最小化和利益最大化。社会交换理论产

生后，在旅游感知和态度研究中获得较为广泛的应用。Perdue等学者以社会交换理论为指导，研究了美国科罗拉多5个乡村社区参与户外游憩活动对当地居民旅游感知和态度的影响。近年来，社会交换理论已成为我国旅游学界分析旅游地居民感知和态度问题的主要依托理论，不少学者在实证研究中将它作为分析居民态度形成的理论依据。根据社会交换理论，当旅游地的居民感知到旅游获益大于旅游成本时，他们倾向于支持旅游发展，反之，他们则反对旅游发展。

2.社会表征理论（Social Representations Theory）

20世纪60年代，法国学者Moscovici提出社会表征理论，并把“社会表征”定义为“拥有自身的文化含义并且独立于个体经验之外而持续存在的各种预想、形象和价值所组成的知识体系”。与社会交换理论相比，社会表征理论重视将人的感知和态度的形成放在真实的社会生活场景中来进行考察，强调社会共享的常识对个体态度和行为的重要影响，较之社会交换理论更符合实际情况。社会表征理论认为个人的直接经验、各种出版物和电子媒体以及社会互动是社会表征形成的三个重要来源。20世纪90年代，Pearce将社会表征理论应用于旅游，并尝试分析旅游影响和居民感知问题。根据社会表征理论，社区共享的知识体系（社会表征）影响社区居民旅游感知，从而影响他们的旅游支持态度网。

3.相对剥夺理论（Relative Deprivation Theory）

相对剥夺理论是第二次世界大战以后发展起来的一种社会心理学理论。相对剥夺是一种广泛存在的社会心理现象，是指人们将自己的利益得失与其他群体或自己过去的经历进行比较后而产生的不公平感。相对剥夺理论为旅游感知和态度研究提供了一种补充性的分析视角，尤其在旅游业快速发展、社会转型剧烈的地区，对于那些在旅游发展过程中被边缘化和权益受损的弱势群体的社会心理问题，相对剥夺理论具有很好的针对性和解释力。Seaton是第一位应用相对剥夺理论研究旅游问题的学者，他以古巴为例，研究了由于旅游者的示范效应在当地居民中引发的三种相对剥夺现象。我国学术界关于相对剥夺理论的讨论始于20世纪80年代末，一些学者应用相对剥夺理论分析改革开放以来社会转型时期农民、农民工等弱势群体的心理疏导机制，但在旅游研究中的应用还较为有限。

（二）经济学相关理论

1.利益相关者理论（Stakeholder Theory）

1984年，弗里曼出版了《战略管理：利益相关者管理的分析方法》一书，明确提出了利益相关者理论。所谓利益相关者就是指能够影响组织目标实现或者被这种组织目标实现结果所影响的集团或个人。旅游利益相关者是传统社区空间的主要建构者，并通过占有传统社区的土地成为社区空间的直接生产者。围绕旅游活动而形成的旅游利益相关者为推动传统社区旅游业的发展而达成了相互合作。旅游目的地社区利益相关者涉及当地政府、社区集体组织和居民、旅游企业、旅游者等多个主体，只有妥善协调好上述所有利益相关者的关系，才能实现旅游目的地社区的“多赢”局面，实现真正意义上的可持续发展。

2.增权理论(Empowerment Theory)

增权理论最初是为社会工作而提出的,是指通过外部的干预和帮助而增强个人的能力和对权利的认识,以减少或消除无权感的过程,其最终目的是指向获取权力的社会行动及其导致的社会改变的结果。随着学科交叉性日益增强,增权理论又应用于旅游研究领域。根据增权理论,可以将旅游社区增权定义为,为了减少旅游社区及其居民的无权感,激发其潜在能力,增强对其自身能力的认识,更好地参与到旅游发展中,而引入外界的介入和帮助,其最终目的是使旅游社区及其居民在与其他利益主体博弈中显示出与其主体身份相匹配的能力,并带来相应的改善。增权理论的奠基者斯彻文思(Scheyvens)明确提出,旅游增权的受体应当是目的地社区,这一观点得到普遍认同。他认为,许多传统社区旅游开发实践中,最普遍的问题是当地社区的无权与去权状态普遍,这也是社区不能有效参与旅游的根本原因。

第二节　社区居民态度、行为及其影响因素

旅游业发展给社区带来的影响涉及经济、社会、文化、环境等多个方面,在各利益相关者当中,居民受到的影响尤为突出。居民的感知和态度成为测度旅游业对旅游目的地影响较常采用的方法。社区居民对旅游发展的正面感知和积极态度不仅有助于增强旅游目的地的吸引力,还有助于提升游客的旅游体验,同时社区参与也是旅游业发展所必需的。因此,分析居民旅游影响感知,探讨其影响因素,进而寻求感知与态度改善的途径,成为促进旅游目的地社区可持续性发展的重要渠道。

一、社区居民对旅游影响的感知与态度

(一)居民对旅游影响感知的类型

国内外学者通常将旅游目的地居民感知划分为正面(积极/获益)感知和负面(消极/成本)感知两个纬度。旅游目的地居民感知类型如表4-1所示。

表4-1　旅游目的地居民感知类型

类型	正面感知	负面感知
经济	政府财政收入增加;居民收入增加;居民生活水平提高;就业机会增加;基础设施条件改善;商业和投资机会增加;社区居民外出打工减少等	生活成本增加;资源过度利用;物价上涨、房价上涨、利益分配不平等、土地被征用等

续表

类型	正面感知	负面感知
社会、文化	文化自豪感增加;休闲游憩机会增加;文化交流和文化学习机会增加;社区基础设施水平提高;文化活动开展;文化展览馆或博物馆增加;居民文化认同和文化自豪感增加;当地知名度提高等	文化商品化;社区生活紧张;赌博、酗酒、犯罪等现象增加;传统文化和价值观受到冲击;外来人口"入侵";治安水平降低;宁静生活氛围被破坏;居民之间信任度降低等
环境	环保意识提高;社区形象改善;自然环境改善;社区生态系统平衡维护;古建筑等历史遗产保护;基础设施建设促进等	资源过度利用;交通拥挤;人口拥挤;噪声、空气、垃圾等污染增加;野生动物生存栖息环境遭破坏等

(二)居民感知和态度的影响因素

1.个人因素

关于性别、居民对旅游业的经济依赖程度与居民感知和态度的关系,学者们有较为一致的认识。而关于年龄、受教育程度、收入、在社区居住时间的长短等,学者们并没有达成一致意见。

(1)性别。不同性别的居民感知和态度存在差异。即使同样支持旅游发展,男性和女性支持旅游的理由也不尽相同。女性对于旅游发展的负面影响更加敏感。例如,女性对于旅游带来的噪声、环境污染、交通堵塞等负面影响更加敏感。

(2)居民对旅游业的经济依赖程度。居民对旅游业的经济依赖程度是影响居民支持度的重要因素。经济收入依赖旅游业的居民对旅游影响的正面感知强于经济收入不依赖旅游业的居民,因此,经济收入依赖旅游业的居民更倾向于支持旅游业发展。甚至亲朋好友在旅游行业任职的居民,也倾向于支持旅游业发展。

(3)年龄。部分学者认为,年长的居民对旅游发展的消极影响有更大的容忍性,并且更倾向于发现积极的影响,因此,年长的居民更倾向于支持旅游发展。而另一些学者认为,旅游发展会给年轻人带来工作机会与经济利益,因此,年轻的居民更倾向于支持旅游。

(4)受教育程度。受教育程度对居民态度的影响也存在争议。有的学者认为受教育程度高的居民更容易意识到旅游发展带来的负面影响,而教育程度低的居民为获得工作或经营机会而对旅游正面影响感知更强烈。但是Teye等的研究发现,受教育程度与居民的支持态度呈正相关,因为受教育程度高的居民容易接受新行业的发展,并且看好其前景。

(5)在社区居住时间的长短。在社区居住时间的长短往往决定了居民对社区的情感。在社区居住时间长的居民,对社区的情感更深,对旅游业产生的影响更为敏感,这是因为他们亲历了旅游发展带来的变化,所以会更关注旅游发展产生的负面影响,尤其是环境方面的负面影响。因此,这类居民通常支持程度较低。而居住时间短的居民,尤其是非本地出生的居民,则更关注旅游带来的经济效益,从而支持发展旅游业。

2.非个人因素

(1)离核心景区的距离。部分研究发现居民居住处与旅游核心景区的距离与居民

感知、态度呈正相关,居住处离核心景区近的居民能获得更多的就业机会,并分享条件更佳的公共设施,因此更支持旅游发展。但是,也有研究发现居住处离核心景区近的居民需要更多地忍受旅游发展的负面影响,感知和态度更加消极。由此可见,根据旅游影响的距离衰减原理,离旅游景区越近的居民,直接或间接从旅游发展中获益或受损的可能性越大,从而对旅游影响的感知越敏感。研究认为积极影响感知随距离衰减,消极影响感知随距离增强,处于同地理位置的居民旅游感知差异不明显。

(2)社区对旅游的经济依赖程度。旅游为社区带来的利益影响居民感知与态度。一般而言,旅游发展对社区的经济影响往往是正面的,例如当地税收和外来投资增加。如果居民利益感知大于成本感知时,便会支持旅游发展。社区对旅游的经济依赖程度越高,居民对旅游的整体态度越积极。居民就会积极支持并参与旅游发展,从而有利于促进旅游业产生经济效益、建立品牌形象。

二、社区居民的行为

(一)正面行为:社区居民参与旅游发展

社区居民参与旅游发展是指社区居民作为旅游发展的主体进入旅游规划、旅游开发和旅游环境保护等涉及旅游发展重大事宜的决策和执行体系,以主人翁的姿态和意识积极投身旅游发展,以发展旅游产业的形式来改善生活条件、提高生活水平。社区居民参与旅游发展主要有以下几方面。

1.参与旅游发展决策

社区居民参与旅游发展决策是指居民自行决定旅游发展目标,改变过去只有政府参与和少数人参与的局面。社区居民的素质和对旅游发展的态度是旅游目的地吸引力的重要组成部分。已有研究表明,社区居民在旅游决策中作用重大,旅游目的地若能充分考虑社区居民要求并使其受益,社区居民则会表现出支持旅游业进一步发展的倾向,并以更积极的姿态继续介入。

2.参与旅游经济活动

社区居民参与的旅游经济活动主要涉及旅游餐饮、住宿、旅游交通、导游、娱乐和购物等方面。通过旅游经济活动的参与,社区居民可以直接从旅游发展中获得利益分配,并且容易对旅游的发展持积极肯定的态度。为保障社区居民的就业机会和商业机会,可以优先雇用社区居民,尽量采用目的地原料加工旅游商品,向社区居民开放为旅游者兴建的服务设施和环保设施等。社区居民参与旅游服务,应提高服务质量、注重服务形象、规范服务程序。

3.参与旅游资源、环境的保护

旅游资源、环境的保护是旅游业可持续发展的必要前提,旅游业的可持续发展离不开社区居民参与自然、人文资源以及环境的保护。旅游目的地进行旅游开发不可避免地会给当地的社会文化及生态环境造成一定的影响。社区居民参与旅游资源及环境的保护,协助推动这种影响往正向发展或者将相关负面影响控制在地方自然和文化生态系统的同化和自净的能力范围之内,能够使旅游目的地自然和文化生态保持稳定的状态,避免掠夺性经营和过度开发造成自然和文化生态的退化。同时,当地政府应

宏观引导社区居民建立合理的开发机制，实现旅游资源的合理开发。

4.参与旅游知识教育培训

一是为提高社区居民旅游意识和环境观念而进行的教育培训。教育培训主要由旅游行政管理部门或行业协会牵头实施。通过教育培训，社区居民达到由受教育前被动接受环境保护的思想而与环境形成的主客体被动关系转化为受教育后主动的、自觉的环保观念而与环境形成的主客体对等关系。二是为增强社区居民在旅游发展中的生存能力和技能而进行的培训。培训主体可以是多元化的，包括旅游行政管理部门、旅游企事业单位等。例如，对社区居民进行服务接待和经营方式的简单培训后，可将部分民居装修改造为可供出租的客房，并提供简单膳食，最终使社区居民从中受益。

（二）负面行为：社区居民冲突

社区居民冲突是指社区居民为追求相关利益或表达相应诉求而与政府、企业等利益相关者在旅游开发互动过程中所产生的对立行为。

1.社区冲突的概念与类型

社区冲突是指在旅游目的地发展过程中，当地社区与政府、企业、旅游者、非政府组织等各利益相关者之间以及社区内部成员之间，因旅游发展相关问题而引发的矛盾与对抗行为。社区冲突是旅游发展到一定阶段的必然产物和旅游目的地矛盾的最直接体现，它既是旅游目的地一定时期发展的阻力，也是一定阶段提质升级的动力。

从社区管理的角度来看，社区冲突产生的原因在于作为重要利益主体的社区居民的利益诉求没有得到满足。社区居民的利益诉求主要有保障经济利益、优化民主管理机制、维护提升景区环境、塑造良好旅游文化氛围，可以据此将社区冲突分为以下四种类型。

(1)经济利益冲突。经济利益冲突主要包括由土地、房屋和其他旅游资源的产权模糊，搬迁、征地产生的补偿金、旅游收益分配的不公平，生产和经营空间的争夺，就业机会不均等和就业能力不足等问题所引发的矛盾冲突。

(2)权力失衡冲突。权力失衡冲突的核心是社区居民参与民主决策的诉求和其处于无权、被动、弱势地位之间的矛盾，具体体现为对政府规划控制、拆迁与安置、遗产保护与旅游发展、社区参与旅游发展模式等政策和措施不满，以及对因这些措施而导致的地理和交通区位、旅游发展主体地位、经济社会地位重新洗牌等问题不满。

(3)环境保护冲突。环境保护冲突主要包括因旅游开发和经营而导致的水、大气、噪声、固体废物等环境污染和生态破坏，社区违规建造房屋对自然景观的破坏，以及大量游客涌入造成的社区拥挤和公共资源的争夺等。

(4)社会文化冲突。社会文化冲突主要体现为社区内部传统邻里关系因旅游发展而产生的紧张状态甚至矛盾冲突，作为东道主的社区居民和游客之间因文化、习俗、观念、习惯等方面的差异而产生的矛盾冲突，以及社区传统文化和文化遗产未获得妥善保护而产生的矛盾冲突。

2.社区冲突的形成原因

(1)利益分歧和分配不均。经济发展不均衡可能引起社会的不稳定，而迅速扩大的利益成果是激发冲突的重要条件。旅游经济利益在旅游目的地开发之前是不存在

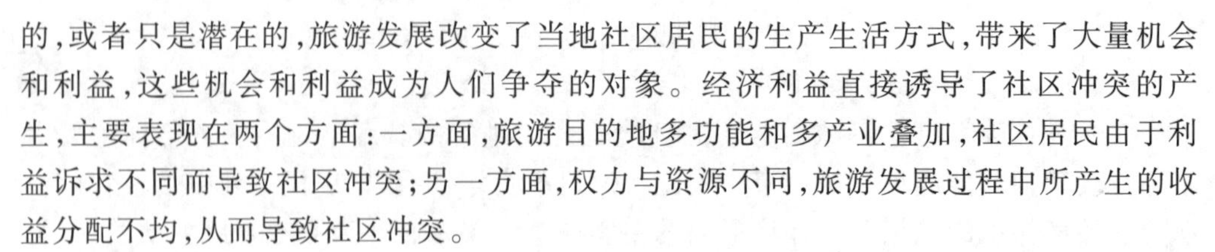

的,或者只是潜在的,旅游发展改变了当地社区居民的生产生活方式,带来了大量机会和利益,这些机会和利益成为人们争夺的对象。经济利益直接诱导了社区冲突的产生,主要表现在两个方面:一方面,旅游目的地多功能和多产业叠加,社区居民由于利益诉求不同而导致社区冲突;另一方面,权力与资源不同,旅游发展过程中所产生的收益分配不均,从而导致社区冲突。

(2)权力失衡和制度缺位。收益分配问题不仅是经济问题,还涉及政治和社会制度的问题。社会冲突本质上是社会权力的集聚过程和结果的显现。由于各利益主体先天性的社会结构因素,旅游开发极易生成不平等甚至是剥夺的权力关系。相较当地政府、旅游企业和旅游者等利益主体,社区居民处于权力弱势地位,在利益分配和参与决策等方面的权利无法得到保障,从而成为引发各种社会矛盾与冲突的潜在根源。权力失衡是利益失衡的直接原因,但更多是因为相关制度设计缺位而使权利得不到有效保障。

(3)社区居民参与能力不足。权力与制度既可直接影响利益主体的利益分配并产生社区冲突,同时也会通过影响利益群体的获益能力,进而影响旅游利益分配。旅游发展可能加剧旅游目的地社会贫富分化,而贫富分化的背后所反映的是不同群体在表达和追求自己利益能力上的巨大差异。社区居民在旅游开发中普遍处于弱势地位,而这种弱势地位的典型表现为能力匮乏,导致社区居民参与意愿不高、参与水平较低。旅游的发展也吸引了外来投资者和经营者,资本、理念、技术的冲击更扩大了社区居民参与能力的差异,从而使旅游经济利益分配失衡,进而产生冲突。

(4)文化差异和对立。在推动旅游目的地社会经济发展的同时,不可避免地会给当地文化带来负面影响。当一种文化进入另一种不同的文化环境时,很可能出现相互冲突,甚至强势文化和弱势文化的对立。通常情况下,强势文化具有强大的改变力量,弱势文化会不由自主地模仿强势文化,包括强势文化中的负面文化。一方面,开发商代表着强势文化,全新的、现代的旅游开发和发展理念不自觉地影响和改变了当地的弱势文化,这容易造成两种文化的冲突。另一方面,旅游社区的文化冲突还产生于旅游者与旅游目的地社区居民相遇。例如,来自经济发达地区的旅游者所代表的强势文化与旅游目的地的弱势文化相遇,会造成弱势文化的同化、商品化等问题,这种文化冲突对旅游目的地社区可持续发展具有不可忽视的破坏力。

三、居民行为的影响因素

(一)思想观念

受社会、自然、历史等多种因素的影响,生产方式相对落后、生活环境比较闭塞的目的地社区居民的思想观念受外界影响相对较少,他们缺乏对自身应有权利的认识,参与旅游决策的民主意识淡薄,参与意识不强。同时,由于受教育程度和自身素质限制,目的地社区居民无法充分认识在旅游发展中自己的权利、义务,以及参与目的地旅游发展的重要性。

（二）参与机制

在旅游发展过程中，只有完善的参与机制，才能保证和激励目的地社区居民全面参与旅游活动。当前，社区居民参与旅游发展的程度在我国总体而言仍有较大的提升空间，社区参与机制尚待健全。即使目的地管理者在主观上有吸引社区居民参与的愿望，但在实践中也缺乏具体、有效的操作方式，尤其是在部分社会经济发展落后的地区，社区居民提出意见和建议的渠道相对有限，能激励和保障社区居民参与旅游发展的机制尚待建立。

（三）经济水平

旅游目的地社区居民的社会经济地位影响其参与旅游发展的能力和机会。面对旅游发展，社区居民不能进行有效投入，同时对眼前经济利益的考虑，远高于对生态环境和民族文化保护的考虑，对旅游长远发展决策、旅游培训、社区民族文化建设方面不够重视。这在客观上淡化了社区居民作为参与者的角色，无法对旅游发展决策产生实质性的影响，导致社区居民成为旅游发展乃至社区发展的附庸和弱势群体。

（四）利益冲突

在产权制度和其他补偿制度不健全的情况下，地方政府、外来企业与社区居民在旅游开发过程中会出现利益不一致的情况。同时，社区居民在参与旅游发展的过程中，受参与意识强弱、参与能力高低、资源占用多寡、对某些问题的态度不同等因素影响，往往相互之间也会存在一定程度的利益冲突。上述利益冲突的存在，会导致各利益相关者处于对抗状态，限制了社区居民的旅游参与，不利于旅游的可持续发展。

（五）信息渠道

对大多数目的地社区居民来讲，信息渠道不畅是他们参与旅游开发的一个制约因素。社区居民获得的信息不论是覆盖面、传输渠道，还是信息流的大小、速度、及时程度和吸收速度等都很有限。社区居民对旅游市场的发展变化、旅游服务的发展趋势缺乏了解。改变社区居民积存信息的质量和数量，鼓励和创造条件让居民参与文化和专业知识培训，将有助于提升目的地社区居民的旅游参与度。

第三节 旅游目的地社区管理内容

对具体的旅游目的地社区来说，随着外部经济力量的介入，社区结构与功能不断变化，社区内部新型权力关系产生，各种社区组织的互动日趋频繁。行政权力意义的“管理”已经很难完成对社区组织的协调。因此，应该从一个更具广泛意义的理念入手

来理解旅游社区管理的内涵。旅游目的地社区管理是通过社区内组织(或个人)之间的权力关系及其互动过程来实现对社区旅游秩序的构建,利益冲突与利益均衡问题是旅游目的地社区管理的核心问题。

一、社区管理的主要内容

(一)社区与游客关系管理

社区与游客关系管理即主客关系管理,是旅游目的地管理的核心内容之一,主要包括:

(1)培育与引导居民的好客态度;

(2)培育与监督公平的营商精神;

(3)增进跨文化理解;

(4)鼓励与维护文化原真性;

(5)协调主客冲突。

(二)社区与当地政府关系管理

由于旅游发展事务牵涉面广、旅游目的地边界与权属不清等原因,旅游目的地管理机构对旅游目的地社区的管理往往既涉及行政事务管理,又涉及旅游相关矛盾纠纷的处理,主要包括:

(1)土地权属及其收益分配;

(2)资源保护对生计的影响;

(3)开发建设对生产生活的影响;

(4)非正规就业的整治;

(5)扶贫与激励政策公平性。

(三)社区与当地旅游企业关系管理

社区居民是旅游目的地的主人,旅游企业是当地旅游开发的主导者或旅游发展的参与者。社区与当地旅游企业存在着多个层面的博弈关系,其管理内容主要包括:

(1)保障社区居民的优先就业权益;

(2)培养社区居民的基本职业技能与职业精神;

(3)推动当地企业的社会责任感建设。

(四)社区间关系管理

社区间关系管理是维护社区社会稳定、增强社区内部凝聚力的关键,主要包括:

(1)社区利益分配;

(2)社区文化建设;

(3)社区合作机制/制度建设。

二、社区管理的主要构架

(一)社区管理主体(见图4-1)

目的地旅游社区开发管理需要有必要的实行者,即我们所要明确的管理主体。

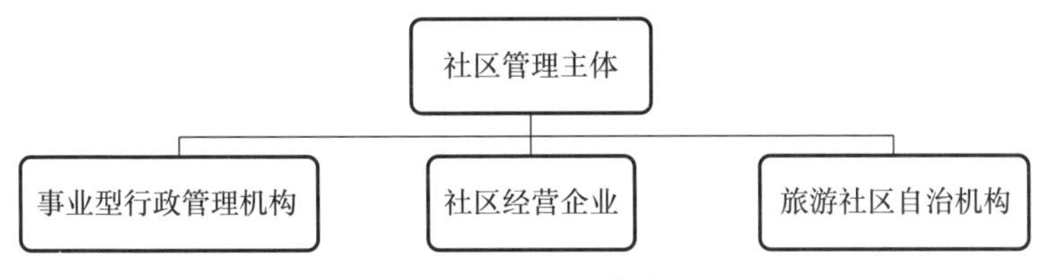

图4-1 社区管理主体内容图

1.事业型行政管理机构

事业型行政管理机构是国家级风景名胜区和其他具有高品级旅游资源的景区经常采用的管理模式,多为“景区管委会+旅游公司”(政府组织成立)的管理。而这些政府性质的景区管理机构同时还要对社区进行管理。

2.社区经营企业

景区经营权比较清晰地转让,企业独立地经营管理景区。在旅游社区的综合管理模式下,独立的经营企业也是社区的管理主体,主要体现在经济管理方面。

3.旅游社区自治机构

旅游社区自治机构包括社区委员会、村民委员会、村民联盟等形式。

(二)社区管理模式

1.政府主导管理模式

在政府主导管理模式中,相关政府部门直接参与开发经营,集管理与开发经营于一体,管理权和经营权统一。

2.事业单位管理模式

事业单位管理模式是传统计划经济体制下使用最多的一种模式,是指政府委托其下属的事业单位来负责社区的经营管理或是通过所在地政府设立社区管理委员会(或管理局)作为半政府性质的机构对社区进行管理,代行政府的权力。

3.综合性管理模式

综合性管理模式是我国目前风景名胜区管理中最常见的一种经营模式,是传统体制和现代市场经济发展相结合的产物。

三、社区管理的保障机制

(一)完善法律法规制度

1.国家和地方的法律法规

国家和地方的法律法规主要包括涉及土地、文化与自然遗产保护、生态环境保护等一系列的法律法规，以及地方政府制定的相关法规政策等。

2.目的地政策制度

目的地政策制度主要包括招商引资、宣传促销、景区建设等促进社区参与旅游发展的相关政策，以及基层组织议事制度、生态补偿制度等。

3.社区内部规章制度

社区内部规章制度主要包括社区在参与旅游发展事件中制定的内部规章制度，如阿者科村的收益分红制度等。

(二)健全利益分配制度

根据我国典型的社区参与旅游模式，社区管理的旅游收益规则如表4-2所示。

表4-2　社区管理的旅游收益规则

类型	开发模式	使用背景	特点
社区参与乡村旅游	“公司＋农户”模式	在发展乡村经济的实践中，高科技种养业成功地推出了此发展模式	充分地考虑了农户利益，在社区全方位的参与中带动了乡村经济的发展
	“政府＋公司＋农村旅游协会＋旅行社”模式	为了避免乡村旅游开发过度商业化，保护本土文化	发挥旅游产业链中各环节的优势，通过合理分享利益，保护了本土文化，增强了当地居民的自豪感，从而为旅游可持续发展奠定了基础
	股份制模式	为了合理地开发旅游资源保护乡村旅游的生态环境	把社区居民的责(任)、权(利)、利(益)有机结合起来，引导居民自觉参与他们赖以生存的生态资源的保护，从而保证乡村旅游的良性发展
	“农户＋农户”模式	一些农民对企业介入乡村旅游开发有一定的顾虑，他们更信任那些“示范户”	这种模式通常投入较少，接待量有限，但乡村文化保留最真实，是最受欢迎的乡村旅游形式
	个体农庄模式	由规模农业个体户发展起来的，以“旅游个体户”的形式出现	通过个体农庄的发展，吸纳附近闲散劳动力，通过手工艺、表演、服务、生产等形式加入服务业，形成以点带面的发展模式
民族社区参与旅游开发	轮流制模式	旅游资源富集、市场潜力巨大的少数民族贫困地区，需要维护社区利益均衡以促进当地旅游业持续发展	一方面妥善协调并巧妙解决了村民参与旅游开发利益分配的不均衡问题，控制了外来投资；另一方面避免了由于无序竞争引起的经济利益过于集中现象，对构建和谐社会起到很大积极作用

续表

类型	开发模式	使用背景	特点
国家森林公园	旅游企业主导的社区参与模式	许多景区经营权转让后，如何在利益主体间分配利益、如何平衡经济和社会效益之间的矛盾等问题逐渐显现	旅游企业在引导社区参与生态旅游的过程中发挥重要作用，从社区定位到社区活动的实施都占据明显的主导地位。另外，生态旅游理念是此模式可持续运作的根本条件

（资料来源：根据相关文献整理。）

（三）社区增权：保障居民权益与地位

1.社区增权的概念

增权(Empowerment)，是由权力(Power)、无权(Powerlessness)、去权(Disempowerment)及授权(Empowering)等核心概念建构起来的，其中权力是增权理论的基础概念。根据增权的概念，社区增权是指在保障社区居民既有权利的基础上，通过激发居民潜在优势，不断提高其对社区旅游发展的影响力和控制力，同时通过加强制度建设，扩展居民的权利，保障居民在社区旅游发展中的主体地位和权益分配。斯彻文思(Scheyvens)在将社区增权理论引入生态旅游的研究中时，提出了一个包括经济增权、心理增权、社会增权及政治增权“四位一体”的增权框架和模式。

2.社区增权的路径

根据增权理论，鉴于社区居民的相对弱势地位，宜从以下四个方面对社区进行增权，以保障社区居民的权益。

(1)经济增权，要求将社区居民作为旅游业发展的核心利益分配主体，帮助其获得持续的经济利益。具体内容包括优先的旅游就业机会、多元的旅游生计方式、公平的利益分配方式等，鼓励社区居民以更积极的态度参与区域旅游的开发。

(2)心理增权，要求社区居民意识到旅游资源的价值，促使社区居民主动参与到开发和保护过程中来。具体内容包括旅游资源和地方文化价值教育，旅游发展影响教育等。

(3)社会增权，要求发展社区公共事业，强化社区整体形象，增强社区内部凝聚力。具体内容包括：将基础设施和旅游设施建设与社区建设相结合，构建社区组织体系，培育社区精英，加强社区旅游形象宣传等。

(4)政治增权，要求建立决策参与机制，赋予社区居民一定的话语权和参与决策的平等权。具体内容包括：完善社区参与保障机制，建立旅游利益协调组织，发挥社区基层组织的作用等。为保障社区居民在旅游开发中的知情权，旅游开发的各个环节都要与社区居民进行充分的沟通，要尊重当地社区居民的诉求。

本章小结

社区是旅游目的地的有机组成部分,在旅游目的地发展和管理过程中扮演着非常重要的角色。本章首先对旅游目的地社区概念、旅游社区的角色和旅游目的地社区管理的理论进行介绍,其次对社区居民的态度、行为及其影响因素进行总结,最后从社区管理内容、社区管理构架与保障机制三个方面论述了旅游目的地社区管理办法。旅游目的地社区管理应从社区的角度考虑旅游目的地建设,以社区的互动理论指导旅游目的地社区的总体规划和布局,通过优化社区的结构来提高旅游流的效率,谋求旅游业及旅游目的地经济效益、环境效益和社会效益的协调统一和最优化。

典型案例

案例一:南彭布鲁克旅游发展中的社区参与

南彭布鲁克位于威尔士西南半岛上,是一个由大约40个村庄和城镇组成的农村地区,面积400平方千米。1992年,南彭布鲁克与农村社区联合行动委员会(简称SPARC)受到欧盟的资助,在整个南彭布鲁克落后的农村地区进行一项旅游规划,目的是提高社区居民的经济和文化生活水平,改善当地的环境质量。

随着旅游规划的推进,社区居民、"合伙人"和SPARC在诸多方面加强了合作。村子和城镇里的人在"专家伙伴"的帮助和鼓励下,制作了关于社区遗产信息的小册子。农村地区建立或者修缮了娱乐中心,在社区中心提供停车和解说服务,社区居民把具有特殊意义的基础设施作为农村旅游经历的一部分。SPARC与私人投资者一起为游客提供过夜住宿,给个人和集团相同的商业发展机遇,并且提供小额款项来帮助小的业主。社区居民和"边界上的宝礁"组织在旅游协会一起工作。

SPARC旅游规划的各个阶段从社区的评估,到规划和推动,再到全程的监督都涉及规划社区各个层面的居民。这样的旅游规划反映了社区共同的愿望,尊重了社区对遗迹和环境的关注,提高了社区居民对旅游开发规划的支持率,使旅游可持续发展成为可能。

(资料来源:张朋、王波《国外社区参与旅游发展对我国的启示——以英国南彭布鲁克为例》,有所改动。)

案例二:白洋淀湿地生态旅游开发的社区参与

白洋淀景区地处华北,内环京津,外绕渤海,作为国家5A级旅游景区,其自然风光秀美,生态环境宜人。随着旅游业的发展,当地居民主要从事农业、工业、商业、旅游业,白洋淀为当地社区居民的生产生活提供了有利条件。

安新县采取"政府管理、社区参与"的管理模式,大胆引进民间资本和社会闲置资

金来发展旅游。在白洋淀景区的经营过程中，社区居民和游客交流的机会非常多，旅游景区周边的社区居民积极参与旅游活动，大多从事与旅游相关的住宿、饮食、导游、土特产出售、划船、开汽艇等服务性活动。旅游带动了人员就业，同时，管理机构在生态旅游资源所有权及其经营管理中占主导地位，生态旅游的管理基本上是集权式管理，生态旅游的经营完全由白洋淀保护与开发管理委员会负责。在旅游收益分配方面，除缴税收外，大部分旅游收入属于安新县政府，管委会控制着白洋淀生态旅游开发的资金。

湿地社区通过参与生态旅游业，激发社区成员的民主意识，提高发展生态旅游的意识和能力，产生良好的经济效益，促进社区的发展，实现白洋淀生态旅游的可持续发展。

（资料来源：霍翠红《基于社区参与的湿地生态旅游可持续开发模式研究》，有所改动。）

课后活动

阿者科计划为全球旅游减贫提供了一个中国方案，找到一条可持续的旅游减贫之路。请各位同学通过查阅资料了解阿者科计划采取的开发模式，并结合增权理论，分析阿者科计划是如何为当地村民增权的。

Note

第五章
旅游吸引物管理

学习目标

1. 熟悉旅游吸引物的概念、要素、属性及其管理的意义。
2. 了解旅游吸引物的分类及其主要内容。
3. 认识旅游吸引物开发与保护的必要性、原则和相互关系。
4. 掌握不同类别旅游吸引物开发与保护的有效策略。

素养目标

在我国大力推进生态文明建设、坚持可持续发展、旅游业成为国民经济战略性支柱产业的背景下，旅游吸引物作为旅游业可持续发展的核心基础，其管理是提升旅游目的地核心竞争力和实现可持续发展的重要因素。当前我国面临资源约束趋紧、环境污染严重、生态系统退化等重大挑战，旅游吸引物的开发与相关设施的建设将对区域生态和社会文化环境产生重大影响。因此，通过本章的学习，应牢固树立生态文明建设的底线思维，坚持以落实保护为核心理念，加强旅游吸引物管理的战略性、科学性、协同性，筑牢旅游可持续发展的基石，从而推动旅游业的可持续发展。

学习重难点

1. 旅游吸引物的概念、要素、属性的理解与区分。
2. 不同类型旅游吸引物的主要内容及其区别。
3. 旅游吸引物开发与保护关系的认识与理解。
4. 旅游吸引物开发与保护策略的掌握与应用。

西安城墙——仿古迎宾入城式

西安城墙为明代建筑，原是一座古代军事防御体系，始建于582年，为隋、唐皇城遗址，于1370年扩建并沿用至今，是中国现存规模最大、保护最完整的古代城垣。整个建筑高大宏伟、气势恢宏，是研究古代建筑工程、建筑艺术的重要依据，是古都西安的标志性建筑。西安城墙每年接待数百万计的海内外游客。游客登上城墙后，一边为气势磅礴的城墙感慨不已，一边为单调乏味的“游墙”活动而感到遗憾。

从1991年开始，西安环城建设委员会的工作人员本着保护与开发相结合的原则，参照古礼中的宾礼和盛唐时期的仪规、融入古代民间礼仪，对西安城墙进行旅游吸引物打造，策划出仿古迎宾入城式。该策划使游客由单纯的选择性看景上升到应接不暇的全身心投入，增强了西安城墙的吸引力。仿古迎宾入城式，无论是节目的编排、灯光的调配，还是音乐的设计，都达到了很高的水平，再现了千年古都喜迎嘉宾独特而又浓重的礼遇。精彩纷呈、景致变化无穷的表演使现代的游客置身古城、亲历古代的文化，领略到中华文化的风采。集观赏性、趣味性、参与性于一身的仿古迎宾入城式进入市场后不久，即被誉为“中华迎宾第一式”。

西安城墙旅游吸引物开发的成功，源于当地有效地利用、挖掘了现有资源，紧紧抓住了游客追求精神享受的旅游活动本质，使物化的古城墙和精神化的贵宾入城式紧密结合了起来，使西安古城墙的文化内涵得到了深入挖掘。自举行仿古迎宾入城式以来，已先后为包括国家元首在内的国内外重要宾客举办过不同规格的仿古迎宾入城式数百场，每次的形式与内容都不尽相同，深受宾客赞誉。目前，仿古迎宾入城式已成为西安重要的旅游名片。

（资料来源：整理自 https://www.chinanews.com.cn/cul/news/2009/10-29/1938145.shtml，https://www.sohu.com/a/199951009_199944。）

第一节 旅游吸引物概述

一、旅游吸引物的概念

（一）概念

旅游吸引物译自“Tourist Attraction”，是指能为旅游业所利用，对旅游者产生吸引力，从而激发旅游者前往某地旅游的所有因素的总和，包括自然、人文、社会等因素。旅游吸引物的本质价值在于激发旅游者的旅游动机，促使社会中的人产生旅游活动。随着社会发展和人们价值观念的转变，一些在传统社会不被视为旅游吸引物的事物与现象在现代社会也被称为旅游吸引物，如北京胡同、西安城墙等。

（二）相关概念对比

1.旅游吸引物与旅游资源

国内外学者对旅游资源的定义虽有不同，但通常认为旅游资源是自然界和人类社会能对旅游者产生吸引力，可以为旅游业开发利用，并可产生经济效益、社会效益和环

境效益的各种事物和现象(《旅游资源分类、调查与评价》(GB/T 18972—2017))。借助前述“旅游吸引物”的概念,将其与旅游资源的概念进行比较可以发现,吸引力特性及核心指向均为吸引旅游者的“物”为两者的共性。但是“资源”的本义是指埋藏在地下可供开发利用的自然矿产资源,后引申为具有经济价值、可供利用的一切自然与社会事物。按资源本义和引申理解,旅游资源不仅包括“自然存在”“历史文化遗产”“人工创造物”,还应包括一切能够用于开发、可利用的社会因素(如人力资源)。因此,旅游资源具有超越旅游吸引物的内涵,旅游吸引物只是能够促使旅游发展的“资源”的组成部分之一,是其中具有吸引力的“物”的部分。

2.旅游吸引物与旅游产品

最有影响的旅游产品的概念是由林南枝、陶汉军(2000)在其合著的《旅游经济学》中提出的。从旅游目的地的角度,旅游产品是指旅游经营者凭借旅游吸引物、交通和旅游设施,向游客提供的用以满足其旅游活动需求的全部服务;从游客角度出发,旅游产品是指游客花费了一定的时间、费用和精力所换取的一段经历。由此可以看出,旅游吸引物并不等同于旅游产品:一方面,旅游吸引物是制作、组合旅游产品不可缺少的核心元素和基础,它决定着产品的类型和品位;另一方面,可以被加工生产的旅游产品并不一定能被称为旅游吸引物,所以二者之间既有联系又有区别。

二、旅游吸引物的要素

由于旅游吸引物的吸引力明确指向旅游者,且旅游吸引物在很大程度上是因旅游者才被赋予价值或显现其价值的,故旅游吸引物不仅仅是独立要素,更是一个建构的系统(见图5-1),这个系统包括旅游者(人的要素)、核心要素(物的要素)和标志物(信息的要素)三个要素,各要素之间相互联系、相互作用,共同构成旅游吸引物系统。

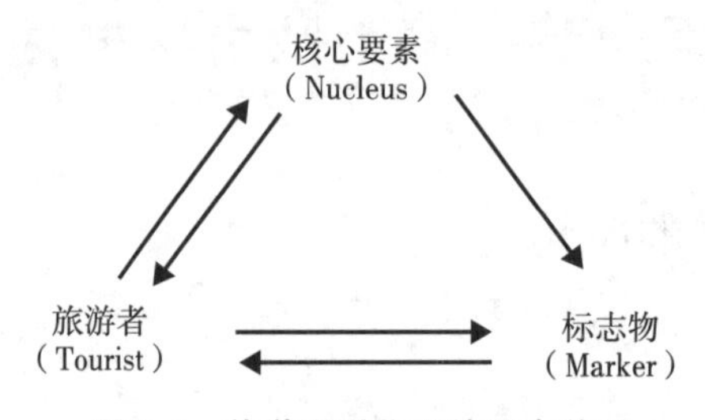

图5-1 旅游吸引物系统要素关系

(一)旅游者

旅游者是指人的要素,其作为旅游吸引物系统中吸引力的指向对象,从来不会被直接“吸引”“拉动”或“磁吸”,而是当旅游者的某个或某些需求与旅游吸引物的标志信息相契合时,旅游者才会产生体验核心吸引物及其标志物的旅游动机。同时,旅游者在核心要素和标志物的双重吸引下,通过对吸引物的旅游消费实现其价值转移,这在某种程度上也表达了旅游者对旅游吸引物符号及其反应和承载社会价值的认同,参与了旅游吸引物的社会建构。

(二)核心要素

核心要素是指物的要素,即核心吸引物。核心要素的范围十分广泛,包括旅游地吸引旅游者关注或实际旅游的"几乎任何特征":可能是景观或景点,可能是某个事件或活动,可能是具有吸引力的某个人物或人群,可能是旅游目的地的其他任何事物。总的来说,只要是具有核心吸引力的物,即可称为核心吸引物。

(三)标志物

标志物是指信息的要素,即能够向旅游者传递核心吸引力的信息和信息载体,其作为旅游吸引物与旅游者关系的重要介质,是拉动旅游者的重要驱动力和旅游吸引物吸引力的重要来源。得益于现代传媒通信的发展,有关旅游目的地的图片、文字等信息可以通过电视、报纸、网站等媒介,让旅游者在亲身到达目的地之前就形成关于旅游吸引物的印象,从而有效激发旅游者的潜在动机。

三、旅游吸引物的属性

如图5-2所示,旅游吸引物的属性包含根本属性、客观属性和社会属性。

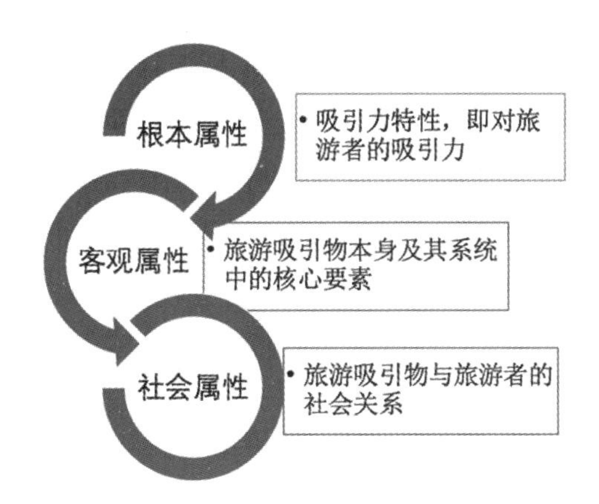

图5-2 旅游吸引物的属性

(一)根本属性

旅游吸引物的根本属性是吸引力特性,即对旅游者的吸引力,能激发人们的旅游动机。旅游吸引物的吸引力特性是客观存在的,并不会因社会的价值判断而消失或产生,但是旅游吸引物吸引力的大小会受到旅游者感知和社会价值评判的影响。吸引力特性是判断旅游吸引物的基本标准,是区别其他事物的内在规定和本质属性,如果不能吸引旅游者,旅游吸引物就无从谈起。

(二)客观属性

旅游吸引物本身及其系统中的核心要素,明确地表达了其"物"的本质和作为"物"的存在。景观、物体也好,人物、事件也罢,都只是旅游吸引物存在的不同形态。因此,

作为“物”的存在,旅游吸引物更关注作为吸引力本体和旅游对象物的“物”的具象与实体,体现的是旅游吸引物的自然属性与客观属性。旅游吸引物作为客观存在所内生的物质依托,是不以人的意志为转移的。

(三)社会属性

旅游吸引物的社会属性体现在旅游者和标志物两方面:一方面,旅游吸引物系统中的旅游者作为其吸引力的指向对象,表明旅游吸引物与旅游者的社会关系;另一方面,标志物作为旅游吸引物与旅游者关系的重要介质,是拉动旅游者的重要驱动力和旅游吸引物吸引力的重要来源,体现的是旅游吸引物的符号属性。同时,由于符号是由社会赋予之标志物产生的且符号化过程是社会建构的重要组成,故符号属性是旅游吸引物的社会属性中突出的组成部分。

四、旅游吸引物管理的意义

旅游吸引物是旅游目的地吸引力的来源和旅游系统中的重要组成部分,是旅游现象基本矛盾(旅游者—吸引物)的两大核心要素之一。可以说,旅游吸引物在旅游系统中发挥着基础性作用,没有旅游吸引物就没有旅游的产生与存在。同时,旅游吸引物的本质是资源。作为独特的、不可再生的资源,其具有丰富的社会、文化、经济等价值。当旅游吸引物遭到破坏性开发而不复存在时,其价值就无法实现。因此,旅游目的地需要对旅游吸引物进行有效管理,通过“管理”使旅游吸引物价值得到最大化实现。总的来说,旅游吸引物的有效管理对于推动旅游目的地可持续发展乃至整个旅游业的可持续发展具有重要意义。

第二节　旅游吸引物的主要类型

旅游吸引物的主要类型包含自然类和人文类,具体的细分类型如图5-3所示。

一、自然类旅游吸引物

自然类旅游吸引物是指由地质地貌、水体、天象气候和生物等自然地理要素所构成的,具有观赏、文化和科学价值,能吸引人们前往进行旅游活动的自然景物和环境。自然类旅游吸引物以其特有的天然风貌和纯朴本色,对旅游者特别是来自城市的旅游者产生强烈的吸引力,可供旅游者进行游览、度假、休憩、避暑、避寒、疗养、学习、漂流、划船、垂钓、冲浪、滑雪、登山、探险、野营、考察等旅游和娱乐活动。自然类旅游吸引物一般具有观光游览、休闲体验、度假享乐、康体健身、参与性娱乐、科学考察以及各种专题性旅游功能。

自然类旅游吸引物主要包含以下几类。

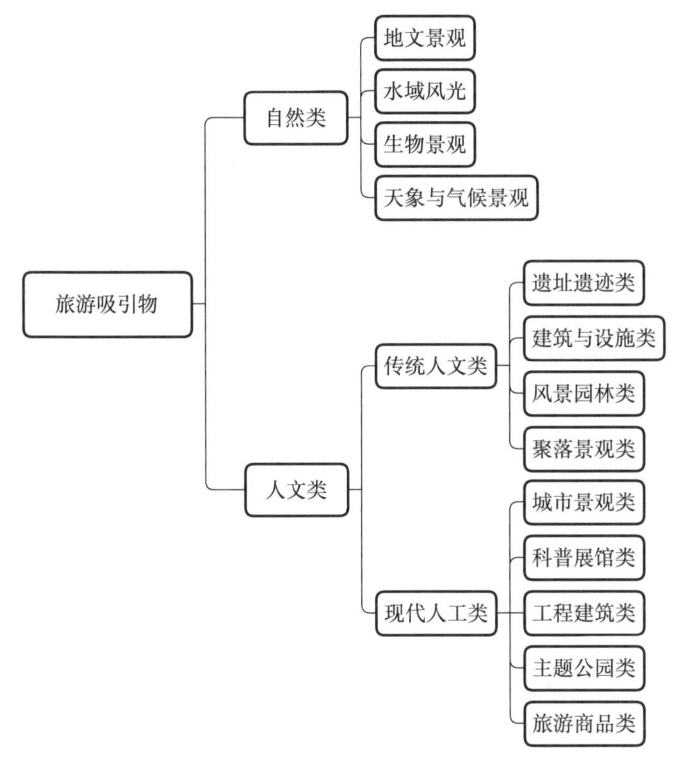

图5-3 旅游吸引物的主要类型

(1)地文景观:长期地质作用和地貌形成过程在地表面或浅地表存留下来的各种自然景观类型,典型吸引物有南迦巴瓦峰、黄龙钙华景观、雅鲁藏布大峡谷、乌尔禾雅丹地貌等。

(2)水域风光:水体及水体所依存的特定地文环境所构成的自然景观类型,典型吸引物有纳木错、德天瀑布、米堆冰川、辽河三角洲湿地等。

(3)生物景观:生物群体构成的总体景观或引人注目的个别珍稀品种和奇异形态的生物个体,典型吸引物有天山雪岭云杉林、锡林郭勒草原、大连蛇岛、青海湖鸟岛等。

(4)天象与气候景观:自然光影、天气与气候现象的时空表现,典型吸引物有泰山日出、峨眉山佛光、蓬莱海市蜃楼、黄山云雾等。

二、人文类旅游吸引物

人文类旅游吸引物是指各种社会环境、人民生活、历史文物、文化艺术、民族风情和物质生产等人类在特定的地域环境下创造,能激发旅游动机和满足旅游需求的各种物质财富和精神财富的总和。相较自然类旅游吸引物,人文类旅游吸引物因与人类具有密切关系,而具有强烈的人文属性。人文类旅游吸引物一般可分为传统人文类旅游吸引物和现代人工类旅游吸引物。

(一)传统人文类旅游吸引物

传统人文类旅游吸引物是在历史社会发展过程中形成的,是人类创造能力的真实

纪录,是历史文化理念的传承遗存,具有深厚的历史文化底蕴和丰富的精神文化内涵。我国作为世界文明古国,传统人文类旅游吸引物极为丰富,它们是人类文化的瑰宝,一般具有观光游览、考古寻迹、研学教育、科学考察、仿古探幽、文化交流等多种旅游功能。

传统人文类旅游吸引物主要包含以下几类。

(1)遗址遗迹类:史前人类活动场所和社会经济文化活动遗址遗迹,典型吸引物有周口店北京人遗址、河姆渡遗址、兴隆洼原始聚落遗址、鸡鸣驿城等。

(2)建筑与设施类:以人工构筑物为主景并成为旅游观赏对象的环境综合体,典型吸引物有西安城墙、天坛、北京故宫、赵州桥、京杭运河、黄鹤楼、长城等。

(3)风景园林类:在一定地域范围内,利用并改造天然山水地貌,或者人为地开辟、塑造山水景貌,结合植物的栽植和建筑的布置,构成一个供人们观赏、游憩的园林景观,典型吸引物有颐和园、苏州四大名园、岭南四大园林等。

(4)聚落景观类:人类有意识开发、利用和改造自然而创造出来的文化景观,具有明显的时代特征和地方色彩,典型吸引物有凤凰古城、周庄、婺源传统村落等。

(二)现代人工类旅游吸引物

现代人工类旅游吸引物是指人类为了满足旅游发展的需要,在特定区域内建造的,以旅游休闲娱乐为主要功能,同时兼具其他功能(如艺术审美、科普教育、文化考察等)的人造旅游吸引物。改革开放以来,我国经济得到了持续快速的发展,交通条件的改善和各种基础设施的不断完善,使得可用于旅游开发的各种现代人工吸引物大量涌现,成为旅游吸引物的新类型。现代人工类旅游吸引物一般具有参与性娱乐、欣赏演出、观光游览、休闲游乐等旅游功能。

现代人工类旅游吸引物主要包含以下几类。

(1)城市景观类:一个城市中用来浓缩、凝聚、集中反映和折射、代表城市总体特征的特定地段,是城市的缩影和窗口,典型吸引物有东方明珠广播电视塔、上海外滩、成都春熙路、伦敦伊丽莎白塔(大本钟)等。

(2)科普展馆类:征集、典藏、陈列和研究代表自然和人类文化的成果,能为公众提供科普、教育、娱乐、学习的活动场所,典型吸引物有天津戏剧博物馆、中国国家图书馆、自贡恐龙博物馆、中国地质博物馆等。

(3)工程建筑类:一切和水、土、文化有关的土木工程、水利工程等建造而形成的大型建筑景观,典型吸引物有葛洲坝水电站、三峡大坝、港珠澳大桥等。

(4)主题公园类:具有自然和人文的一个或多个特定主题,为游客有偿提供休闲体验、文化娱乐产品或服务的园区,典型景吸引物深圳世界之窗、迪士尼乐园、横店影视城等。

(5)旅游商品类:指旅游者在旅游活动中所购买的有形物品,具有艺术价值、欣赏价值、纪念价值以及鲜明的区域特色,极具典型意义的包括特色美食、旅游工艺品和特产名品等,典型吸引物有东坡肘子、景德镇瓷器、庐山云雾茶等。

第三节 旅游吸引物的开发与保护

一、旅游吸引物开发与保护的必要性

旅游吸引物的本质是资源,作为独特的、不可再生的资源,旅游吸引物具有丰富的存在价值和开发价值。存在价值即在历史、科学、美学等方面的研究价值,其实现依赖于对旅游吸引物的保护和维持。当旅游吸引物遭受破坏性开发而不复存在时,其存在价值就无法实现。开发价值即通过旅游吸引物而从中获益,其实现依赖于旅游吸引物的可持续开发。同时,旅游吸引物的存在价值与开发价值是紧密相连的。一般来说,旅游吸引物的存在价值越大,其开发价值实现的程度就越高;开发价值实现的程度越高,旅游吸引物的存在价值越大。因此,要让旅游吸引物价值最大化,就需要对其进行必要的开发与保护。

二、旅游吸引物开发与保护的原则

(一)保护优先原则

旅游吸引物是大自然的造化、人类历史的遗存和现代人文艺术的结晶。一般来说,旅游吸引物不仅具有易受破坏的脆弱性,而且还具有难以恢复的不可再生性。因此,在开发旅游吸引物过程中,要将保护工作放在首要地位,更多地考虑资源使用的长期利益。主要包括两个方面:一是吸引物本身的保护。限制吸引物的损耗,延缓衰减的自然过程;将人为损坏降低到最低点,杜绝破坏性的开发和开发中的破坏。二是环境的保护。旅游吸引物在特定的自然生态环境和社会环境中存在,环境是构成旅游吸引物的重要组成部分,也是旅游吸引物赖以存在和延续的必要条件。所以,整体环境也应被尊重和保护。

(二)突出特色原则

旅游吸引物贵在稀有,其质量在很大程度上取决于独特性,这是它们能够对旅游者产生吸引力的根本所在。因此,突出旅游吸引物本身原有的特征,有意识地保存和增强这些特征具有十分重要的意义。这一原则要求在开发过程中不仅要保护好旅游吸引物的特色,而且要充分揭示、挖掘和发展旅游吸引物独有的、异质性的特色,以突出其优越性,即做到"人无我有,人有我优,人优我特"。同时,要尽可能保护自然和历史形成的原始风貌,尽量开发利用有特色的旅游吸引物,努力反映当地的文化特点,突出民族特色和地方特色,使旅游者在精神上有置身于异国他乡的新奇感。

(三)效益统一原则

旅游吸引物的开发与保护要正确处理现实与未来、经济发展与资源环境保护、旅游业与其他产业的关系,强调整体效益,全面协调和处理好经济效益、社会效益和环境效益。旅游吸引物开发是一项经济活动,要遵循经济效益原则,即要对项目的可行性、投资的规模、建设周期的长短等方面进行投入产出分析。在进行投入产出分析的基础上,对旅游吸引物开发带来的经济效益、社会效益和环境效益等进行认真论证,科学地确定旅游吸引物开发的时序,确保开发活动能带来效益。同时,旅游吸引物开发必须注重社会、文化和环境影响,切实遵守旅游目的地的政策法规,切不可危及当地居民的文化与伦理、社会道德和生产生活,最终实现经济效益、社会效益和环境效益的协调统一。

(四)可持续发展原则

可持续发展原则是指在旅游吸引物开发与保护的过程中要兼顾局部利益和整体利益、眼前利益和长远利益,使环境与经济得以持续协调发展,从而实现旅游吸引物的可持续利用。旅游吸引物的可持续发展首先要求旅游吸引物的开发要以保护为前提,在保护的基础上适度开发,在保护中开发,在开发中保护,避免先破坏后保护、先污染后治理的错误做法。其次,旅游吸引物开发应分期、分批展开,逐步开发新资源、设计新项目,保持旅游吸引物的吸引力经久不衰,实现旅游吸引物的永续利用。在具体旅游吸引物开发时,应当确定地区的环境承载力,预测开发后的旅游环境容量,严格控制开发密度和开发程度。总之,只有保护工作落到实处,可持续发展才真正有了现实支撑。

三、旅游吸引物开发与保护的关系

在进行旅游吸引物开发与保护的过程中,既不能只追求眼前利益,大肆破坏资源环境,使得后期再花费更多的人力、财力、物力去补救;也不能简单地以"禁止"开发的思维模式来保护资源,使旅游吸引物无法发挥应有的价值。因此,旅游吸引物开发和保护既相互联系又相互矛盾,两者是辩证的矛盾统一体,需用辩证的思维推动旅游目的地的可持续发展。

(一)开发与保护是相互联系的

首先,保护是开发和发展的前提。保护旅游吸引物是为了更好地开发,是旅游者进行旅游活动的基础和前提条件。旅游吸引物一旦被破坏殆尽,旅游业将失去依存的条件,也就无旅游开发可言了。因此,保护是开发的前提,并贯穿在开发的整个过程中。

其次,科学开发是保护的基础。从可持续发展的角度来看,保护归根到底是为了更好地发展。因此,旅游吸引物必须经过开发利用,才能招徕游客,发挥其功能和效益,也才具有现实的经济价值和存在价值。旅游吸引物保护的必要性只有通过开发才

能得以体现。

最后，开发本身也是一种保护。一方面，合理科学的开发是对旅游吸引物加以整修，而非令其“自生自灭”，以延长其生命周期；另一方面，开发所带来的旅游收益的一部分，也可以通过各种形式返还给旅游目的地，用于旅游目的地的环境改造和基础设施建设。

（二）开发与保护是相互矛盾的

首先，开发必然会造成破坏。旅游吸引物开发需要对目的地进行适度建设，这是以局部范围的破坏为前提的。可以说，破坏和开发在一定程度上是共生的。旅游开发后，因管理经营不善、外来文化冲击等因素，对旅游吸引物及其环境也易造成直接或间接的破坏，从而不利于旅游吸引物的保护。

其次，过度保护会妨碍开发。因担心开发造成破坏，而“防患于未然”，易导致片面强调保护，从而忽视了对旅游吸引物的开发。过度保护而没有对旅游吸引物进行适宜的开发，就无法体现旅游吸引物本身所具有的存在价值。所以在保护过程中，不能一味地故步自封，应“该出手时就出手”，适时、适地、适度地进行开发。

四、不同类型旅游吸引物的开发与保护

（一）自然类旅游吸引物的开发与保护

自然类旅游吸引物的开发与保护主要采用原生态、少扰动模式，具体有森林公园模式、自然保护区模式、国家公园模式、地质公园模式等。有些自然类旅游吸引物不经过开发，原汁原味的就可以吸引旅游者开展旅游活动，但大多数自然类旅游吸引物通常要经过开发建设，才能具有较强的吸引力，方便旅游者进行旅游活动。开发建设的主要内容涉及交通线路布设，协调配套的旅游设施，包括多种基础设施和旅游专用设施等。但是在建设的同时，又要力求保持自然景观的原始风貌，减少人为因素的干扰和建设中的破坏。

自然类旅游吸引物的开发与保护一般要突出吸引物的本色特点，在保障旅游者可进入性以及满足环境保护设施要求的前提下，尽量减少和避免人为的干扰性建设以及目的地的城市化倾向，要源于自然、体现自然、保护自然。而对于自然、人文相互交融的旅游吸引物，由于人类对大自然的长期作用，资源地往往被打上了深深的人文印迹。这类资源开发应在突出自然美和保护原则的基础上，适度挖掘自然类旅游吸引物的人文要素与特征，拓展与还原旅游吸引物的文化内涵，做到情景相融，意境无穷，自然美和人文美交相辉映、相得益彰。

（二）人文类旅游吸引物的开发与保护

1.传统人文类旅游吸引物的开发与保护

传统人文类旅游吸引物的开发与保护主要采用参与互动、文化展现的模式，具体有遗址公园模式、博物馆模式、文化演艺模式、民俗村落模式、风情小镇模式等。传统

人文类旅游吸引物的魅力在于其历史性、民族性、文化性和科学艺术性,其开发也应从展现吸引物的历史价值、科学价值、艺术价值、民族文化价值、美学价值等方面入手,着力打造特色鲜明、主题突出的旅游吸引物。

传统人文类旅游吸引物的开发与保护主要从物质文化、行为文化和精神文化三方面来进行挖掘。物质文化是吸引物本身的物化形态,即呈现给旅游者可以直接观赏的景观;行为文化是吸引物所属地居民的日常生活呈现,包括居民的生活方式与传统习俗等;精神文化是其所在区域所营造的一种独特的人文环境,如宗教信仰、民族礼制、民族精神等。在传统人文类旅游吸引物开发过程中,要尊重物质文化的历史存在形态,深入挖掘行为文化和精神文化,真正地使地方文化、地方特色与旅游吸引物的开发深度融合,使旅游吸引物开发与旅游者和居民的审美情趣与价值判断相符合,促进旅游者与居民产生对于旅游吸引物保护的积极态度与行为,形成多方参与资源保护与开发的格局,促使旅游吸引物开发与保护并重。

2.现代人工类旅游吸引物的开发与保护

现代人工类旅游吸引物的开发与保护模式主要采用特色化互动模式,具体有主题公园模式、城市公园模式、仿古街区模式、文化园区模式、文化旅游区模式等。现代人工类旅游吸引物开发为那些旅游资源匮乏,但又具备开展旅游活动的较好的外部条件(如经济发达、交通便利、人口密集、客源丰富)的地区,创造和提供了旅游开发的可能性。它有利于增加旅游内容,延长游客停留时间,丰富当地居民的业余文化生活。

尽管从发展路径来看,现代人工类旅游吸引物与自然类和传统人文类旅游吸引物相比,欠缺自然条件,但其目的明确、功能纯粹。在开发建造现代人工类旅游吸引物时,在地点选择、性质与格调确定、产品定位、市场定位、规模体量、整体设计等方面都要进行认真细致的调研,并且要特色突出、个性鲜明,使其在某一方面具有垄断性。同时,现代人工类旅游吸引物的物质形态引人注目,但其在精神内涵层面挖掘不深,所以建设时切不可短视,不能仅以满足某一时期旅游者的需要为目标,应反复斟酌,不断探究、挖掘旅游吸引物的人文底蕴,力保为当今及后世的旅游者乃至整体生态环境添加的不是一时的"烟火"甚至污染,而是能够满足旅游者驰目骋怀需要的"艺术精品"。

本章小结

旅游吸引物是旅游目的地吸引力的来源,在旅游系统中扮演着基础性作用,因此,旅游吸引物管理是实现旅游目的地可持续发展的必要前提。本章首先就旅游吸引物的概念、要素、属性及其管理的意义进行了基本概述;其次,介绍了旅游吸引物的主要类型,包括自然类旅游吸引物和人文类旅游吸引物;最后针对不同类型旅游吸引物提出开发与保护策略,使学生掌握旅游吸引物管理的基本内容和学习重点。旅游目的地应根据自身的实际情况和旅游吸引物的不同类型及特色,采取有针对性的开发与保护措施,使目的地的吸引物得到有效管理,从而实现旅游目的地的可持续发展。

黄山景点“轮休”——破解保护与开发难题

黄山作为同时拥有世界自然与文化双重遗产和世界地质公园桂冠的景区，草木葱茏、怪石嶙峋、古迹众多，是人们观赏游览的好去处。然而，它如同人一样，也有“疲劳现象”。黄山自正式对外开放以来，旅游接待总量逐年攀升，景区、景点长期处于超负荷运行中。黄山一些主要景区、景点如天都峰、莲花峰等，相继出现不同程度的“疲劳现象”，生态环境在一定程度上有所退化。

在大量调研的基础上，受“海洋休渔期”和“封山育林”的启发，黄山的管理者和资源保护专家们于1987年在国内首创景点“轮休”制度，每个轮休期为3至5年。1989年4月，安徽省人大常委会通过了《黄山风景名胜区管理条例》，以法律的形式将这一做法固定下来。黄山在对重要景区、景点实行“轮休”时，并不是一封了之，而是定期“体检”，不断采取保护性措施，如测土施肥、治理病害等。“轮休”期满，还要邀请专家评估，待植物恢复健康、水土流失得到综合治理、野生动物恢复到一定水平、旅游设施没有安全隐患等几项标准均达标后才能重新对游人开放。同时，考虑到游客的观光需要，黄山风景区在规划轮休方案时，尽量不让游客因“轮休”而有游览缺憾。一方面，重要景区、景点进行“轮休”，比如光明顶以南的天都峰、莲花峰相互“轮休”，光明顶以北的始信峰、狮子峰等有计划“轮休”；另一方面，加大对新景区、景点的开发，先后开发了西海大峡谷、白云溪和世纪钟等景区、景点。因此，尽管风景在“轮休”，黄山却依然实现了价值的最大化。

近30年来，黄山已先后对莲花峰、狮子峰、丹霞峰、天都峰、始信峰等多处景点实行封闭“轮休”，黄山风景区的森林覆盖率已由20世纪70年代的56%提升到98.29%，林木绿化率达到98.53%，景区的空气质量、地表水环境质量、区域环境噪声质量均达到或优于国家一级标准，初步实现了人与自然和谐共处。

（资料来源：王立武《风景“太累”也需休息 景点“轮休”让黄山更美丽》，有所改动。）

课后活动

请同学们总结黄山景点“轮休”制度的成功经验，分析其为我国旅游吸引物的开发与保护带来的启示。

第六章
旅游目的地营销管理

学习目标

1. 理解旅游目的地市场营销、营销组织的概念和职能。

2. 理解旅游目的地营销管理框架，掌握目的地营销管理的 PIB 模式。

3. 掌握旅游目的地市场细分的 STP 战略，能够理论联系实际分析目的地市场细分的主要变量。

4. 掌握旅游目的地形象定位与塑造的步骤，形象口号设计的主题内容、存在问题及优化对策。

5. 理解旅游目的地品牌的内涵及作用，掌握旅游目的地品牌建设的主要流程。

素养目标

本章旨在引导学生从目标市场的需求出发，依托旅游目的地的红色精神、优秀传统文化，通过有效传播和新旧传承的方式，逐步建立起旅游目的地的品牌形象；促使学生增强文化自信，培养学生创新精神的同时进行价值引领；督促学生树立远大理想，将个人的追求与整个社会的发展相联系，将祖国的大好河山和璀璨历史文明更有效地传播出去。

学习重难点

1. 理解旅游目的地营销管理框架。

2. 掌握目的地营销管理的 PIB 模式，理解品牌定位、品牌形象和品牌化的关系。

3. 掌握旅游目的地市场细分的 STP 战略。

4. 掌握旅游目的地形象口号设计的方法与主题诉求。

5. 掌握旅游目的地品牌建设的主要流程。

张家界成立元宇宙研究中心背后——蹭热度营销还是真心打造消费新场景?

元宇宙,时下最热门的概念,被认为是一个平行于现实世界的、始终在线的虚拟世界。这一概念正受到国内外科技巨头和市场热捧,文旅行业也将目光投向这一领域。2021年11月18日,张家界元宇宙研究中心成立,设置在武陵源区旅游高质量发展数字化转型工作领导小组办公室。

多位业内专家指出,张家界是资深营销高手,"在互联网时代,张家界善于把握网络传播规律,充分利用网络传播优势提高旅游增量"。1998年,黄龙洞为标志景点"定海神针"投保亿元;1999年,张家界世界特技飞行大赛在天门山举行,实现了人类首次驾机穿越自然山洞的壮举;2010年,借助电影《阿凡达》,将"南天一柱"更名为"哈利路亚山"……张家界的诸多营销事件在文旅行业甚至广泛的社会层面都产生了一定影响。

作为全国首个设立元宇宙研究中心的城市,张家界在元宇宙火爆出圈时,再次敏锐地抓住了舆论焦点,登上微博热搜。这种营销手法成本很低,但是短时间内关注度很高。正如张家界元宇宙研究中心相关负责人此前表示:"全世界独一无二的三千奇峰和一群敢想敢闯敢为的旅游人,是武陵源区最硬核的存在,这就是张家界元宇宙研究中心落户武陵源区的底气。"

元宇宙的旅游场景更多还停留在想象中。现实层面,目前文旅行业元宇宙概念的运用,更多是为了打造更具新鲜感的新玩法和消费场景。比如海昌海洋公园携手某社交App打造的"海底奇幻万圣季——打开年轻社交元宇宙"主题活动。活动策划人称,将梦幻的海底世界连接进了社交元宇宙中,让新时代消费担当——"Z世代"人群拥有了更沉浸、更丰富、更立体的全新娱乐社交场景。

数字文旅成为推动文化和旅游行业复苏、促进消费扩容提质的重要力量。同时,"宅经济"快速发展,网络直播、短视频、云旅游等数字化旅游业态逐渐兴起。当下,如何以数字化转型打通旅游要素各环节中的难点、痛点、节点,培育旅游产业新产品、新形态是文化和旅游从业者需要思考的问题。

(资料来源:曹燕、高慧《张家界成立元宇宙研究中心背后——蹭热度营销还是真心打造消费新场景?》,有所改动。)

思考:如何评价"元宇宙"等新概念在旅游目的地营销中的作用?

Note

第一节　旅游目的地营销管理概述

一、旅游目的地营销的概念

营销是旅游目的地获取旅游收益、赢得竞争优势的关键环节。旅游目的地作为供给旅游产品和服务的有机整体,能够为旅游者提供完整的旅游经历,不仅是一个地理概念,还是一个可以被旅游者主观感知的综合概念。由于旅游者存在着较多个体差异,在目的地的旅游时间长短、体验产品和服务的不同,对目的地也会形成不同的感受。从目的地本身的含义和旅游者经历的角度来考虑,目的地才是研究旅游营销的最佳落脚点。

旅游目的地营销的概念有广义和狭义之分。狭义的旅游目的地营销观念认为,市场营销在旅游业中的应用主要体现在两个层面:一是旅游企业层面,二是旅游目的地层面。旅游企业的市场营销是从微观层面进行的旅游营销,它主要发生在旅游企业及其目标市场之间;目的地营销是将目的地作为一个有机整体而进行的营销,是为了从更宏观的层面满足目的地利益群体的需求。英国学者布哈里斯(Buhalis)也认为,作为整体的目的地市场营销与该地单个旅游供应商所进行的市场营销之间有很大的不同。他指出,旅游者在目的地消费的是综合性的旅游产品和服务,而大部分的旅游产品及服务的提供者都是一些独立的、有各自优缺点的旅游企业,旅游者对这些产品及服务的综合体验和经历构成了他们对目的地的整体看法。这种将旅游目的地营销与旅游企业营销区别对待,认为目的地营销是专门针对目的地所做的营销活动,而不包括目的地旅游企业单独进行的市场营销活动,是一种狭义的旅游目的地营销概念。

广义的旅游目的地营销观念则认为,整个目的地及其旅游产品的营销,以及促销单个产品的企业的营销活动,甚至是个人或单个事件对目的地产生的一定的宣传推广效用等,都可以纳入目的地营销的范畴。

归纳不同学者的研究观点,可以把旅游目的地营销看作一个社会化的过程;在这个过程中,旅游目的地(包括目的地的相关企业、政府、社区、个人等)通过为旅游者创造(或与旅游者共创)、提供和交换有价值的旅游体验来满足旅游目的地各利益相关者的需求。或者更通俗地说,旅游目的地营销就是向旅游者提供目的地的相关信息,突出目的地的核心形象并打造相应的吸引物,以吸引潜在群体和目标市场的注意力,激发他们对目的地产生向往,促成旅游购买行为及未来的口碑宣传和重游行为等。

二、旅游目的地营销组织及其职能

随着目的地营销日趋成为旅游地应对市场竞争的有效工具,越来越多的旅游目的地都设置了旅游目的地管理机构,并设有与政府旅游管理机构合为一体的或相对独立运作的旅游目的地营销组织(Destination Marketing Organization)。为了避免目的地众

多的营销主体之间的营销活动散乱无序,缺乏整体性,目的地营销组织需要充分发挥引导、协调和引领作用,以更好地达成营销目标。

(一)旅游目的地营销组织的概念

旅游目的地营销组织是推动旅游目的地营销活动开展的主体机构,有狭义和广义之分。狭义的旅游目的地营销组织是指主要负责对旅游目的地进行形象策划推广和整体产品与服务促销的机构,广义的旅游目的地营销组织除了涉及研究规划、产品开发、设计促销组合方案等核心职责,还同时包含旅游目的地管理组织的部分职责,比如:计划与控制,包括营销调研、营销计划、营销组合设计、产品开发、营销活动、制定预算、评估和控制等;执行与实施,包括组织新闻发布会、撰写后续报道稿件、进行网络促销等;协调与合作,包括与目的地旅游活动运营商进行协调,确保旅游活动和项目流程符合之前的设计原则,在质量、价格等方面能够满足游客的心理预期,与社区进行经验交流和反馈等。一般而言,旅游目的地营销被认为是旅游目的地管理的对外职能。

与一般的市场营销活动一样,"谁来营销"涉及目的地营销组织的问题。然而,与一般产品不同的是,目的地的旅游产品和服务是由公共部门(目的地政府)和私营部门(旅游企业)共同提供的,在一定程度上具有"公共物品"的性质,因此,政府的相关旅游管理部门对目的地营销负有不容推脱的责任,尤其是国家级旅游目的地的营销活动。在中国,往往是各级政府的文化和旅游相关部门承担了相关职能。除上述提及的公共部门外,旅游目的地营销还涉及旅游企业及其他一系列利益相关者,他们共同为旅游者提供完整的旅游产品和服务,目的地利益相关者之间的复杂关系及相互依赖性为目的地组建营销联盟、进行合作营销提供了基础。公私部门间组建的营销联盟是协作型旅游目的地营销组织的主要体现。

(二)旅游目的地营销组织的职能

1. 信息传递职能

旅游目的地营销组织的信息传递职能体现在三个方面:一是收集目的地的旅游产品和服务的信息,并在客源市场中进行广泛的传播;二是为当地的旅游企业提供全面的信息,从而使相关企业能够了解当前旅游业的发展形势、旅游市场的形势及国内外竞争情况;三是面向旅游者提供信息咨询服务,作为旅游者能够信赖的公正权威的机构,旅游目的地营销组织能够为他们提供客观的旅游产品信息,以及一些有用的建议。

2. 目的地形象的塑造与宣传

目的地市场营销的重点在于塑造良好的旅游目的地形象,使潜在及现实的旅游者对目的地产生更多的积极印象,以刺激市场需求,应对激烈的竞争环境。目的地的营销活动需要围绕主题形象的塑造与宣传进行深入研究。

3. 为目的地设计营销组合策略

目的地营销的核心内容在于,在对客源市场开展调研的基础上进行市场细分,选择合适的目标市场,进行专业的市场定位,并为每一个细分目标市场设计有效的营销组合策略。一方面要开发符合各类市场需求的旅游产品,突出那些能够对不同旅游者产生吸引力的产品属性;另一方面还要制定相应的促销目标,选择合适的营销推广渠

道,并确保促销活动能够传递有吸引力的信息。

综上,树立品牌、提高知名度和美誉度是目的地营销活动的根本任务;引起旅游者的注意,并最终使旅游者满意,提高重游率是目的地营销的根本目标;市场细分与选择、定位、竞争策略拟定和信息传播等是目的地营销活动的具体内容。

三、旅游目的地营销管理框架

旅游目的地营销管理是指旅游目的地的营销组织选择目标市场,并通过创造、传递和传播卓越顾客价值来获取、维持和增加旅游者数量和重游率的过程。更通俗来讲,旅游目的地营销管理是指为了实现目的地的发展目标而建立、加深和维护与目标市场之间有益的交换关系所做的分析、计划、实施与控制的过程。

著名旅游目的地营销与管理专家莫里森(Morrison)在其专著中提出了一个旅游目的地营销管理的框架,如图6-1所示。在这个框架中,旅游目的地定位、旅游目的地形象策划和旅游目的地品牌化都是旅游地营销策略的主要内容,它们之间是相互关联的,并且都指向一个共同的目标,即向客源市场传达旅游目的地的独特性。这个以旅游目的地定位、旅游目的地形象策划和旅游目的地品牌化为核心的PIB模式,是旅游目的地营销管理的核心环节,具有承上启下的功能。PIB模式的开展须建立在科学的目标市场分析的根基之上,并且为营销目标的实现、后续的规划与研究奠定坚实的基础。

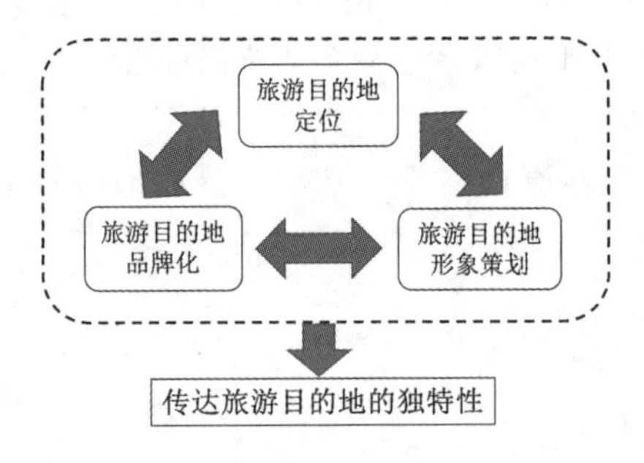

图6-1 旅游目的地营销的PIB模式

按照莫里森(2013)的旅游目的地营销管理框架(见图6-2),本章接下来将从旅游目的地的市场细分、形象策划和品牌建设等方面阐述旅游目的地营销管理的基本知识。

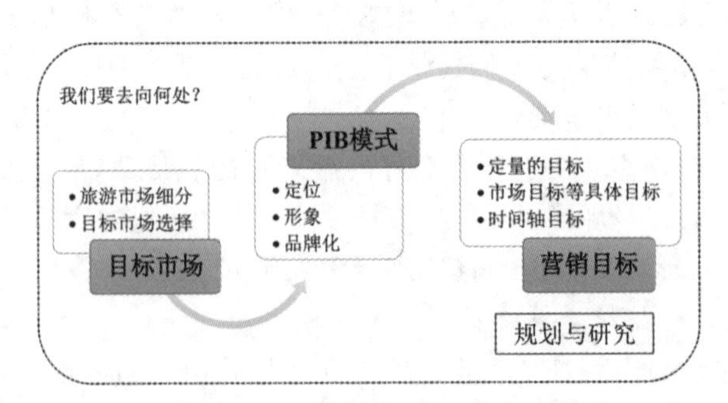

图6-2 旅游目的地营销管理框架

(资料来源:Morrison A. M. ,*Managing and Marketing Tourism Destinations*,2013。)

Note

第二节 旅游目的地市场细分

在营销学领域,旅游市场泛指对某些旅游产品或服务有需求的现实购买者和潜在购买者,即旅游目的地的全部客源市场。进行有效的市场细分是旅游目的地营销管理的前提。

旅游目的地的市场细分是指根据游客群对旅游产品的需求欲望、购买行为和购买习惯的差异等,把旅游目的地的客源市场(包括潜在游客群体和现实游客群体)划分为若干个分市场,并从中选择合适目标市场的过程。旅游市场具有非常鲜明且仍在发展的异质性特征,同时其异质性特征又表现出明显的集群偏好,这正是旅游市场细分非常明确的客观基础。

一、旅游目的地市场细分的客观基础

(一)旅游者需求的异质性

旅游者类型众多,所处的地理范围分布广泛,个性特征鲜明,旅游需求和动机也存在较多差异。有的偏好自然旅游景观,有的则倾向于人文旅游资源;有的更看重旅游目的地的服务质量,相信“价高质必优”,有的则是价格敏感型。旅游者总是根据自己的独特需求去选择旅游目的地及相应的产品和服务。异质性的市场需求能够帮助旅游目的地较快找到“适销对路”的目标客源市场,是进行市场细分的客观基础之一。

(二)旅游者需求的集群偏好

所谓“一方水土养一方人”,在相同的地理条件、社会文化背景之下成长起来的人们往往具有相对类似的人生观、价值观和世界观,构成具有相似需求偏好和消费习惯的亚文化群体。众所周知,文化观念对旅游决策行为常常起到较为深层次的影响,决定着旅游者吃什么、如何旅行、去哪里旅行以及住在哪里等一系列现实问题。旅游者的需求在某些方面呈现出集群性的特征,才能够聚合成一定的潜在市场规模,这使得旅游市场细分不仅必要,还具有实现的可能性。

(三)旅游目的地资源的有限性

由于受到自身旅游资源和发展条件(如人力资源、资金、技术水平等营销资源)的限制,任何一个旅游目的地都不可能向所有客源市场提供能够满足其全部需求的产品和服务。为了能够进行有效的市场竞争,旅游目的地或旅游企业必须对客源市场进行细分,并从中选择能够与自身资源和条件相匹配、有利可图且最有能力占据的目标细分市场,集中资源制定有效的竞争策略,以取得、维护和增加竞争优势。

二、旅游目的地市场细分的STP战略

市场细分是旅游目的地营销管理的起点,接下来则是选择目标市场、进行科学的市场定位,这被称为STP战略,即在旅游目的地的营销活动中,营销主体区分主要的细分市场,将一个或几个细分市场作为目标,为每个细分市场制定产品开发和营销方案。具体步骤如图6-3所示。第一步,市场细分(Segmenting),根据旅游者对旅游产品、服务或营销组合的需求差异,将客源市场分割成若干有意义的游客群体,并描述各细分市场的特点;第二步,确定目标市场(Targeting),综合多种因素,确定选择服务于哪个或哪些细分市场;第三步,市场定位(Positioning),为选定的目标市场设计相应的产品或进行形象定位,创造营销组合策略,以便更有针对性地服务于目标细分市场。

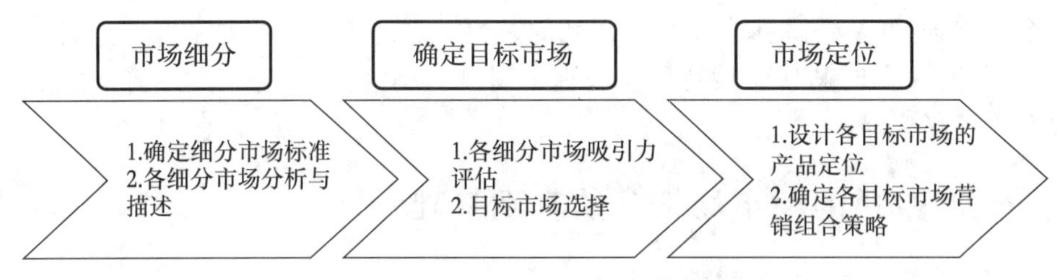

图6-3 STP战略的营销步骤示意图

(资料来源:郭国庆《市场营销学通论》,中国人民大学出版社,2014年版。)

根据STP战略,旅游目的地制定任何营销策略必须从市场细分出发。只有进行科学的市场细分,才能更好地确定适合自己的目标市场,进而在激烈的市场竞争中明确自己的定位。这是进行旅游目的地品牌建设差异化的基础。

三、旅游目的地市场细分的标准

对于旅游目的地,市场细分的依据是旅游者需求的差异性。从旅游业的具体情况来看,旅游者需求的差异性可以表现在很多方面。根据市场营销学的一般原理,可按照旅游者的人口统计变量、地理变量、心理变量及行为变量四个方面对旅游者市场进行细分。

(一)按旅游者人口统计变量进行市场细分

旅游者的人口统计指标可以表现在很多方面,如年龄、性别、收入、家庭生命周期、职业、受教育程度、社会阶层、种族、宗教、国籍等。这种细分方法较为常用,因为这些指标都与旅游者的需求、偏好、出游频率等直接相关,而且旅游者的人口统计指标比其他因素更容易测量。因此,对旅游目的地而言,这些指标是十分重要的细分依据。

1.按年龄细分

消费者在不同的年龄阶段,由于生理、性格、爱好的变化,对旅游产品的需求往往有很大的差别。因此,可按年龄范围细分出许多各具特色的旅游者市场,比如可分为儿童市场、青少年市场、中年市场、老年市场等。

2.按性别细分

在对产品的需求、购买行为、购买动机、购买角色方面,两性之间有很大差别。比如:参加探险旅游的多为男性;女性外出旅游时更注重人身财产安全、看重情感价值、喜欢分享、喜欢视觉快感、对色彩和氛围要求较高;公务旅游常以男性为主;在购物方面,女性通常有较大的发言权;在购买旅游产品时,男性通常对价格反应较迟钝,而女性则较敏感。

近年来,随着职业女性的崛起,旅游综合体中的"她经济"受到较多关注。同程旅行基于平台女性用户大数据发布的《2018女性旅行消费趋势报告》指出,女性拥有旅游决策的绝对话语权,在旅游消费中的主导地位日趋凸显,家庭中超七成旅游消费决策由女性说了算。

3.按收入细分

人们收入水平的不同,不仅决定其购买旅游产品的性质,还会影响其购买行为和购买习惯。如收入较高的人往往喜欢到高档酒店消费,选择豪华型旅游产品和服务;而收入较低的人则通常在普通酒店消费,更愿意选择经济型旅游产品和服务。

4.按家庭生命周期细分

家庭是社会的细胞,也是消费的基本单位,在不同阶段,家庭购买力、家庭成员对旅游产品的兴趣与偏好会有较大差别。其中,处于单身期(从参加工作到结婚)的年轻人是最具消费潜力的群体,喜欢新型旅游项目,对经济型旅游产品的购买频率和需求比较高;处于家庭形成期(已婚无子女,从结婚到子女出生前)的新婚夫妻有空闲时间,购买力强,偏好休闲度假游;处于家庭成长期(已婚有子女,从子女出生到子女独立)的父母在孩子年幼阶段空闲时间少,较少远途出游,而孩子上学后更注重教育投资,偏好全家亲子游;处于家庭成熟期(从子女独立到夫妻退休)的人收入较高,购买力较强,高档旅游消费购买频率高和需求强烈;处于家庭衰老期(夫妻退休后)的老人注重情感需求和安全保障,出游意愿受身体因素影响较大。

5.按职业细分

从事不同职业的人由于职业特点及收入的不同,其消费需求差异很大,可根据职业这一"标签式"的身份象征来预测旅游者的消费行为特征。

6.按受教育程度细分

旅游者受教育程度不同,其兴趣、生活方式、文化素养、价值观念、审美偏好等方面都会有所不同,会引起对旅游产品的需求、购买行为及购买习惯的差异。一般可分为小学或以下、初中或中专、高中、本科或大专、硕士及以上。一般受教育程度越高,会更加看重旅游目的地产品和服务的品质。

(二)按旅游者地理变量进行市场细分

所谓按旅游者地理变量进行市场细分,是指按照旅游者所处的地理位置来细分旅游目的地的客源市场,常见指标有地区、国家、地理位置、行政区域、城市、乡村、气候、空间距离等。地理因素多是静态因素,其主要理论依据是处于不同地理位置的旅游者,对旅游目的地的产品和服务有不同的需要和偏好,对不同的市场营销策略也有不同的反应。

按地理变量进行市场细分主要有以下几种具体形式。

1.按地区细分

世界旅游组织将国际旅游市场划分为六大区域,即欧洲旅游市场、美洲旅游市场、东亚及太平洋旅游市场、南亚旅游市场、中东旅游市场、非洲旅游市场。据有关统计,欧洲和北美地区出国旅游者及所接待的国际旅游者人数最多,国际旅游收入也最高。而近20年来,旅游业发展和增长最快的地区则是东亚及太平洋地区。

2.按国家细分

这是旅游业最常用的一个细分标准。将旅游者按其国别划分,有利于旅游地了解主要客源国市场情况,从而针对特定客源国市场的需求特性,制定相应的市场营销策略,从而增强市场营销效果。

3.按气候细分

各地气候的不同会影响旅游产品的消费,影响旅游者的流向。气候寒冷、缺少阳光的地区的旅游者一般倾向于到阳光充足的温暖地区旅游。比如近年来流行的冬季避寒游,在海南的冬季候鸟型旅游者中,尤以东北地区的旅游者居多。

4.按人口密度细分

按人口密度,可以将旅游市场细分为都市、郊区、乡村等。人口多、密度大、空间小的地区的人们外出旅游的可能性大,城市人口更倾向于到农村地区寻找乡愁,体验田园生活。

(三)按旅游者心理变量进行市场细分

基于心理变量的市场细分,是指按照旅游者的社会心理学特质、生活方式、价值观、个性特征等心理因素来细分旅游市场。在旅游目的地市场细分研究中,广泛使用的社会心理学变量有动机、角色、风险规避水平、兴趣与观点、预期、所追求的旅游体验、价值观、人格特质、生活方式和态度等。自20世纪70年代这些变量被引入旅游市场细分研究中以来,就一直得到大量的运用,并积累了较多成果。其细分方法主要有以下几种。

1.按生活方式细分

生活方式是指人们如何打发时间(活动),人们认为什么比较重要(兴趣),人们对自己及其所处环境的看法(态度)。生活方式是人们生活和花费时间及金钱的模式,是影响旅游者的欲望和需要的一个重要因素。旅游目的地可以针对生活方式不同的旅游者群体设计不同的产品和安排市场营销组合。例如,家庭观念强的旅游者,外出旅行时更多是家庭旅游;事业心重的旅游者则以公务旅游为主。

2.按态度细分

按态度细分是指根据旅游者对目的地及其产品和服务的态度进行分类并采取相应的营销措施。例如,对于"我曾听说过某旅游目的地品牌,但我并不真正了解它"之类持中间态度的旅游者,应向其提供详细资料,大力开展有说服力的促销活动;对于"某品牌是市场上最好的"之类持积极态度的旅游者,应利用持续的促销活动和与旅游者签订合同的办法加以巩固;对于"某品牌比另一品牌差"之类持消极态度的旅游者,要改变其态度是比较困难的,应把促销工作做细,并改进产品质量,改善目的地形象。

（四）按旅游者行为变量进行市场细分

按旅游者行为变量进行市场细分，是指根据旅游者对旅游产品的了解程度、产品购买和使用的动机、寻求的利益、使用者、使用状况、品牌忠诚度、购买时机、态度、消费情况或反应等的不同来划分市场。通常可以考虑以下分类。

1.按旅游目的和旅游活动内容细分

按旅游目的和旅游活动内容，大体上可划分为观光型旅游、休闲度假型旅游、文化科普型旅游、消遣娱乐型旅游、宗教朝觐型旅游、家庭及个人事务型旅游、公务商务型旅游、医疗保健型旅游等细分市场。

由于旅游目的不同，这些细分市场对旅游产品的需求特点也有差异。比如度假旅游者需要较好的服务，在做决定时需要时间和指导意见，不断做价格比较，通常度假时间较长，并且受季节的影响。而商务旅游者则做决定较快，通知的提前时间较短，出行时间短、次数多，对价格的敏感性不高，不受季节影响，他们的需求是快捷、方便、灵活和单据齐全。

2.按购买时机细分

根据旅游者产生需要、购买或消费产品和服务的时机，可划分为不同的市场。有的旅游者经常在旺季造访旅游目的地，有的则在淡季造访。旅游目的地可以把购买时机作为细分指标，专门为某种特定时机的特定需求设计和提供旅游服务，比如春季的“百花节”、暑假期间的研学夏令营、秋季的“枫叶节”等。

3.按旅游者寻求的利益细分

按旅游者对产品和服务追求的不同利益，将其归入不同群体。旅游目的地在采用这种划分方法时，要判断旅游者对旅游产品所追求的主要利益是什么，他们各是什么类型的人，目的地的各种旅游产品提供了什么利益，旅游者追求的利益与企业提供的利益是否匹配等。只有了解旅游者寻求的真正利益，目的地才能通过为旅游者提供最大的利益来实现自身的营销目标。

4.按旅游者忠诚程度细分

旅游者忠诚程度是指一个旅游者更偏好购买某一品牌产品和服务的一种持续信仰和约束的程度。旅游市场细分的目的，就是要将那些愿意重游、积极进行口碑推荐、能够忠诚于旅游目的地产品、购买频率相对较高的旅游者群体作为目标市场。

对旅游目的地而言，综合变量的市场细分法更为常用。需要旅游目的地的营销与管理人员进行深入的市场调查与分析，这样才能进行更科学的市场细分与目标市场的选择。

Note

第三节 旅游目的地形象策划

一、旅游目的地形象的概念

旅游目的地形象是一个研究广泛却很难清晰界定的概念,可以理解为旅游者对某一旅游目的地的各种旅游产品和要素在其心目中交织而成的总体印象、认识与评价,是旅游地对客源市场产生吸引力的关键,也是旅游目的地独具特色的身份标识。

旅游目的地形象一般包括原生形象、引致形象和复合形象三个层面的内容。其中,原生形象指旅游者在未决定旅游之前,头脑中有一系列的旅游目的地成为可选方案,并在心目中由经历、教育和口碑形成的各个旅游目的地的形象。旅游目的地在整体市场中的竞争地位往往取决于其原生形象的价值。引致形象指旅游者一旦有了旅游的动机,并决定要实施时,就会有意识地搜寻有关目的地的信息,并对这些信息进行加工、比较、选择所形成的形象。其方式主要是搜索旅游信息网站、查阅有关旅游报刊纸及旅游机构的宣传手册以及观看电视节目等,从中提炼有用的信息,加工形成引致形象。这是旅游目的地营销宣传可以重点引导的形象层次。复合形象指旅游者对各旅游目的地的旅行成本与收益及形象进行比较,从而选择合适的目的地,到这个目的地实地旅行后,通过自己的经历,并结合以往的知识形成一个更综合的复合形象。人们依据复合形象对各目的地再进行比较、选择,决定是否重游或推荐给其他亲朋好友。

旅游目的地之间的竞争在很大程度上是形象的竞争,旅游目的地形象的作用在于能为目的地的旅游开发明确方向,在旅游客源市场上提高目的地的声誉吸引力,并为旅游企业(旅游批发商、旅行零售商)的产品组织和销售提供支持。

二、旅游目的地形象定位与塑造

旅游目的地的形象是可塑造的,并且随着时代发展呈现出不断变迁的趋势。形象定位与设计的流程主要包含地方性研究、市场受众调查和竞争者分析三个方面的基础性工作,以及包含核心理念、宣传口号和视觉传播系统的显示性工作,如图6-4所示。

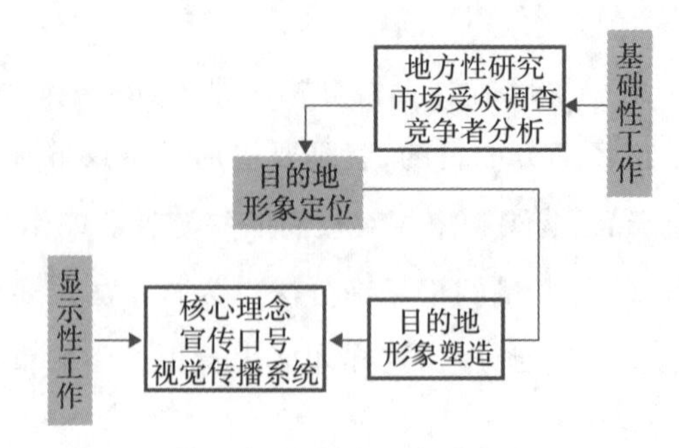

图6-4 旅游目的地形象定位与塑造的流程

(一)旅游目的地形象定位的基础性工作

1.地方性研究

地方性研究即人们通过环境感知和心理认知,以自己个性化的对周边事物的意义的理解为基础,在心理上构筑出的对特定时空的体验。地方性研究主要包括对目的地自然地理特征的考察,比如特殊的地形地貌、山水风光、气候资源等;对目的地人文特征的深入分析,寻找最有影响力的历史遗迹、历史人物、历史实物和文化背景,进行深度的民族特色和民俗文化的考察,发掘承载历史信息的地名景观和特殊的人地关系。同时,还要关注目的地的属性和功能。比如国家公园应该从自然(或文化)资源角度出发,以客体为先,体现教育功能,引导游客;而欢乐谷之类的主题公园则要从主体角度出发,满足游客的体验。

2.市场受众调查

与市场细分的调研环节类似,需要展开对目的地现实市场的满意度情况的调查,对潜在市场的认知与旅游意向的调查,以及对当地利益相关者(地方政府、当地居民、专家、旅游从业者等)情况及其意见反馈的调查。

3.竞争者分析

所谓"知己知彼,百战不殆",在进行目的地形象定位前需要对旅游目的地的竞争对手开展全面调查分析,进行差别定位,避免陷入同质化竞争。

(二)旅游目的地形象定位的方法

1.领先定位法

此法适用于具有唯一性、独一无二或无法替代的旅游产品和旅游资源。比如"桂林山水甲天下,阳朔堪称甲桂林""五岳归来不看山,黄山归来不看岳"。

2.比附定位法

比较同类旅游目的地产品中最负盛名的品牌形象,是一种"借光"定位的方法。比如银川——"塞上江南",四姑娘山——"东方阿尔卑斯山",苏州——"东方威尼斯"。

3.逆向定位法

采用反向思维方式,利用对立面、相反面来刺激旅游者的好奇心,以达到吸引其产生旅游购买的目的。比如"暑天山上看冰堆,冬天峡谷观桃花"。

4.空隙定位法

针对特色优势不明显的地区,寻找旅游需求的空隙,试图开创全新的形象阶梯。常见的是寻求旅游中的利基市场开发全新的产品和项目,比如国内第一个微缩主题景观"锦绣中华"的建立。

5.重新定位法

确立新的旅游发展战略,适用于处于旅游地生命周期的巩固或衰退阶段的目的地,需要用新形象代替旧形象。比如,"桂林山水甲天下"让人产生桂林只有观光的想法,是否有必要改变形象?怎样改变?是否改为"新桂林,更大更神奇"?

三、旅游目的地形象口号设计

旅游目的地的形象口号是指既能反映理念核心的深邃内容,又能被旅游者乐于接受,同时有较高传播效率的表现形式。其主题涉及资源特点(如"井冈山,两件宝,历史红,山林好",内蒙古响沙湾旅游区"这里的沙子会唱歌",北京"东方古都,长城故乡")、文化诉求(如南京"博爱之都",西安"周秦汉唐,为您收藏")、情感诉求(如"饮水思源,寻梦延安""好客山东欢迎您""江南福地,常来常熟")、综合诉求(如"粤游粤精彩""苏州,都挺好""在湖州看见美丽中国")等,其目的在于能使旅游者对该目的地产生一定的好奇和神往。

现实中,旅游目的地形象宣传口号设计还存在如下许多问题:

(1)语言夸张,名实不符,争抢第一,随意比附。

(2)定位雷同,没有特色。表现在功能雷同,产品或资源雷同,特色、氛围相同。比如生态、浪漫、胜地、家园、山水、文化等词汇可随意套用在很多目的地的名称之上。

(3)面面俱到,重心难找,词句堆砌。比如"红瓦绿树,碧海蓝天""红韵古镇,水都绿城"。

(4)庸俗平淡,没有亮点。

(5)语言晦涩,表达不清。

综上,旅游形象口号设计的问题根源在于误解了定位的目的,没有把握好定位载体与内容,并且没有科学地细分目标市场。解决方案在于充分的前期调查和有针对性的规划设计,并且设计主题形象宣传口号要注意简练、易懂,不能晦涩、深奥、拗口。

在上述工作完成之后,需要对旅游目的地的形象进行传播媒介,即视觉识别系统的设计,包括标识、宣传口号、标准字体、标准色、标准图片、吉祥物乃至宣传视频或主题曲等。

综合来看,旅游目的地的形象是动态变化的。尽管形象设计中的显性部分受到很多关注,也有一些学者对旅游标识和口号的作用提出了质疑。比如戈福斯(2013)提出目的地标识和口号的作用被夸大了,其实际应用过程中存在诸多问题:标识和口号对地方品牌建设的贡献较为有限;标识和口号可能转移人们的注意力和精力,使得真正重要的地方品牌被忽视;与实际的地方形象和品牌管理相比,花在设计标识和口号上的时间和金钱似乎是一种浪费。因此,我们应当客观看待目的地标识和口号的作用,建议将创造标识和口号作为引导公众认识旅游目的地形象、参与目的地品牌建设的过程而不是结果。

第四节　旅游目的地品牌建设

当今我国旅游业正进入品牌竞争时代,可供消费者选择的旅游目的地的数量大大增加,各个旅游目的地为吸引旅游者而展开了激烈的竞争。因此,旅游目的地的品牌

建设问题已成为关注的焦点。

从国外的“百分之百纯净新西兰”“不可思议的印度”，到国内的“好客山东”“大美青海”，旅游目的地品牌建设越来越成为国内外旅游业竞争的焦点。独特而鲜明的品牌能使旅游目的地在众多竞争者中脱颖而出，从而获得地方旅游发展的竞争优势和新发展机会。

一、旅游目的地品牌的内涵及作用

（一）旅游目的地品牌的内涵

旅游目的地品牌是指某个旅游目的地用来识别其产品或服务的名称、术语、标记、符号、图案或它们的联合使用，包括品牌名称、品牌标志和商标，以便旅游消费者能识别产品，将之与其竞争对手区分开来。比如中国采用天坛作为旅游标识，山东以“好客山东”作为自己的旅游宣传语。这些由文字、图案和符号所构成的名称、术语、标识等都是旅游目的地品牌的直接物质载体，它们赋予旅游目的地品牌的外在形式。没有这些物质载体，旅游目的地品牌就无法表现出来，更不可能达到品牌的整体传播效果。

（二）旅游目的地品牌的作用

优秀的旅游目的地品牌能带给人们独特的视觉效果，在载体方面表现较为突出。除了外在形式，任何旅游目的地品牌都有其内核，这种内核表现为旅游目的地品牌向消费者做出的品牌承诺。品牌承诺的本质在于旅游目的地对自身所提供的旅游产品和服务质量以及旅游者从中得到利益的一贯性承诺，旅游目的地品牌的价值源自对其品牌承诺的兑现。

因此，旅游目的地品牌的作用在于：

（1）对于旅游者，品牌代表着旅游目的地产品和服务的质量和特色，可以帮助旅游者更好地识别某个或某些旅游目的地，方便进行旅游决策，并享有相应的消费权利和追查责任，减少可能的风险和昂贵的信息搜索成本。从体验角度来说，目的地品牌能够引导旅游者的兴趣并提升旅游体验。先入为主的观念与访问前形成的印象会成为旅游者认识目的地的基础，有助于旅游者对目的地形成与品牌内涵一致的、有价值的认识，进而强化品牌体验。

（2）对于旅游目的地，品牌能将某个或某些旅游目的地（及其产品和服务）与竞争者（及其产品和服务）区别开来，打造品牌的个性化，突出品牌的独特性，让旅游目的地具有优先定价权，有利于维护自身的合法权益；促进精确的市场细分，便于进行科学的经营管理，建立稳定的客源群，培养游客的忠诚度，增加利益相关者的收益，激发当地居民的自豪感和归属感，形成持久的竞争优势。

（3）对于整个社会，旅游目的地的品牌建设能够促进旅游产品和服务质量的不断提升，强化旅游企业的创新精神，给所有的利益相关者提供一个共同努力的方向和平台，而商标专用权也可保护旅游目的地和相关企业间的公平竞争。

根据相关研究，一个好的旅游目的地品牌应该具有以下特征：有吸引力、传播旅游目的地的品质与体验、与旅游目的地定位保持一致、展现旅游目的地的个性、有营销活

动支撑、令人难忘、简洁、独特、经受过市场的考验、容易作为域名转移至网络、为利益相关者所接受。

二、旅游目的地的品牌化

(一)旅游目的地品牌化的含义

品牌化(Branding),或称品牌建设,是指企业为其产品规定品牌名称、品牌标志,并向政府有关主管部门注册登记的一切业务活动。其实质即对某一类或一系列产品的认知标准化、宣传标准化的过程。

旅游者倾向于把目的地看作一个整体产品,他们通过情感和认知过程来判断目的地的特征。品牌化在目的地选择决策过程中至关重要,是目的地营销的关键部分。旅游目的地品牌化(Destination Branding)是指:

(1)支持创建有助于识别和区分某旅游目的地的品牌名称、标识、文字标记或其他图形符号;

(2)一致地传达对于和某旅游目的地紧密相连的、值得记忆的旅游体验的期望;

(3)致力于巩固和强化旅游者与目的地之间的情感联系;

(4)降低旅游消费者的搜寻成本和感知风险;

(5)这些活动共同创造出能够积极影响旅游者对目的地选择行为的旅游地形象。

综上,这一定义融合了品牌、品牌资产、品牌对于买卖双方的功能及目的地形象等概念,将目的地品牌化的实质界定为一系列市场营销活动,指出了目的地品牌化与目的地形象之间的内在联系,在很大程度上与目的地品牌化实践相吻合,是目前为止较为全面的一个概念界定。

(二)旅游目的地品牌化的核心思想与基本原则

旅游目的地的品牌化是确立其品牌个性的策略设计,其核心思想就是要紧密围绕旅游目的地现有的资源状况,着眼于该地未来发展目标和趋势、深入挖掘旅游者的内在需求,并通过高度概括和艺术化的语言或图像识别系统来表达,进而树立旅游目的地最具吸引力的独特形象。比如贵阳将“爽爽的贵阳”作为旅游主题口号,利用自身的资源优势,构建“爽爽的贵阳”旅游品牌,并通过密集的市场营销将该品牌传达给游客,以增强其影响力。

旅游目的地品牌化应遵循以下几个基本原则。

1.构思新颖,便于识记

旅游目的地品牌首先要构思新颖、富有创意,只有别致有趣、不落俗套的品牌设计才能在客源市场群体中树立良好的目的地形象,进而激发购买欲望;其次要简洁鲜明、美观大方、色彩和谐明快,便于消费者识别和记忆,留下深刻的印象,并通过与旅游目的地配套的文创产品等可携带的旅游纪念品来强化其品牌价值。

2.体现地方特色

资源禀赋是旅游目的地品牌化的基础,尤其是那些特色鲜明的唯一性资源是进行品牌建设的根本。因此,需要充分调研旅游目的地的属性和特征,归纳独具优势的“地

格”和“文脉”,只有在品牌建设中凸显自身的特质和风格,才能对旅游者产生吸引力。

3.与目标市场相适应

旅游目的地的一切营销活动,包括品牌化在内,都是围绕目标市场运作的。包括旅游品牌的名称、图案、色彩、发音等都要考虑目标市场的风俗习惯、审美偏好、语言等方面的特点。这样设计出来的品牌,才能为消费者市场所接纳,进而达到预期的营销目标。

4.符合法律规范

《中华人民共和国商标法》是进行旅游目的地品牌设计的重要依据,比如规定商标不能使用与国家名称、国旗、国徽、军旗、勋章等相同或类似的文字、图形,不能使用在政治上有不良影响的文字、图案,要尊重民族风俗习惯,内容文明、健康等。

有的主题宣传口号存在随意篡改、乱用成语的语言文字不规范的问题,不符合《中华人民共和国国家通用语言文字法》《广播电视管理条例》等法律法规的基本要求,与传承和弘扬中华优秀传统文化的精神相违背,对社会公众尤其是未成年人会产生误导,必须坚决予以纠正。因此,选择旅游目的地的宣传口号必须要慎重考虑,以免产生麻烦。

三、旅游目的地品牌建设的流程

旅游目的地的品牌营销活动能够在目的地的自身优势与潜在游客的感知之间架起一座桥梁,因此,品牌建设是旅游目的地与游客双向作用的过程。参照美国旅游营销专家莫里森的研究成果,旅游目的地的品牌建设主要遵循以下四个基本流程。

(一)情境分析(Situation Analysis)

情境分析是目的地品牌建设的基础和前提,也是重要的工作之一。在进行具体的品牌化活动之前,首先需要对旅游目的地进行全面的环境扫描,主要涉及旅游目的地的资源调查与评价、所面临的竞争状况分析、客源市场情况(包括现实市场和潜在市场)的调研与预测、当地居民的态度与感知状态等,还需要科学审视旅游目的地的形象定位,以及对过往旅游目的地营销活动及效果进行客观评估等。

(二)旅游行业利益相关者咨询(Tourism Sector Stakeholder and Resident Consultations)

旅游目的地的品牌建设涉及诸多行业内的利益相关者,包括地方政府、旅游企业、社区居民和旅游者。需要给他们自由表达的空间,让他们描述心目中认知的旅游地的特征是什么。广泛征求他们对当前旅游目的地的形象定位、市场状况、产品开发、游客满意度等问题的看法,以及对未来目的地品牌建设的意见和建议。需要注意的是,地方政府、旅游企业和社区居民的意见不能也不应该被视为旅游者意见的替代品。此外,旅游业利益相关者应该被鼓励采用目的地的品牌,并将其用于自己的营销和促销计划中,这样才有利于目的地品牌建设的一致性。

Note

(三)独特卖点识别(Unique Selling Proposition Identification)

在上述流程的基础上，旅游目的地关键的智力投入是识别出最具特色、能与竞争对手明显区分开来的卖点在哪里，也就是去发掘旅游目的地最核心的优势是什么，有哪些旅游资源、旅游产品和服务在整个市场竞争中是不可替代的，是“人无我有、人有我优”的。随着旅游目的地之间的竞争正由过去的重“硬件”建设转向重“软实力”和内容建设，游客的旅游经验日趋丰富，对旅游目的地产品供给质量的要求越来越高，找准独特卖点、进行市场深耕越来越成为国内外旅游业竞争的焦点。

莫里森(2018)将旅游目的地的独特卖点形象地表述为目的地的“DNA”:“根据我自己的经验，一个成功的目的地品牌是基于这个地方的独特性，而不是它与其他目的地的相似之处。这种独特性是目的地的‘DNA’，而不是口号或标志，我所说的‘DNA’是指‘目的地的不可模仿资产’”。

(四)目的地品牌开发(Destination Brand Development)

目的地的品牌开发包括六个连续的步骤，这很像目的地营销计划的微型版本。

1. 品牌战略开发(Branding Strategy Development)

这代表了开发目的地品牌的方法，此步骤需要回答以下问题:

(1)为什么目的地需要一个新的旅游品牌？在开始新品牌开发过程前必须给予一个明确的理由或推理。

(2)目的地品牌化的目标是什么？必须明确阐述一套特定的目的地品牌化目标。缺少特定目标是目的地品牌化失败的常见原因之一。

(3)新的目的地品牌将传达什么样的形象？目的地在新品牌中的定位方式必须被清晰阐释。

2. 品牌识别系统开发(Brand Identity System Development)

这是目的地品牌发展的创意阶段。目的地品牌识别系统开发涉及一组创造性的策略表述，可以包含一个新的标志(Logo)、配色方案和其他视觉形象(Visual Image, VI)的指导方针；朗朗上口的标语、乐谱(主题曲)和其他元素等。目的地品牌识别系统是客源市场对旅游目的地最直观的印象，在一定程度上向消费者群体传递着该目的地的“品牌本体”，是目的地刺激游客前往的拉力因素的焦点。

3. 品牌启动和引入(Brand Launch and Introduction)

一个新的目的地品牌首次向公众展示，即品牌的第一次发布。通常情况下，旅游目的地会举办一个新品牌发布和启动的盛大仪式，成为公共关系营销的重要事件。例如，2017年8月，新加坡旅游局推出“激情成真”(Passion Made Possible)目的地品牌，并于2017年10月向各大国际市场推出此品牌。需要注意的是，旅游目的地的品牌不等于目的地的宣传口号，但是目的地在品牌发布时常常强调其宣传口号，并且社会公众也会聚焦在目的地容易记住的宣传口号上。最重要的是，品牌启动需要传递已完成的研究信息，与消费者进行有效沟通，并解释如何收集和整合利益相关者的意见。事实上，整个品牌故事必须与受众相关。

4.品牌实施(Brand Implementation)

旅游目的地的品牌实施,实质上是使品牌活化的过程。目的地品牌一旦推出和引入,就必须嵌入目的地,并出现在与现实游客和潜在游客的交流和互动中。这意味着必须真正实施品牌策略,而不是只出现在纸质策划案或宣传视频中的模糊概念。因此,与旅游企业员工和目的地居民接触的每项服务、旅游业利益相关者提供体验的方式以及所做的所有营销互动都必须支持和提升目的地品牌。确保在目的地内传递的信息的一致性对于有效的目的地品牌化至关重要。

品牌实施还包括将新的目的地品牌纳入DMO的所有营销活动和推广计划中。目的地品牌必须反映在DMO的所有沟通过程中,并且始终保持一致。

5.品牌监测和维护(Brand Monitoring and Maintenance)

品牌是“易碎品”,在瞬息万变的市场环境中,旅游目的地如果不悉心进行品牌维护,则很容易陷入品牌“失宠”危机。

因此,监测和维护品牌的绩效非常重要。监测意味着跟踪目的地品牌的实施情况,并评估实现目标的进展情况。我们可以使用多种研究技术来完成对目的地品牌的监测,包括微信朋友圈、旅游博客和旅游者对目的地评论的内容分析(定性)、问卷调查(访客数量调查、游后态度调查、访客和非访客随机调查)(定量)和焦点小组访谈(定性)等。要测量的项目包括目的地品牌的知名度和可记忆性、对目的地访问意向的影响以及目的地的形象。

旅游目的地管理组织扮演着品牌卫士的角色,希望新品牌推出后的最初轰动效应能够维持尽可能长的时间。因此,目的地必须监控旅游业利益相关者如何在其营销和运营中应用目的地的品牌,并就如何提高使用率提出相应的建议。这是品牌维护任务的一部分。

在一些优秀旅游目的地品牌的生命周期中,还有其他的品牌维护任务。通常情况下不涉及重大修改,而只是微调品牌标识的某些方面,以跟上当代规划设计的流行趋势以及市场需求和游客期望的变化。事实上,许多成功的目的地品牌都保持一种持续演进的状态,根据市场需求的变化做出与之相适应的及时调整。例如,尽管西班牙的旅游品牌标识自1982年以来一直保持不变,但其附带的词语却发生了变化。

6.品牌评估(Brand Evaluation)

旅游目的地品牌绩效的测量评估是品牌化过程中的最后一环,可以监测品牌变化,发现品牌化过程中存在的问题。对目的地品牌有效性的真正考验是它是否实现了预期目标。在这方面,还需要进行扎实的研究,以最终确定目的地品牌的实施是否对目标市场产生了预期的影响。为优秀的目的地品牌赢得一定的荣誉奖励是很好的,有助于提高市场知名度。一些旅游目的地举办宣传口号征集活动,本身就是一个利用公众媒体进行公共关系营销的过程。比如在2020年河南宣传口号和精品线路获奖作品发布暨“老家河南 冬游中原”启动仪式上,旅游口号“老家河南 豫见美好”获得一等奖,成为目的地旅游营销的“画龙点睛之笔”。

在任何目的地品牌的评估中,都应该解决以下几个普遍问题:

(1)该品牌是否提高了目标市场中目的地的知名度?

(2)该品牌是否增加了目标市场访问目的地的意向?

(3)该品牌是否改善了目的地在目标市场人群中的形象?

(4)该品牌是否为目的地创造了独特的有竞争力的身份?

(5)该品牌是否为影响目的地的游客量和消费支出的重要因素?

(6)该品牌在目标市场中是否具有较高的可记忆性和可识别度?

除了上述提及的问题,品牌绩效的评估还有一些可供参考的评价指标,比如市场份额的变化和网络点击率、营销费用的回报、旅游广告的认知度以及旅游业的经济影响等。旅游目的地品牌的评估结果至关重要,最有效的方式是对品牌绩效进行跟踪记录,监测目的地品牌在客源市场尤其是目标市场中地位的变化。

"丁真效应"

2020年11月,四川甘孜理塘20岁藏族小伙丁真因为一脸纯真朴素的笑容意外走红网络,成为新晋"顶流",而丁真的爆红也给理塘这座高海拔的县城带来了实实在在的客流。11月29日,携程发布数据显示,"理塘"热度从11月20日起大涨,到11月的最后一周,"理塘"搜索量猛增620%,比国庆节期间翻了4倍,截至11月25日,四川甘孜地区酒店预订量较去年同期增长89%,机票的订单量增长近2成。此外,丁真的爆红入选了2020年十大旅游事件,成为现象级存在。

丁真的家乡理塘,草原广袤,风景如画。理塘的藏语意为"如铜镜般平坦的草坝",是川藏线上的重要城镇。但高山峡谷、高寒缺氧、交通不便曾严重制约着当地经济社会的发展。理塘作为旅游目的地的走红过程中,丁真的作用至关重要,在丁真出名之前,理塘的扶贫工作者就早已经开始接触互联网运作模式,当地的第一书记甚至通过网络,与微博"大V"发私信沟通,希望得到人们的关注。理塘还围绕格聂神山、毛垭草原、长青春科尔寺、赛马会等旅游项目,邀请省内外多家旅游杂志及媒体进行旅游宣传,通过邀请知名旅游博主撰写宣传日记等手段扩大当地旅游文化的知名度,扩大当地知名度。但是众多的宣传措施并没有取得很好的成效,从数据来看,理塘关注度不高,网络曝光也并不明显,宣传效果不佳,可以说,理塘并不为人所知。直至2020年11月,丁真的爆红为理塘带来了大量的曝光。

丁真究竟是怎么"火"起来的?人民众云平台监测显示,自11月12日至11月30日,"丁真"一词屡次引发多次舆情波峰。11月12日,丁真因一段野性与纯真并存的短视频意外走红,形成了第一波舆情高峰。此后,他"成为国企员工""为家乡代言"等消息屡次引发网友的热议。11月25日,他的家乡理塘上线旅游宣传片《丁真的世界》后,舆情热度不断攀升,而此后各地媒体与文旅部门针对丁真的"抢人大战"更使得舆情热度达到顶峰。而随着丁真的走红,他的家乡四川理塘也进入大众的视野。理塘也适时地围绕丁真进行了一系列的营销。无论是"成为国企员工",还是纪录片《丁真的世界》等,无一不紧抓微博及短视频平台等新媒体热点,为丁真和他的家乡理塘收获了巨大流量。

理塘营销中采用了“媒体营销＋政府政务＋旅游扶贫”的全新尝试。新媒体因为具有交互性与即时性、海量性与共享性、多媒体与超文本、模拟性与互动性、网络化与虚拟性、个性化与社群化等特征，从以年轻人为主流人群发展到青少年和中老年人群，新媒体越来越受到人们的关注，成为人们议论的焦点。可见，新媒体对于社会生活的影响力以及生活方式的改变程度在裂变式发展。丁真现象就是一个典型的新媒体营销案例。

丁真走红是一次短视频平台打头阵，中央电视台等主流媒体与地方政务平台联合下场推广的尝试，迅速推动丁真成为“国民顶流”。丁真爆火以后，以“四川观察”为代表的本地主流媒体迅速反应，多次对丁真进行采访，积极引导丁真对舆情热点进行回应，在主流媒体的引导下，丁真纯真质朴的形象得到了最大限度的保持，为他成为理塘旅游形象大使进行了合理铺垫。四川甘孜政府也趁热打铁，几天内迅速推出丁真视角的甘孜宣传片，将甘孜美景瞬间推送到全国人民眼前。在这过程中，四川本地政务官博、官方媒体联动出击，“营销＋旅游福利”双管齐下，当地政府在制作宣传片的同时，制定并推出相关旅游优惠政策，以美景吸引眼球，以福利带动行动。甘孜政府借此向广大民众发出冬游邀请，顺势宣布旅游优惠政策，从2020年11月15日至2021年2月1日，甘孜所有景区（含67个A级景区）对广大游客实行门票全免。甘孜政府这一套的“组合拳”也获得极好的传播效果，为实质性拉动当地旅游提供了基础。通过正确的价值观引流，并与扶贫结合到一起，这些组合措施取得了非常明显的效果，收获无数流量。在理塘爆火近半个月后的11月29日，携程发布数据显示：除四川本省旅客外，广东、山东、云南、江苏、北京、重庆、湖南、河南等地的旅客也对理塘表现出了浓厚兴趣，理塘或成“黑马”旅游目的地。

“丁真现象”与旅游扶贫是在丁真本人意愿和政府的推动下形成的，同时，主流媒体的曝光和引导，也使得“理塘丁真”的“四川旅游”和“扶贫”标签更加深入人心，从而使“理塘丁真”在受众中产生解释项的意义衍生。丁真与“四川旅游”以及“扶贫”紧紧联系在一起，从而进一步吸引众多关注，而这一符号意义不仅获得巨大流量，还引发网友纷纷点赞。南方日报微信公众号发文《全国都在邀请的丁真，到底哪里吸引大家?》，央视新闻微信公众号发文《丁真的家乡好美啊》，人民日报微信公众号发文《全国都在抢丁真！刷屏背后的真相，很燃》，众多媒体借此事件深挖并展现四川甘孜看似随意却饱含“真功夫”。引导群众关注当地政府，在几天之内推出旅游宣传片、优惠政策欢迎全国游客观光，这些举动绝非“无准备之仗”，而是使政府扶贫工作从幕后走向台前。

个人短时间的走红在当今的互联网上已屡见不鲜，但在后续政务官博、官方媒体的护航下，丁真成了“真”流量。这与主流媒体在宣传上维护其真实性，着重打造其努力向上的形象相关。正如丁真所在国企负责人回应：不接受过度消费，丁真应该得到保护和培养。而对于丁真走红后代言自己家乡的行为，大多数的网友为其点赞，并表示愿意去旅游。

（资料来源：根据相关资料整理。）

Note

本章小结

本章首先介绍了旅游目的地营销的概念、目的地营销组织及其职能，并从营销管理框架入手，系统阐述了旅游目的地市场细分的STP战略、旅游目的地形象定位与塑造的流程，以及形象口号设计的主题内容、存在问题及优化对策，旅游目的地的品牌化及品牌建设的流程。

典型案例

红船精神领航，基础建设护航，优化产品助远航

嘉兴南湖位于浙江省东北部，是中国共产党的诞生地，红船启航的地方。近年来，南湖旅游区根据市委、市政府关于打造“全国红色旅游标杆城市”工作部署，以在南湖边红船旁干事创业的高度使命感、责任感和自豪感，弘扬“红船精神”，深刻认识嘉兴作为红船精神“起航、凝聚、升华”地的特殊地位，不断提高当好红船“护旗手”的政治站位，充分挖掘红色资源并推进红船精神研究，努力把南湖建设成新时代大力弘扬“红船精神”的生动课堂，使红色旅游成为加强党史党性教育、革命传统教育、爱国主义教育以及培育和践行社会主义核心价值观的重要载体，使嘉兴成为共产党人“不忘初心、牢记使命”主题教育的首选之地。目前，南湖景区已获得全国红色旅游经典景区、浙江省红色旅游教育基地、“浙里红”红色旅游教育基地等称号。

“嘉兴红船”特殊的历史地位及象征意义，孕育了独特的“红船精神”。这是历史留给嘉兴的宝贵财富之一，也是嘉兴发展红色旅游的精神内核。在“红船精神”的指引下，嘉兴不断出台发展规划文件，组建相关组织机构，为红色旅游的发展校准航道，描摹航线。在建党百年的契机之下，以“中心城市品质提升”为抓手，全面启动并推进重大文旅项目建设，加大对红色产品的研发。先后推出“重走一大路”“不忘初心之旅”“南湖水上党课”“红船精神”主题游线(“首创之旅”“奋斗之旅”“奉献之旅”)、“主题党日”活动、“南湖红色研学”“十八岁成人礼”红色研学等经典红色旅游产品和线路，并以精细化管理为抓手，做好业态规划，不断提升资产管理水平。同时，整合子城城市客厅、“月芦文杉”项目，打造嘉兴红色、休闲文化新地标，进一步提升南湖红色旅游品牌影响力。同时，南湖旅游区成立了“烟雨楼前”“南湖初心邮局”，填补了文创空白，助推了文旅融合，并先后开发了“红船精神系列”“一大故事系列”“烟雨楼前系列”“廉政家书”等文创产品，获得了良好的市场反馈和各界的认可。

(资料来源：整理自 https://www.ndrc.gov.cn/xwdt/ztzl/qgxclydxalhjpxl1/hsly-fzdxal/202106/t20210608_1282770.html?code=&state=123。)

阅读以上材料，讨论下列问题：

1. 你认为嘉兴的红色旅游品牌主要优势体现在哪些方面？
2. 试采用PIB模式对嘉兴旅游目的地的形象定位与品牌建设进行分析。

课后活动

完成本章学习后，请同学们以小组为单位，通过实地考察、访谈、二手资料收集等方式了解旅游目的地营销的发展趋势，依据课程内容讨论新媒体营销在传统旅游目的地宣传中的应用前景及具体操作。

第七章
访客管理

学习目标

1. 熟悉访客管理的起源、定义、目标及原则。
2. 了解访客行为的动机与理论基础，认识访客管理的必要性。
3. 了解访客管理的主要工具，掌握访客管理的主要内容。

素养目标

党的二十大报告指出，高质量发展是全面建设社会主义现代化国家的首要任务。发展的可持续是其中的重要议题。如今，部分地区发展旅游只重一时之功，忽视长远利益。访客管理是旅游目的地管理的核心要素，只有有效的访客管理才能巩固旅游目的地发展成果、促使经济效益与社会效益有效衔接、实现高质量发展的新目标。通过学习访客管理的基本理论、主要工具、重要内容，寻求、培育具有中国特色的访客管理模式。中国化的访客管理，当厚植民族精神，令访客将中华美德风尚内化于心，外化于行。将把握时代精神，推动新技术、新理念同访客管理有机结合，为旅游目的地可持续发展赋能助力。

学习重难点

1. 访客动机相关理论的理解与记忆。
2. 访客管理主要工具的理解与区分。
3. 访客管理主要内容的明确与运用。

要访客还是要保护？疫情后的威尼斯该何去何从？

据官方统计，每年约有3000万人前往威尼斯旅行，其中至少有五分之一会在威尼斯市中心逗留一晚，访客过多给当地居民造成了很大的困扰。由于威尼斯城市的清洁和安保成本由威尼斯人自己承担，面对高昂的生活成本，很多当地人被迫移居，威尼斯的本地人口从第二次世界大战后的17.5万人降至约5万人。拥挤的访客将本地居民“驱逐”出威尼斯，邮轮访客的增加也对威尼斯的精致建筑造成了一定程度的破坏，威尼斯已经成为过度旅游的受害者。

2019年夏天，当地政府担心大众访客会对威尼斯的生态环境带来影响，决定禁止游船通过圣马克广场进入历史港口，这使得当地人与大众访客之间的冲突达到白热化。而这次计划最终因为当时的政府于2019年8月下台而搁浅，但是威尼斯仍然面临一个艰难的选择：如果不对大量涌入的访客进行管理，那么整个城市就会面临巨大的风险。

随着疫情的暴发，威尼斯成为易感染的热点区域，威尼斯每年一度的嘉年华史上第一次取消。Venessia.com网站的社区组织主席马特奥·塞基说：“嘉年华的取消震惊了所有人，这就好像是戳破了穿新衣的国王的谎言。”自2020年3月10日以来，这里没有访客，自然也没有喧嚣，取而代之的是久违的宁静与祥和。

非营利性组织Save Venice Inc.的威尼斯办事处主任梅利莎·康恩说：“疫情是一个转折点，我们正在积极地利用这段时间开展30～40个紧急项目来维护威尼斯2019年因遭受前所未有的洪灾带来的损害。接下来威尼斯迎来的将是慢式旅游，而不是大众旅游。我们有信心可以重建威尼斯，并致力于帮助这座城市经受住自然环境和旅游业的考验。”

这可能是几个世纪以来威尼斯人手中头一次掌握着威尼斯的未来，所有人都在思考一个问题：如何为这座脆弱的城市打造一种新型的可持续发展的旅游方式？

（资料来源：整理自https://baijiahao.baidu.com/s?id=1667570966798423463&wfr=spider&for=pc。）

第一节 访客管理基本概述

访客是旅游活动的主导者，访客的需要及其满足构成了旅游世界内部各要素间相互关系的基础，也是引发和解除各种旅游矛盾的主导方面。因此，访客管理是旅游管理的重要内容，也是实现旅游可持续发展的必然要求。

一、访客管理的起源

“访客管理”一词最早出现于何时已难以考证，不过，学界一般认为有意识的访客管理活动起源于西方国家的公园管理。20世纪60年代，西方国家步入大众旅游阶段，原本只对特权阶层开放的公园开始服务于普通民众，因而访客量迅速增长。大量访客的涌入，给公园的生态环境带来了极大的压力，对访客数量和行为进行管控势在必行。另外，随着旅游业竞争的日益加剧，访客体验质量逐渐受到重视。在此背景下，访客管理这一概念逐渐进入学界视野，并经半个多世纪的发展，其相关理念在全世界范围内得到了广泛的传播和实践。通过不断探索与总结，学界对访客管理的认识经历了一个

从简单、粗放到逐步科学、规范的过程。

二、访客管理的定义

就像“管理”本身一样,访客管理可以从不同角度进行阐释。目前,学界虽尚未对访客管理的定义达成完全共识,但已充分认识到科学的访客管理对于访客满意及旅游目的地可持续发展的重要性。何方永(2005)认为,访客管理首先是访客行为管理,目的是通过规范与引导访客行为来减少对旅游目的地环境资源的破坏;其次是访客体验管理,是为了提高访客满意度;最后,访客管理是协调景区环境与访客需求的有效工具。曹霞、吴承照(2006)认为,访客管理是指旅游管理部门或机构通过运用科技、教育、经济、行政、法律等各种手段组织和管理访客的行为过程。郭红艳(2008)认为,访客管理指景区经营管理者以访客为管理对象,对访客在景区内活动全过程的组织、管理,以保证景区内的旅游活动能长期稳定发展。

综上,访客管理是旅游目的地为实现访客满意和旅游目的地可持续发展,对访客在目的地出游过程中的体验、需求、行为、安全等进行全方位、全过程管理的手段。

三、访客管理的目标

旅游目的地管理强调管理效果和实现效果的过程、手段和方法,而这与管理的主题和目标直接相关。访客管理是处理目的地资源和访客之间的关系,有效实现目的地可持续旅游利用目标的手段。目的地访客管理的实践证明,在访客管理发展的不同阶段,目的地所面临的管理理论、保护理念、外部环境和内部条件各异,因此适合使用不同的管理目标和管理主题。现阶段,在我国宏观政策环境和社会经济背景下,访客管理的核心目标是,在不破坏旅游目的地资源环境质量的前提下,最大限度地满足访客需求和提供高质量的访客体验,同时实现旅游目的地经济、社会和环境三大系统的可持续发展。

近年来,过度旅游成为全球知名旅游目的地面临的重要威胁。过度旅游(Over Tourism)一般被定义为游客暴增导致的城市拥挤,季节性旅游高峰给当地居民带来的困扰,以及这一切对居民生活方式、基础设施和环境造成的伤害。2015年至2019年末,全球热门旅游目的地爆发了各种抗议活动,在巴塞罗那,市民对游客暴增的现象非常担忧,2017年巴塞罗那的过夜游客数量超过3000万人,而当地常住人口还不到163万。尽管游客过多从方方面面给城市造成了影响,但旅游带来的经济利益又使得目的地难以完全抵制旅游业的发展。对于过度旅游,世界旅游组织提出了几大对策,包含对访客的分流、新景点和行程的开发、旅游政策的制定,以确保当地居民的利益,提升访客体验,改善基础设施,采取监管和应对措施,鼓励利益相关者参与到针对过度旅游的讨论和问题解决当中。全球旅游供应链应该挑起大梁,必须权衡旅游产品开发、最佳旅游体验和当地居民利益三者之间的关系。因此,专业合理的访客管理是十分有必要的,访客管理举措能有效均衡资源的利用、居民的利益和访客的体验。

采用访客管理的措施能有效实现旅游目的地管理的目标,表7-1将访客管理的具体目标和措施进行了匹配。

表 7-1 访客管理的具体目标和措施

具体目标	访客管理措施
资源保护与节约	控制和调解访客数量； 确定超负荷地区
访客流量监测	监测拥挤和排队情况； 避免过度拥挤； 访客分流
访客安全	掌握访客动态； 观察活动参与度； 检测危险情况
访客教育与信息	提供关于规章制度的相关信息； 提供讲解服务
访客体验与满意度	保证访客满意度； 管理访客数量，以确保访客良好体验感
访客行为	观察个人和群体的行为； 引导和提醒访客行为举止； 避免不恰当行为
收益管理	跟踪访客消费（收入）； 确定投资回报率
其他目标	通过智能手机进行偏好推荐； 确定用户画像； 通过在线用户生成内容收集访客评论

四、访客管理的原则

访客管理作为目的地管理的一项重要任务，必须按照管理活动的特点，遵循管理活动的原则进行，才能使其发挥应有的作用。具体而言，访客管理的主要原则包括以下几点。

（一）系统性原则

访客管理的内部与外部都需要遵循系统性原则。一方面，访客管理必须与旅游目的地其他管理工作协调发展，相辅相成。另一方面，访客管理由诸多子系统组成，各子系统既要发挥各自的作用，又要互相配合，以形成一套完整的访客管理方案。

（二）以人为本原则

访客是体验的主体。在目的地管理的各个环节和模块，无论是工作人员的服务抑或是对访客诉求的处理，始终要以访客为本，将提升和保障访客体验作为管理的核心来考量。只有对访客体验给予充分关注，才能使相关旅游产品和服务符合访客预期，

从而使访客获得最满意的经历。

(三)可操作性原则

访客管理是一种管理活动,并不是一个简单的意识或者概念,需要落实到日常的工作当中,必须具有现实可操作性。具体来说,访客管理要落实到目的地管理的细则、日常工作计划、管理措施、管理效果中。

(四)公众参与原则

任何组织和过程都不是独立存在的,公众参与是访客管理成功的基础和保障。访客管理的规划和实施需要多方参与,协调配合。目的地所建立的访客管理系统只有与公众需求相适应,才能保障管理的顺利实施。

第二节　访客动机与行为

访客动机是影响访客行为的重要因素,对访客动机的充分理论认识,是了解访客到访过程中行为的基础。同时,对访客行为及其可能产生的影响进行管控,对于提升和保障访客体验、减小或避免旅游活动的负面影响至关重要。

一、访客动机

(一)定义

动机被认为是引起人类行动的原因,驱使人们做出特定行动以满足某些需求。访客动机则是旅游行为产生的内在主观因素,是指由旅游需求所催发、受社会观念和规范准则所影响、直接决定具体旅游行为的内在动力源泉。不同的动机会促使访客表现出不同的需求特征和旅游活动选择。

(二)理论概述

1.马斯洛需求层次理论

马斯洛需求层次理论是行为科学的理论之一,由美国心理学家亚伯拉罕·马斯洛于1943年提出。该理论把需求分成生理需求、安全需求、社交需求(即爱和归属感)、尊重需求和自我实现需求五类(见图7-1),依次由较低层次到较高层次发展。访客需求可归纳为物质性价值需求与精神性价值需求。其中,前者包括生理需求、安全需求,后者包括社交需求、尊重需求以及自我实现需求。旅游作为实现世界中人们的一种逃离,主要表现为一种非功利性的精神层面的需要。

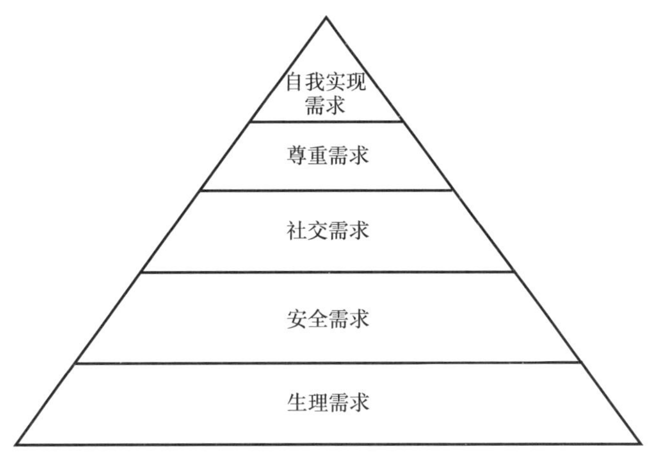

图7-1 马斯洛需求层次理论图

2.推拉理论

推拉理论是研究流动人口和移民的重要理论之一。该理论认为:在市场经济和人口自由流动的情况下,人口流动和移民搬迁的原因是人们可以通过迁移改善生活条件。于是,流入地中的那些使移民生活条件改善的因素就成为拉力,而流出地中的那些不利的社会经济条件就成为推力。1977年,Dann将推拉理论应用到旅游研究领域,指出推的因素是指由于内心不平衡或紧张引起的需求,它是影响人们外出旅游的一种特殊力量,如逃离日常环境、进行社会交往等。拉的因素与目的地自身属性及特征吸引物相联系,即影响人们选择哪个特定目的地,如独特的自然景观、历史悠久的名胜古迹等。目前,大多数研究者都认为访客的动机分为推力因素和拉力因素,认为推力是访客满足内心需要的内部动力,拉力是访客对旅游目的地的认识和喜好。

3.逃离和寻求模型

Iso-Ahola认为,无论是日常的休闲动机还是专门的旅游动机,都应该包含逃离和寻求两个维度。人们寻求休闲或旅游活动的目的不仅是抛开日常生活中的个人的或者人与人之间的问题,还在于获取个人的或者人与人之间的回报。个人回报主要包括自我决策、自我效能或控制感、挑战、学习、探索和放松;人际回报主要来源于社会交往活动。在大多数情况下,旅游活动应该更多地反映大部分人的逃离倾向而不是寻求倾向。一方面,如果生活中缺少刺激,人们就会想要在度假期间寻求更大的刺激和新奇感;另一方面,如果生活中所受的刺激比自身想要的更多,人们就会偏好更加闲适的度假环境。

二、访客行为

访客行为是指访客在认识、购买、消费和评估旅游产品全过程中所反映出来的心理过程与特征及行为表现,简言之,即访客进行旅游活动全过程的心理和行为。

(一)访客购买行为

访客购买行为过程是指访客购买旅游产品的活动以及与这种活动有关的决定过

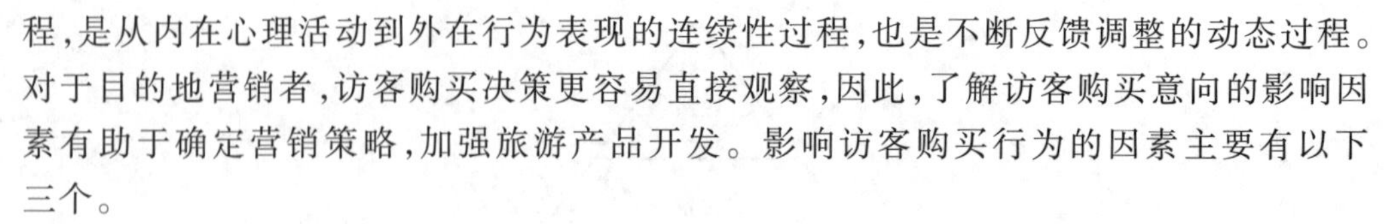

程,是从内在心理活动到外在行为表现的连续性过程,也是不断反馈调整的动态过程。对于目的地营销者,访客购买决策更容易直接观察,因此,了解访客购买意向的影响因素有助于确定营销策略,加强旅游产品开发。影响访客购买行为的因素主要有以下三个。

1. 文化因素

文化是人类知识、信仰、艺术、道德、法律、美学、习俗、语言文字以及人作为社会成员所获得的其他能力和习惯的总称,文化是引发人类愿望和行为的根本原因。由于消费观念与消费偏好的不同,不同文化底蕴的群体所形成的心理成本也不同。内向型访客投入大,外向型访客投入小。

2. 社会因素

访客的购买行为同样也受到诸如小群体、家庭以及社会角色与地位等一系列社会因素的影响。每个人在群体中的位置取决于他的角色和地位。直接影响的群体称为会员群体,包括家庭、朋友、邻居、同事等主要人群和宗教组织、专业组织和行业组织等次级群体。其中,家庭成员对访客的购买行为影响很大。

3. 个人因素

访客的决策也受个人因素的影响,尤其是受年龄与生命周期阶段、职业、经济状况、生活方式、个性及自我观念的影响。受个人因素的影响,每个人购买产品的因素完全不同,有人注重价格,有人更在意外形包装。

(二)访客游览行为

访客游览行为是旅游活动过程中的重要环节,在这一阶段,访客在目的地与各利益主体接触并形成各种关系,也会与目的地旅游资源发生直接接触。大量的访客游览行为会直接给目的地、社区居民和政府等相关主体产生一系列的影响,既有积极影响,又有消极影响。明确目的地访客游览行为影响的决定因素,有助于最大限度地弱化访客游览行为对自然环境、旅游资源等产生的不良影响。因此,影响访客游览行为的决定因素主要有以下三个。

1. 活动类型

同一个访客如果选择的活动类型不同,那么他对环境的影响也存在差异。实践表明,近距离的观光活动要比远距离观光活动对环境产生的影响大,而观光活动总体上对环境的影响要小于健身、娱乐、休闲类活动。

2. 游览方式

访客们会选择不同的交通方式进行游览,主要的游览交通方式有步行、骑自行车、乘观光车等。不同的交通方式会给访客带来不同的游览体验与感知。同样的观光活动,驾车或乘坐索道等方式对环境的影响要大于徒步观光。

3. 游览总量

在其他条件相同的前提下,游览总量与访客对环境的影响成正比,游览总量越大对环境的影响也越大。由于生态系统本身有自我调节能力,当游览总量在生态系统自我调节能力的范围之内时,访客对环境的影响是可以接受的。

(三)访客环境责任行为

访客环境责任行为也可称为环境友好行为或环境亲善行为,是指访客在旅游过程中主动减少负面环境影响或保护旅游生态环境而产生的一系列行为的总和。明确访客环境责任行为的影响因素,可以为政府、社会以及相关旅游目的地引导和规范旅游者的环境责任行为提供参考和借鉴,进而推动旅游目的地可持续发展。影响访客环境责任行为的因素主要有以下四个。

1.环境态度

环境态度指社会公众对同一环境问题或行为所持有的普遍性态度。不同的环境态度对于访客环境责任行为具有显著的差异性,主要体现为积极的环境态度会对访客环境责任行为产生显著的促进作用,而消极的环境态度则会降低访客环境责任行为发生的概率。

2.环境知识

环境知识是个体对生态环境认知度的体现。一般来说,访客拥有的环境知识越丰富,对旅游目的地生态环境的认知就越深刻;其环境态度越友好,实施访客环境责任行为的自觉性就越高。

3.环境质量

旅游目的地生态环境状况在特定场所下对访客来说是一种外部性环境刺激因素,访客对环境质量水平高低的认知会对环境责任行为产生一定影响。一般而言,在低水平环境条件下,访客会放弃个人渺小的环保努力而选择顺应失衡的环境从而产生不友好的环境行为,而访客对高水平环境质量的认知会促使其对原有不当环境行为进行审视进而产生约束作用。

4.环境政策

结构性的力量往往会对个体环境行为产生潜移默化的作用,环境政策作为权威部门认可并颁布实施的、具有强烈的引导和强制性的特征,是管理和协调人地关系的典型制度性手段,目的地环境政策作为当地部门环境管理工作的重要构成,将对访客环境行为起到一定约束和规范作用。

第三节 访客管理主要工具

作为一种管理理念,访客管理已为众多国家广泛应用。从20世纪60年代起,通过理论研究和实践探索,西方国家先后形成了一系列访客管理理论:游憩承载力(Recreation Carrying Capacity, RCC)、游憩机会谱(Recreational Opportunities Spectrum, ROS)、可接受的改变极限(Limits of Acceptable Change, LAC)、访客体验与资源保护(Visitor Experience and Resource Protection, VERP)、访客影响管理(Visitor Impact Management, VIM)、访客活动管理程序(Visitor Activity Management Process,

VAMP)、保护区访客影响管理(Protected Area Visitor Impact Management,PAVIM)、最优化旅游管理模型(Tourism Optimization Management Model, TOMM)等(见表7-2),其中部分理论至今仍指导着世界上众多同类型的旅游目的地的访客管理。

表7-2 访客管理主要工具

工具	提出者	主要观点	特点
RCC	Wagar(1964) Stankey(1971) Lim和Manning(1971)	应用RCC评价游憩环境、设施等客体能否满足未来的游憩需要,并评估这些需要是否会对社会和环境的可持续发展带来不利影响	提出承载力极限概念,将RCC划分为四类
ROS	美国林业局(1984)	隐含"管理人员可以通过提供多样化的游憩机会来保障高品质的游憩体验"的基本假设。在满足可持续发展要求的前提下,根据目的地不同环境资源特征为访客提供不同的游憩机会	建立在典型的理性思维上,是解决资源保护与访客体验之间关系的一种关键技术
LAC	Frissell(1963) Stankcy(1972) 美国林业局(1985)	旅游活动的开展必然导致目的地资源环境质量下降。理论期望将决策建立在完全信息和完美决策基础上,要求对"事实"有精确的描述,对各种"价值"有清晰的界定和判断,并通过一定的逻辑步骤实现目标的最大化	是旅游环境容量管理理论的创新和发展,采用间接管理的方法,用以研究如何平衡访客使用和环境保护两者的关系
VERP	美国国家公园管理局(2001)	在公众参与的基础上,对景区的目的、重要性和主题进行陈述和说明,对资源的价值、敏感性以及访客的体验机会和程度进行调查和分析	更加注重访客体验和资源保护的关系,实现访客管理在直接管理和间接管理两种方式上的协调
VIM	美国国家公园保护协会与院校研究人员(1990)	在实施过程中确定一系列以管理目标为基础的标准,说明适当的访客影响水平和可接受的访客影响极限。对访客可能产生的影响进行分析,确定原因,制定管理策略	依赖于专业的评价和科学的信息,整体上顺延直接管理思维,但也强调访客和管理人员的自我协调
VAMP	加拿大国家公园管理局(1988)	制定一定的管理目标,考虑利益相关者的作用,通过对不同的教育性和娱乐性活动进行分类,针对访客游览过程的不同特点提供相应的设施和服务	最强调间接管理方式,全面考虑访客活动机会的问题,具有渐进决策模式的特征

续表

工具	提出者	主要观点	特点
PAVIM	Farrell 和 Marion (2002)	提供专业的影响识别与评估过程,帮助保护区管理者在资源保护和访客访问间做出合理权衡	更好地将当地资源需求、管理能力和约束集成到决策中,能够快速对访客施加影响、管理访客问题的特征
TOMM	澳大利亚联邦工业、科学和旅游部以及南澳大利亚州旅游委员会(2000)	通过指标和标准的对比来考察目的地承载力的大小,以实现目的地资源的可持续发展和旅游业的健康发展为目标	将地区政治、文化特征加入决策过程,将访客体验纳入利益相关方予以考虑

一、游憩承载力

(一)概念

游憩承载力(RCC)是一种使资源环境与游憩体验和谐共存的管理机制,包括生态承载力、空间承载力、设施承载力和社会承载力,可以帮助游憩区管理者制定游憩规划和开展场地管理。游憩承载力研究的目的是评价游憩环境、设施等客体能否满足未来的游憩需要,并且评估这些需要是否会对社会和环境的可持续发展带来不利影响。

(二)操作步骤

(1)以区域可持续发展理论为基础。

(2)参考目的地承载体,具体包括自然基础、承载对象、人类生产生活活动三方面指标。

(3)衡量目的地生态承载力、空间承载力、设施承载力与社会承载力。

(4)设定承载力极限。

(5)采取管理与监督行动。

二、游憩机会谱

(一)概念

游憩机会谱(ROS)是解决资源保护与访客体验之间关系的一种关键技术,面对不同的情境、基础设施、可达性、社会属性和管理需求时会产生变化,可作为可持续旅游观念的重要概念之一。游憩机会谱是针对不断增长的游憩需求和使用稀缺资源引起的冲突的情况而提出的,是一个编制资源清单、规划和管理游憩经历及环境的框架。

(二)操作步骤

(1)列出物质方面、社会方面和管理方面影响访客体验的因素。

(2)分析辨别环境中不协调之处、定义各种游憩机会等级。
(3)将各种游憩机会与管理行为相结合,发现冲突并找出解决冲突的对策。
(4)制定管理日程。
(5)设计游憩项目方案。
(6)执行方案。
(7)实施监控与管理。

三、可接受的改变极限

(一)概念

可接受的改变极限(LAC)直面旅游业对资源和环境的负面影响,认为旅游活动对环境的影响是不可避免的,也是必须接受的和可容忍的。它认为管理决策的目的应当是将负面影响控制在一定范围内并且不能达到或超过预设的极限,放弃了对难以把握的访客数量的探讨,为旅游目的地可能的游憩机会种类分别制定一系列有关环境质量和访客体验水平的指标及管理目标,最后选择适宜的游憩类型方案并制定相应的管理政策、方法。

(二)操作步骤

(1)识别区域内特别的价值问题和其他利害关系。
(2)识别与描述游憩机会类别及其分类。
(3)选择资源与社会条件的指标。
(4)建立现存资源与社会条件统计库。
(5)将每个游憩机会类别的资源与社会条件具体化。
(6)识别替代机会类别的配置情况。
(7)识别每个替代方案的管理行动。
(8)评估并选择一个较优的替代方案。
(9)执行行动与监督。

四、访客体验与资源保护

(一)概念

访客体验与资源保护(VERP)理论实现了访客管理在直接管理和间接管理两种方式上的协调,是用于访客管理和资源保护的行动方案,并广泛应用于美国的国家公园。其特别参考了LAC和VIM,又是VAMP和ROS的延伸,可谓包含了四个决策模式的成分,更加注重访客体验和资源保护的关系,是最综合的决策模型。

(二)操作步骤

(1)组建多学科的项目小组。
(2)分析公园资源条件与访客利用现状。

(3)阐述管理目标与存在问题。
(4)描述访客体验与资源条件的可能范围。
(5)研究并提出公众参与的策略。
(6)将公园内的具体地点设置为潜在的指定功能区。
(7)为每个区域选择指标以及评价指标的标准,并以此提出监测计划。
(8)监测各项资源和社会指标。
(9)采取管理行动。

五、访客影响管理

(一)概念

访客影响管理(VIM)依赖于专业的评价和科学的信息,旨在规范和调整访客行为方式,通过访客出行方式、日访客量,旅游团规模和日产生垃圾量等一系列指标来明确不能接受改变的底线。VIM注重为规划和政策制定服务,具有一套包括立法审查、问题识别、专业判断等在内的专门管理过程,可根据不同环境情况进行调整。

(二)操作步骤

(1)检查数据资料库。
(2)回顾管理目标。
(3)确定选择的关键影响指标的标准,选择关键影响指标。
(4)对比标准与现状,阐述管理存在的问题。
(5)确定产生问题的可能原因。
(6)确定管理战略。
(7)执行管理战略。

六、访客活动管理程序

(一)概念

访客活动管理程序(VAMP)崇尚访客教育和解说,在所有模式中最强调间接管理方式。具有理性决策模式的成分,要求有关访客活动的信息必须是可靠的和科学的数据,它的服务计划中解说、访客服务和安全的内容几乎都涉及对访客的间接管理,在指定服务计划时考虑利益相关者的作用,因此具有渐进决策模式的特征。

(二)操作步骤

(1)提出项目计划书。
(2)再次确认现有目的与目标宗旨。
(3)建立资料库,描述微观和宏观背景。
(4)分析现有情况,确认主题,明确主体作用。
(5)提出替代性的访客活动方案。

(6)制定目的地管理规划。
(7)执行管理规划。

七、保护区访客影响管理

(一)概念

保护区访客影响管理(PAVIM)框架提供了专业的影响识别与评估过程,是及时测算访客影响、管理成本效益的方法,可以更好地将当地资源需求、管理能力和约束集成到决策中。PAVIM具有能够快速对访客施加影响、管理访客问题的特征,也可用于识别管理机会和防止访客影响,并可与现有的其他框架结合使用。

(二)操作步骤

(1)确定区域值、目的和管理区域。
(2)制定管理目标。
(3)列举实现目标的障碍并确定优先级。
(4)进行障碍破除分析。
(5)选择并实施管理措施。
(6)评估行动的有效性。

八、最优化旅游管理模型

(一)概念

最优化旅游管理模型(TOMM)是通过指标和标准的对比来考察目的地承载力的大小,以实现目的地资源的可持续发展和旅游业的健康发展。模型最初是为了对澳大利亚袋鼠岛3个各级保护区的旅游和资源进行整合管理而设计的,强调目的地可持续发展的重要性的管理模型。TOMM将地区政治、文化特征加入决策过程,后来被广泛应用于欧洲目的地管理。

(二)操作步骤

(1)检查数据资料库。
(2)设定管理指标。
(3)参考管理标准。
(4)依据管理指标及标准对比分析。
(5)评估目的地承载力大小。
(6)制定目的地管理规划。

第四节　访客管理主要内容

伴随着旅游理论与实证研究的不断深入，访客管理内容也日益丰富，已扩展到访客管理的各方面，接下来主要介绍访客体验管理、访客行为管理、访客容量管理和访客安全管理。

一、访客体验管理

（一）概念

访客体验管理是指旅游目的地全体人员及各部门同心协力，有效地利用人力、物力、财力、信息等资源，建立起对符合访客期望和体验的研究设计、生产、销售等全过程、全环境、全方位的管理活动。

（二）主要措施

1. 体验定位管理

体验定位管理是对旅游目的地体验主体化的管理。体验定位是建立在对访客体验需求研究基础上的，是以形象为导向的。定位管理分为选择体验定位和体验价值承诺两个部分。首先，选择体验定位是建立在对访客需求爱好、竞争对手的主题定位等基础上的，进而选择出满足访客需求，避免与竞争对手雷同的，有独特性的、有诱惑力的、有新意的主题定位。其次，要明确体验价值承诺并完成这个承诺，否则访客就会失望。与选择体验定位相关联的体验价值承诺，会指导目的地营销人员和管理层开展有创意的节庆活动、娱乐活动等，从而为访客创造更大的体验价值。

2. 体验实施管理

体验实施管理是对旅游目的地员工与访客交互的管理过程。一般而言，设计得再好的体验过程，在执行过程中也会发生变化。在设计体验过程时，旅游目的地必须能识别变化的来源，采取纠正措施（恢复过程）以确保访客获得愉快的体验。首先，目的地员工需要明确体验价值创造的目标、途径及各自所起的作用，主动真心地为访客创造体验；其次，先进的技术是体验实施的保障，先进的科技成果会使访客的体验突破极限，产生前所未有的体验感受；最后，只有加强访客关键接触点的设计、确保访客关键接触点的有效实施，才能减少访客抱怨、提升访客体验。

3. 体验反馈管理

反馈是体验管理中的重要环节，访客体验需求的变化，促使其对旅游目的地原先具有的独特体验的要素不再产生新鲜感，目的地必须依赖反馈作为体验创新的基础。反馈的方法主要有两种：一种是一线员工的反馈；另一种是目的地访客的建议和投诉。通过访客反馈，在与访客的体验互动中，目的地可以不断完善不合理的方面，不断学习

和积累对访客体验的新认识,逐步形成新的改进或创意方案,进而开发出迎合访客喜好并且能带给他们新鲜、刺激、愉悦感受的新产品。

二、访客行为管理

(一)概念

访客行为管理是一种过程管理,即应当在游览的全过程中对访客行为实施管理。重点是通过对访客旅游的全程的行为进行适当引导与控制,以保证访客行为朝着有利于提高访客体验质量,有利于景区环境保护的方向发展。

(二)主要措施

1.过程管理

应当在游览的全过程中对访客行为实施管理。游览前,具体包括制定景区的访客行为规则、向访客提供环境以及行为规则的信息、发放相关的旅游物品。游览中,具体包括访客行为引导标识及基础设施的设置、景区导游及工作人员的实时监控。游览后,景区可以对访客的行为进行适当总结,并对突出的访客予以物质或精神奖励。

2.激励管理

参考群体对访客行为也会产生重要影响,因此,可以采用激励管理策略,通过激励刺激大众旅游者的公德心、责任心、羞耻心,促使访客自觉履行环保的行为,从而对个体访客产生正面影响,也可以通过榜样示范作用对访客产生影响。

3.约束管理

约束管理也称为强制性管理,该管理方法的作用原理在于明确制定相关的行为规则,并借助强制力保障规则进行约束,任何违背行为规则的访客都要受到惩罚,从而形成强大的压力,迫使访客按照规定的方式在目的地中游览。

三、访客容量管理

(一)概念

访客容量管理是指运用科学的方法确立一个阈值或"门槛",让目的地访客容量处在一个环境可接受、人们主观努力可控制的范围之内,始终保持着一种合理的、舒适的、持续的容量发展态势,最终实现目的地旅游发展的可持续性。

(二)主要措施

1.分流管理

对于访客人数的多少与环境的影响并无主要关联的目的地,应该考虑的是实施访客分流,降低客流在目的地内部的时空集中程度,从而减少各局部目的地的访客的拥挤情况。

2.团队管理

保持适宜的团队规模、频率、距离对于访客体验的质量是非常重要的。团队规模

过大易造成空间拥挤。在旅游目的地,狭小的目的地空间往往有几个团队的导游同时解说,相互干扰是经常出现的现象。

3.预控管理

所谓预控,是指通过采取各种可行的措施对预计接待的访客量进行事先控制,将有可能出现的超载接待问题禁于未发。预控的实施手段有价格手段和非价格手段两种。

四、访客安全管理

(一)概念

访客安全管理是指为了达到安全的目的,有意识、有计划地在访客的旅游活动中进行安全教育、安全防范与安全控制活动的总称。具体措施有制定完善的安全防范机制,定期对访客服务设施的安全性进行检查,向访客介绍应禁止的事项和紧急救助措施,设置紧急救援程序和事故处理程序。

(二)主要措施

1.安全评估

目的地管理机构必须对目的地内的不安全因素做出评估,找出不安全因素、可能发生危险的地方,并制定应对措施,在必要的地方配置设施设备,以确保访客的安全。

2.安全预测

科技的发展影响着社会的各个方面,旅游安全管理同样可以引入高科技手段,及时为访客提供准确而详细的信息,保障访客的人身安全。

3.安全防范

事故具有突发性、偶然性、破坏性和复杂性等特征,因此,在安全防范过程中,可以着手从“控物、环境、控人、转移”方面来预防安全事故的发生,具体包括消除旅游环境的不安全状态和控制访客的不安全行为。

本章小结

访客管理作为旅游景区管理的重要组成部分,是保障景区正常运转的前提之一,是实现旅游目的地可持续发展的必然要求。本章首先对访客管理的起源、定义、目标、原则进行了基本概述;其次,分析了访客的动机及其理论,并就访客行为进行介绍;最后,针对访客管理的主要工具和重要内容进行讲解,使学生掌握访客管理的基本内容与学习重点。旅游目的地应在分析访客动机与行为的基础上,根据自身的实际情况,采取有效的管理措施,在努力降低访客为目的地带来影响的同时给予访客良好体验,使目的地与访客实现“双赢”。

典型案例

案例一:青海格尔木严治“网红U形公路”访客占道拍照

为确保访客生命安全,格尔木市重拳出击,严厉整治315国道“网红U形公路”访客占道拍照违法行为。

2020年,位于青海省海西州格尔木市315国道的一段“网红U形公路”吸引众多国内外访客前来打卡拍照。但是这也带来了不少道路安全隐患,不少访客在此拍照打卡,在公路中间以站、坐、躺、跳等各种姿势拍照,给自身和过往车辆造成了极大安全隐患。此前,“青海网红公路因拍照发生8起交通事故”的不实报道也引发各大网络媒体关注。

据格尔木市官方介绍,为确保访客生命安全,格尔木市在该路段设立醒目安全警示牌及温馨提示牌18处,并通过“双微一抖”(微博、微信、抖音)网络媒体平台对访客进行提示引导,杜绝各种不文明旅游行为。在节假日及车流量大的高峰时段,加大警员力量,对该路段140千米区域进行不间断巡逻,进行道路交通疏导和违法停车规劝。截至2020年8月,已劝导并制止访客不文明旅游行为和各类具有安全隐患交通违法行为1万余次。

同时,格尔木市认真研究设置临时停车场、规划建设观景台、开通出口等相关问题,目前各项工作正在加快推进。并在315国道“网红U形公路”附近安装区间测速4处,违停抓拍8处,进一步加大对交通违法行为监管力度。

此外,对于在315国道“网红U形公路”两侧停车、路面拍照的行为实施罚款200元、记3分的处罚,同时联合媒体加大对违法车辆的曝光力度,全力做到违法车辆及时处罚、及时曝光,以典型事例营造强大震慑,警醒和引导访客严格遵守法律法规,杜绝交通安全隐患,营造安全有序、文明和谐的旅游环境。

(资料来源:整理自 https://www.chinanews.com.cn/sh/2020/08-30/9277903.shtml。)

案例二:数字化赋能开放式景区管理“黑科技”让访客安心玩

作为长三角区域的大型旅游综合体之一,长兴太湖图影旅游度假区面临“每天10万人流量”的严峻考验。而开放式的景区设置,也使得管理难度进一步加大。通过打造“未来景区·安心玩”场景应用,该景区实现了“一图知影、一图治影、一图指影、一图智影”。

该系统于2021年“五一”期间试运行,通过构建“123”架构,即一个数字驾驶舱,管理端与服务端两端应用,日常、假期、特殊三种管理模式,帮助完善景区访客服务、治安管理、交通管理、生态治理、消防监管和城市管理六大领域数字化管理体系。

以往,访客到了景区才发现已经拥堵,心情沮丧。而景区管理者只能凭经验预判景区实时容纳人数,同时部署管理力量。如今借助数字化手段,管理人员可以实时掌握访客人数,及时部署力量。在拥堵路段,系统自动发起停车疏导预案,通过红绿灯智

能控制、交通诱导信息发布、微信端发布以及无人机喊话提醒等智能化手段,及时进行疏导分流,保障访客出行。

借助该应用,此前需要700人的安保力量,如今只需要不到100名执法人员就可以将景区管理得井井有条。此外,借助传感终端,系统还能自动监测空气、水质、噪声,帮助提高景区品质。访客也能借助手机终端,发起投诉、实时查看处理结果,助力景区提高服务质量。

(资料来源:整理自 http://zj.people.com.cn/n2/2021/0902/c186327-34896107.html。)

课后活动

请同学们分小组收集"网红打卡地"的火爆案例,分析类似"网红景点"如何更有效地进行访客管理。

第八章
旅游目的地设施管理

学习目标

1. 了解旅游目的地设施管理的内容构成。
2. 掌握设施管理的相关的基础知识。
3. 在实际的案例中分析和评价设施管理。

素养目标

党的十九大报告指出，我国社会主要矛盾已经转化为人民日益增长的美好生活需要和不平衡不充分的发展之间的矛盾。这对旅游目的地提出了全新的定位：更好地满足人民的旅游需求，为人民提供美好生活。这就要求旅游目的地提供数量充足、高质量、可进入的设施，这也是对旅游目的地管理所做的全新定位。做好设施管理，提升访客体验，实现旅游目的地的可持续发展。在全面质量管理中，重点培养学生精益求精的工匠精神。通过学习本章的内容，学生应树立可持续发展理念，严格把控质量，强化风险防范意识，时刻把人民群众的安全放在第一位。

学习重难点

1. 如何实现旅游目的地设施管理？
2. 将所用的知识与理念运用到实际中，对旅游目的地设施进行管理和优化。

在环球影城，只有“麻瓜”看不到5G基站

北京环球影城可能是中国旅游史上独一份的存在：北京环球影城的总面积约4平方千米，是日本大阪环球影城的2倍、新加坡环球影城的5倍，与上海迪士尼乐园形成“一南一北”的格局，开园后毫不意外地激起了人们的游玩热情。2021年“十一”假期的

前四天，北京环球影城接待游客已超10.5万人。

这座目前亚洲最大的环球影城主题公园，从2001年签订投资意向书，到2021年最终建成并终开园迎客——用技术演进的尺度来衡量，在北京环球影城筹划和建设的20年间，中国人民已从2G来到5G时代。

(1)基站怎么建，谁说了算？

环球影城的基站建设工作由中国铁塔股份有限公司（以下简称铁塔公司）负责，这也是铁塔公司自成立以来承接的规模最大、标准最高的主题公园项目。在北京环球影城一期园区，目前有15个宏基站和20处灯杆微基站以及75万平方米的室分系统，实现园区5G全覆盖。这些24小时工作的基站，连同北京环球影城及其配套商业设施的所有电力，均由其西侧的田府110千伏变电站提供。

由于多数基站使用“建站不见站”的美化方式，游客在实际游玩时，很难一眼发现它们。通常来说，安装信号基站有三个关键因素：基站高度（决定信号所能到达的距离）、附近人流（瞬时连接请求量）和点位（密度）。

在住宅或商业写字楼，只要计算好住户、工位等信息，用室分系统和室外宏站就可以满足从地面到四十几层高楼（折合有几十米）住户的移动网络需求；相比之下，作为大型空旷场所的环球影城就不需要很多基站，不过这并不意味着基站建设工作难度有所降低。一方面，建设期间涉及部门众多，需要大量协调工作；另一方面，基站特殊美化工作无先例可循。在这种情况下，铁塔公司需要解决三个问题：基站建在哪，建多少，建成什么样子。作为一个大型游乐园，环球影城不仅需要满足基本通话功能，还要满足社交网络上传、“网红”直播等诸多娱乐需求，“环球影城人流量大，这是与小区楼宇最大的区别。”中国铁塔通州分公司工作人员介绍，“环球影城的安检、检票以及热门功能区经常会有大量聚集，动辄需要排队三四十分钟甚至两三个小时，附近基站接到的瞬时连接请求很多，压力很大。”

基站选址的第二个标准是运营数据。

游乐园内信号需求背后是人流密度。但基站与园区建设同步，在没开园时，施工方铁塔公司如何预测人流密度呢？实际上，铁塔公司和运营商不掌握，也无法预测人流密度，不过美方运营团队有丰富的运营经验和数据，全球四座环球影城园区哪些IP主题区人更多、排队时间更长等，都是确定基站位置和数量的重要参考信息。即便手握热门景点的数据，确定了基站数量和位置，各方还会争论：这些基站到底要建成什么样子呢？环球影城的信号基站造型并不显眼，在一些关键区域，甚至要与园区景观融为一体。“如果造成仿生树，在四季分明的北京地区，冬季别的树叶落了之后，基站就会显得特别突兀。”中国铁塔通州分公司工作人员介绍道，环球影城基站建设最大的问题是“基站与场馆环境不符”，难以美化，主要采用“融入式景观”来解决，如功夫熊猫馆使用了喷涂式外挂基站，融入背景墙画（见图8-1）；小黄人集市旁则用了烟囱造型加以美化。其中，功夫熊猫馆的外挂基站造型，双方讨论了15轮，历经45天才确定最终方案。

(2)在哪里更常用到5G？

北京环球影城的官方卖点从来都不是5G，但5G可能成为未来游乐园的标配，与大型室内场馆、办公楼、小区等室内5G不同的是，大型游乐园的5G使用场景、使用模式和建设成本有其自身特点。5G时代，更多的消费和商务场景都发生在室内。据铁塔公

司的数据统计,5G室内业务流量比例达到80%(这个比例在4G时代为70%);中国移动通信集团设计院专家刁兆坤等人撰文指出,智慧家庭、智能工厂、AR、VR等超过70%的5G应用也都主要发生于室内。而高频的5G很难穿透墙体、玻璃等障碍物进入室内,实现深度室内深度覆盖,因此"5G室分覆盖技术"成为移动通信行业关注的重点。

图8-1 位于功夫熊猫馆的美化基站

但"5G室分覆盖技术"未必能完全满足游乐园的需求。如北京环球影城的未来水世界场馆,要求在较小区域内容纳2000名观众,传统室分和微站均无法满足容量要求,铁塔公司最终的解决方案是使用"单扇区宏站"技术。

(3)游乐园有更多室外场景。

虽然5G的使用场景大多都发生在室内,但在游乐园,大量人流聚集、排队或游玩等行为都在室外完成,使得室外体验也很重要。因此,大型游乐园的5G通信系统覆盖,又是一门平衡的技术。铁塔公司信息显示,其承建的5G基站超过90万,在北京已完成25000余座5G基站的建设。从长远来看,目前国内5G建设尚处于爬坡期。研究机构"知常容"预计,全周期5G宏基站规模为460万,其中2021年新增5G基站约70万座,2022年5G基站建设达到高峰期。如果5G只是让你在游乐园里愉快地刷朋友圈直播,那也未免大材小用了——在这条新的"高速路"上,车联网、智慧医疗、工业物联网、AR、VR等交叉产业的应用都已起步,接下来五年,是见证新技术经济出现的时代。

(资料来源:整理自果壳硬科技微信公众号。)

第一节 旅游目的地设施管理

一、旅游设施的概念及特点

(一)概念

旅游设施是指为满足游客旅游活动正常进行而由旅游目的地提供的、使旅游服务得以顺利开展的各种设备设施的总称。旅游设施构成旅游旅游目的地固定资产的各种物质设施。它是提供旅游服务,进行服务活动的生产资料,是旅游目的地从事经营活动以及为旅游者提供服务或者其他旅游产品的物质基础。

(二)旅游设施的特点

1.种类多

随着旅游目的地功能的不断扩大,旅游目的地发展成为集食、住、行、游、购、娱于一体,而旅游目的地所提供的综合性服务又是以设施设备为依托的,所以现代旅游目的地的设施设备种类繁多、门类齐全。

2.投资大

旅游目的地为满足旅游者游览的多种需求,服务项目和功能越来越多,对设施设备的要求也就越来越高,所以旅游目的地的设施设备投资也往往较大。

3.维护费用高

旅游目的地的设施设备种类繁多、复杂,要想保持高效能的设施设备运转,就需要较高的维护检修费用。

二、旅游设施的分类

根据其不同的用途,旅游设施可分为两大类:旅游服务设施、旅游基础设施。具体分类如图8-2所示。

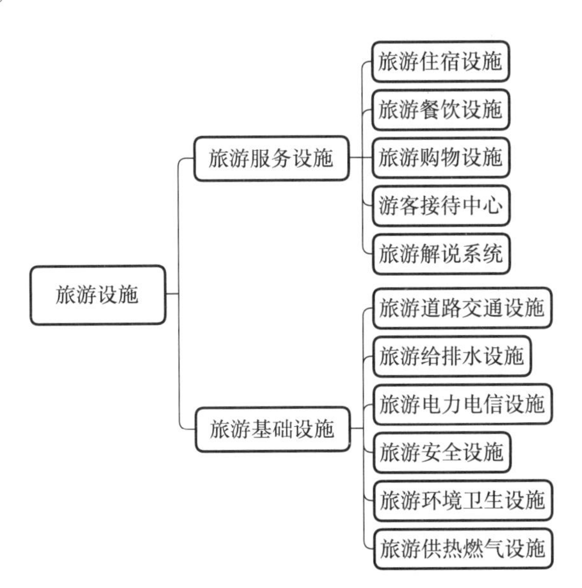

图8-2 旅游设施的分类

三、设施管理的概念及特点

(一)设施管理的概念

设施管理就是对各种设施设备从规划、选购、验收、安装开始,经过使用、维护、保养、修理到更新改造为止的全过程的系统管理活动。设施管理通过计划、组织、指挥、

协调、控制等环节,对设施设备进行综合管理,通过对设施设备的管理提高旅游目的地产品质量、降低旅游运营成本、保障游客安全。

(二)设施管理的特点

因为旅游目的地必须适应市场的不断变化,满足游客的需求,所以旅游目的地设施管理有其独特的特点。

1.综合管理能力强

旅游目的地设施设备投资大,维护保养费用高,而且设施设备种类多,这就要求管理者的管理能力要强,否则无法把旅游目的地的设施设备管理好。

2.技术水平要求高

旅游目的地的设施越来越先进、结构也越来越复杂,因此对设备的操作人员和修理人员的要求也越来越高。这就要求旅游目的地要加强对员工的培训,使他们能操作和维修先进的设施设备,保证旅游目的地各种设施设备的正常运转。

3.管理效率高

旅游目的地的设施设备往往是为游客提供服务使用的,这就要求这些设备不能出现故障和缺陷,一旦出现问题,必须立即修复。由于旅游目的地对设施设备的维修工作一般有具体的时间限制,管理者必须要能高效率、高质量地组织员工排除设施设备的故障,使游客满意。

四、设施管理的内容

设施设备的管理工作主要由工程部负责,它的管理内容主要有以下几点。

(一)负责旅游目的地设施设备的配置

不论是开发新的旅游目的地还是改造旧的旅游目的地,只要增加新设施设备,工程部都要遵循“技术上先进、经济上合理、经营上可行”的原则负责选购、运输、安装和调试设备。

(二)保证旅游目的地设施设备的正常运转和使用

使旅游目的地的各项设施设备处于良好状态是保证旅游目的地设施设备正常运转的前提条件。要保证设施设备处于良好状态就要使操作者和使用者了解设施设备的性能、功效和使用方法,以便能正确操作。

(三)旅游目的地设施设备的检查、维护、保养与修理

旅游目的地设施设备的检查、维护、保养与修理是旅游目的地日常管理的重要部分。通过检查,可以发现设施设备的问题并及时处理,防止事故发生;通过维护保养,可以提高设施设备的使用率,延长其使用寿命。

(四)目的地设施设备的更新改造

对老的设施设备进行更新改造的管理工作主要包括:制订更新改造计划;对要更新改造的设施设备进行技术和经济论证;落实更新改造资金来源;合理处理老设备。

(五)旅游目的地设备的资产管理

旅游目的地资产管理是对设备进行分类、编号、登记、建档等管理,以避免资产流失和管理混乱,使设备管理规范化。

(六)旅游目的地各种能源的供应管理

在保证各旅游目的地、各部门用电、用水的同时,工程部管理者要编制能源使用计划和管理计划,降低能源消耗,以提高旅游目的地的经济效益。

(七)设施设备材料及零配件的采购管理

旅游目的地设施设备的各种运转、维修、保养都需要相应的材料和配件,这些材料和零配件的采购、保管要由工程部负责管理。

五、设施管理原则

(一)安全原则

旅游目的地设施管理要坚持以预防为主,确保设备安全运行。旅游目的地的很多大型游乐设施属于特种设备,具有一定的风险性,关乎游客的生命健康。如果设施运行出问题,将会直接威胁游客的人身安全,甚至酿成游客死伤的重大安全事故。近年来,多地屡屡发生设施故障导致的游客死伤事故,有的事故造成重大人员伤亡,教训十分惨痛。

在旅游高峰期,游客数量会明显增多,设施的运行时间会变长,运行负荷会加重,运行压力会变大。相应地,设施安全保障的压力也会变大。如果安全保障的责任付出不能匹配游乐设施的运行压力,设施就很容易出现各种故障,有的故障很可能酿成事故甚至重大事故,对游客造成人身伤害和财产损失。

著名的“海恩法则”显示,每一起严重事故的背后,都有29次轻微事故和300次未遂先兆以及1000次事故隐患。旅游目的地不能任由安全事故来验证“海恩法则”,而应当用“海恩法则”来警示、推动和改进工作,从源头上预防、遏制安全事故。

三年发生多次事故,高空项目的安全保障也要“高”起来

2020年9月18日,重庆万盛奥陶纪景区内,一女子从索道坠落。9月20日,万盛经

济技术开发区文化和旅游发展局通报,坠落人员系景区工作人员,经抢救无效身亡。当日15时许,该工作人员乘坐景区4号速滑线拍摄宣传视频,到站时发生意外,施救过程中从高处坠落,当日16时20分,经抢救无效死亡。有关部门已责成景区停运全部速滑项目。

涉事的重庆万盛奥陶纪景区主打高空惊险刺激类项目,在高空游乐领域颇有名气,是一个"网红景区"。但从多次发生事故的表现看,它的安全保障与"盛名"显然有着不小的差距。

比如,2018年10月1日,一段"游客在奥陶纪景区极限飞跃项目游玩时保险扣突然脱落"的视频引发网友关注,后当地官方回应称,因工作人员操作不当,导致游客背后保险绳保险扣脱落,涉事项目已停止运营;2019年8月18日,奥陶纪景区十八米悬崖秋千曾出现故障,秋千的电磁阀在提升过程中电缆钢丝发生脱落。

与传统的旅游景区不同,近年来兴起的高空游览项目,卖点在于带给游客更多刺激体验。比如此次事发项目在景区官网就被标注为"园内最受勇敢者欢迎的高空项目"。

然而,刺激感的背后是实实在在的安全风险。尽管宣传上可以将这些挑战极限、步步惊心的游览项目称之为"勇敢者的冒险",但游客和工作人员的人身安全却容不得冒险。项目设计越刺激,对景区安全保障的专业能力要求就越高,因为稍有纰漏就极容易酿成事故。此次事故以血的代价说明,任何对安全的疏忽大意,都可能带来惨重教训。

需要注意的一个现实是,各类景区游玩项目的创新,不仅对景区的安全保障能力提出了高要求,也对相应的监管提出了更高的专业要求。

换个角度说,名目繁多的高空游乐项目迅速普及,然而这些"自带风险"的花式玩法,是否有了对应的安全标准,监管部门是否有相应的专业检测能力,是否制定了新的有效的监管机制,可能都得打上一个问号。因此,如何平衡好市场创新和安全保障的关系,就需要监管层面倾注更多心力,而不能每次都等事故来"倒逼"监管。只有把科学的风险评估和日常安全排查落到实处,才能真正令监管跑在事故前面。

(资料来源:朱昌俊《三年发生多次事故,高空项目的安全保障也要"高"起来》,有所改动。)

(二)可续发展的原则

党的十九大报告提出"坚持人与自然和谐共生"的理念,这要求在设施管理的过程中将保护环境和节能降耗作为指导思想。旅游目的地应科学制定最大承载量,减少设施压力。同时,设施管理应当更具有包容性,提高旅游目的地设施的便利性、可达性等,满足儿童、老年人、残疾人等不同人群的需求。

旅游目的地设施容量:旅游目的地各种旅游设施所能容纳的游客量。

旅游目的地设施容量包括三个方面:一是市政设施容量,具体包括供水、排水、供电、供气、通信等设施对旅游及其相关活动的承受能力;二是道路交通设施容量,具体包括道路、停车场、机场、码头等对旅游及其相关活动的承受能力;三是旅游服务设施容量,具体包括住宿、文化、体育、娱乐及其他服务设施对旅游及其相关活动的接待或

承受能力。

设施容量计算公式如下：

$$C=\sum C_i=\sum X_i\times Y_i \quad \text{(式 8-1)}$$

式中，C为旅游区设施总容量；C_i为旅游区内某一设施全部容量；X_i为旅游设施瞬时容量；Y_i为该旅游设施的日周转率。

面积容量：单位时间内每位游客活动所必需的最小面积。根据环境心理学原理，个人在从事活动时，对其周围的空间有一定的要求，任何人进入都会使人感到受侵犯、压抑、拥挤，导致情绪不安、不舒畅，这个空间既是个人空间，也是旅游目的地面积容量的依据。在不同的环境中，人对这种个人空间的要求是不同的。西方国家对一些旅游设施设置的标准如下。

一般旅馆：10～35平方米/人。

海滨别墅：15平方米/人。

山区旅馆：19平方米/人。

餐馆：24平方米/人。

海滨度假区：0.1平方米/人。

滑雪场：0.25平方米/人。

室外电影场：最多1000人/场。

夜间俱乐部：最多1000人/晚。

当然，由于文化、心理、传统等方面的不同，在同一种场合，人的感受会有所不同。

旅游目的地应将保护环境和节能降耗贯穿旅游交通、住宿、餐饮、游览、购物等各个环节。在交通方面，将可持续发展的理念融入管理工作。在交通方面，应尝试提供独特的出行体验，如徒步、骑马、滑索等方式，在实现节能减排的同时又突出了自身特色。在住宿方面，可通过推广野营帐篷等形式减少住宿设施的建设。在餐饮方面，优先选择绿色有机食品，调整菜量避免食物浪费，同时在食品包装材料上应用新技术及新工艺，降低食品废弃物对自然环境的污染，提升资源的循环再生能力。在服务设施方面，建设污水处理装置。在设施能源供应方面，以电力为主，将太阳能、风能、水能等清洁能源作为主要的能源供给方式，减少环境污染。

六、旅游目的地无障碍设施管理

可达性(Accessibility)被定义为周围环境能够为所有人提供平等的使用机会，为所有群体展示更大的安全性、舒适性和功能。可达性也是本教材第一章提到的旅游目的地管理评价“10A”原则中的重要指标。无障碍不仅仅是一种工具或技术方法，更重要的是一种旅游目的地管理观念，可提升游客与旅游服务者的价值感，增强游客的自主性和旅游目的地的吸引力。为了使目的地无障碍，从广义上讲，它必须允许所有游客以公平、非歧视的方式使用和享受其设施和服务。无障碍应被视为建筑、基础设施工程、设备和服务等公共采购的一项基本要求，以促进社会包容、提升就业能力、节省公共资金、推动经济增长。

无障碍设施是指为了保障残疾人、老年人、儿童及其他行动不便者在居住、出行、工作、休闲娱乐和参加其他社会活动时,能够自主、安全、方便地通行和使用所建设的物质环境。旅游目的地的无障碍设施通常包含无障碍升降机、无障碍通道、无障碍卫生间等,以及盲文标识、语音导览等设施。无障碍设施是旅游目的地设施的一部分,也是提高旅游目的地可达性的重要载体。随着文旅融合发展,旅游目的地的无障碍设施越来越受到重视。全年龄段的旅游体验不仅能够促进文旅产业的发展,还能够提升旅游目的地的口碑和知名度,同时对自然和文化旅游资源的保护也有着重要的作用。拥有良好的无障碍设施,不仅可以满足不同人群的需要,还更能够避免因被迫使用而对资源本体造成的破坏。

2023年1月,上海市通过了《上海市无障碍环境建设条例》。该条例提出无障碍环境建设是全社会的共同责任,应当与经济社会发展水平相适应,遵循系统协同、通用易行、安全便利、广泛受益的原则,体现人文关怀与社会支持。与城市的旅游功能相关的无障碍设施,除了公共和交通层面的无障碍,该条例还提出旅馆、酒店等应当按照无障碍设施工程建设标准,逐步配置一定比例的无障碍客房。

湖南张家界高效推进无障碍设施提质改造

近年来,湖南省张家界市把加强无障碍环境建设作为完善旅游城市配套设施的一项重要内容,坚持源头把关、强化过程监管,全方位加强无障碍设施工程建设的监督管理,持续、有序、高效地推进无障碍环境建设。在景区建设、城市道路、公园绿地、广场、公共建筑和居住建筑等工程建设项目初步设计和施工图审查时,张家界市严格执行《建筑与市政工程无障碍通用规范》《无障碍设计规范》等相关要求,新建、扩建、改建项目同步配套设计无障碍设施,施工图编制无障碍设施设计专篇,确保建成后与周边无障碍设施无缝对接,实现设施连接畅通。对于不符合规范要求的无障碍设计,施工图审查不予通过,严格保障无障碍设施设计到位。

近年来,张家界市新建房屋与市政工程项目无障碍设计达标率100%。张家界市印发通知,要求建设单位在项目建设中应当按照经批准的设计文件,配套建造无障碍设施,不得擅自变更或降低标准建设;施工单位应当按照经批准的设计文件,编制无障碍设施施工计划,并严格按照相关规范要求建设,确保建设质量;监理单位要加强对施工现场原材料的进场验收和现场抽样送检的把关,要做好每道工序验收等环节的工作。2022年9月,张家界市开展《建筑与市政工程无障碍通用规范》执行情况督查,建设项目竣工后,建设单位严格执行《无障碍设施施工验收及维护规范》,同步验收配套建设的无障碍设施,重点对盲道、轮椅坡道、无障碍通道、无障碍停车位、无障碍出入口、低位服务设施、无障碍电梯、楼梯、无障碍厕所和无障碍厕位等进行检查验收。

近年来,张家界市聚焦残疾人、老年人等重点人群需求,有序推进既有设施提质改造。据不完全统计,自2018年以来,张家界市共对永定城区永定大道、迎宾路等50余条主次干道及城市道路连接线进行改造,完善无障碍通道约48千米。以滨河路、沙堤

大道沿线为重点，建设人行道、自行车专用道等城市非机动车道约40千米。以澧水河两岸为重点建成城市绿道约10千米。自2020年以来，结合老旧小区改造，完善既有建筑及老旧小区无障碍设施建设，已完成无障碍设施配套改造小区284个，已配套加装电梯183台。

（资料来源：《湖南张家界高效推进无障碍设施提质改造》，有所改动。）

第二节 旅游交通设施

一、旅游交通设施的概念

旅游交通设施意指游客出入旅游目的地以及在旅游目的地内完成游览、体验服务时所利用的各类道路网络、交通工具及配套设施。其中，按等级，道路可以分为交通性干道、游览性干道、游览道等；按交通运输方式的性质，道路可以分为机动车道、游览步道、游览水道等。交通工具主要包括汽车、船舶、火车、自行车、竹筏等。配套设施主要包括停车场、码头、候车站台以及道路附属的照明、绿化和排水设施等。

二、旅游目的地道路交通网规划

道路系统是旅游目的地的骨架，其交通网络规划的合理与否，会直接影响旅游目的地的其他设施的安排和旅游服务质量。旅游目的地旅游交通设施的建设，首先应结合旅游目的地的地形地貌、位置、开发主题以及游览交通工具的选择等进行道路交通系统的规划，确定兼顾现实与未来发展的交通网络模式，引导其他交通设施的安排。

影响旅游目的地道路系统规划的因素主要包括旅游目的地的自然条件，景观保护、消防、供水等设施建设的需要等。

旅游目的地道路网络规划应遵循以下基本原则。

其一，应根据旅游目的地土地使用情况、景点分布以及游客量，结合地形地貌、河流走向和原有道路系统来确定旅游旅游目的地道路网络的形式和布局。河网地区，道路宜平行或垂直于河道布置。山区道路应平行于等高线设置，双向交通道路可分别设置在不同的标高上。

其二，正确处理好旅游目的地道路与对外交通的衔接关系。一般以旅游景区为目的地的到达交通，其线路宜与旅游干路直接衔接。对于旅游目的地过境交通，为降低其对旅游的影响，宜设置在旅游目的地的边缘，尽量避免直接穿越旅游目的地，特别是旅游目的地核心区。

其三，旅游目的地道路网络应能满足分期建设的要求，能适应旅游目的地用地的分期扩展，并有利于形成远期的道路交通网络。

其四，结合旅游目的地的特点，道路网络规划应考虑人车混行与人车分行的衔接。

其五，旅游目的地道路网络规划应考虑旅游目的地环境保护需求及景观要求。

Note

其六，旅游目的地道路网络规划应与旅游目的地市政基础设施规划相结合，既要满足地上交通的需求，又要满足地下管线的要求。

三、交通设施管理

(一)道路养护

道路是旅游目的地的主动脉，道路养护包括路基路面养护、沿线设施养护、道路绿化养护等几个方面。

1.路基路面养护

路基是公路的重要组成部分，是路面的基础，它与路面共同承担车辆荷载。路基的强度和稳定性是保证路面结构稳定、路用性能良好的基本条件。

2.沿线设施养护

旅游目的地道路设施包括安全设施、服务设施、防护设施、排水设施、渡运设施、绿化设施等。

3.道路绿化养护

道路绿化是旅游目的地整体绿化的重要组成，用于道路绿化的植物的种植环境土质坚硬、杂质多、土壤污染严重、易发生病虫害。道路绿化的养护，春季以增加地温、适时浇足春水和增施有机肥为主，夏季的养护主要以病虫害的防治为主，秋季合理进行施肥，冬季合理浇冬水和施肥。

(二)交通秩序管理

交通条件是旅游目的地形成和发展的基础，其可进入性、现代化程度以及道路质量的优劣，对客源吸引、线路组织、旅游大环境的营造等方面均产生极其深远的影响。如果没有完善的交通管理网络系统的支撑，再丰富的旅游资源也只能处于待开发状态，无法充分发挥其旅游价值，旅游产业的发展必然会受到严重制约。

目前，我国许多旅游目的地的交通体系存在以下问题：路况较差，难以满足交通负荷；可达性差，缺少旅游专线；服务设施、服务水平落后；道路环境差等。针对这些问题，现提出如下措施。

第一，合理规划和设计内部旅游线路。遵循系统性、适当超前性、以人为本和保护环境等原则，将旅游目的地用线路串起来，既可以增加旅游目的地数量，延长游客的观光时间，又可以真正做到让游客满意。

第二，对专线旅游车辆进行外部改造和内部包装。在途中以风光片、专题片的形式向游客进行介绍。旅游车配备导游、解说员等服务人员，随车介绍沿途风景名胜、风俗民情、旅游须知等，丰富旅游体验，增添活动乐趣。

第三，多种交通工具综合利用。可以考虑外部车辆禁止进入旅游目的地，旅游目的地内统一使用节能、环保的敞篷车、电瓶车等，有些特殊地段可以使用索道、游船、轿子等，在作为交通工具的同时，也能起到带游客“游”的目的，满足游客悠闲欣赏沿途风景的需求。

第四，充分考虑游客的需要，合理布置照明设施与紧急通报设施。同时重视人造

设施与自然风光的协调，实现交通设施景观化。

（三）交通污染控制

随着旅游目的地交通量大幅度增长，交通运输引起的环境污染日益严重，破坏了自然界的生态平衡，影响了游客的兴致。目前，旅游交通对旅游目的地环境的污染主要有交通噪声、车辆废气等，因此，治理交通污染也主要从这两方面进行。

1. 交通噪声控制

城市道路上的交通噪声除发动机、传动系统、轮胎与地面的摩擦噪声外，更主要的来自汽车鸣笛声。针对我国情况，控制噪声的主要途径是控制噪声源、改革交通运输工具、改善车辆运行状况。

2. 车辆废气控制

车辆废气由一氧化碳、氮氢化合物、含铅的化合物等组成，它会危害人体健康，妨害植物的正常生长，腐蚀建筑材料和器物。为减少车辆废气的污染，须改良燃料、改进机车设备、治理交通，以保证车辆行驶通畅。

第三节 旅游目的地接待设施

一、接待设施的概念及特征

（一）概念

旅游目的地接待设施是为游客及当地居民等各种人员提供信息、餐饮、住宿等服务的空间及设施。

（二）设施特征

1. 功能综合性

首先，接待设施必须提供住宿、餐饮服务，满足游客出行中接待这一基本需求，这是接待设施最低层面和最基本的功能；其次，接待设施必须具有安全保障功能，满足游客保障人身和财物安全的需要，使其具有心理上的安全感，这是接待设施应具备的第二个层面的功能；最后，接待设施还应尽可能地满足游客的各种精神享受需求，包括对舒适性、趣味性、猎奇性、参与性、体验性等方面的追求。

2. 成本密集性

在旅游目的地兴建接待设施需要支付土地成本和各项前期费用，同时还需要投入大量资金进行装修及配套设施设备的建设，因此需要的投资额很大，这也充分凸显了旅游接待业的资金密集性特点。另外，由于接待设施的兴建目的是为游客提供种类多、标准高的服务，它的运营需要大量的服务人员及中高端的管理人才，其劳动密集性和人才密集性的特点随之凸显出来。

3.波动性

旅游目的地旅游的兴旺或衰退是旅游目的地旅游供给与旅游需求相匹配的结果,它深受自然和社会经济条件的影响,表现出对相关因素高度敏感的特征。依附于旅游目的地而存在的酒店、餐馆也因此表现出业务上的波动性。

二、设施规模确定

接待设施的规模是指旅游目的地接待设施接待游客量的多少及占地面积的大小,它决定了设备、服务人员的配备量,以及经济收益的大小。一般而言,旅游目的地接待设施规模的合理确定需要考虑两大基本因素:一是市场需求情况,包括旅游目的地游客规模的季节性变化、游客对各类接待设施的偏好、游客的平均停留天数等具体内容;二是旅游目的地设施的建设条件,包括用地面积、自然景观特征、周边道路交通及配套设施容量等条件。这些因素彼此之间具有相互关联性,对设施规模的合理确定具有较为复杂的影响。规划者在具体操作时,需要确立以下基本内容。

1.基本空间标准的拟定

确定旅游目的地接待设施规模的基点在于有一个同接待活动相对应的合理的基本空间标准,即单位游客或设施所需占用的空间面积。一般情况下,该指标多用人均占用面积数(平方米/人)来表征,有时也可以用设施占有面积数来表示。显然,设施基本空间标准的倒数是单位面积上所容纳的游人或设施数,也即人或设施的空间密度。因此,人们也用人或设施的规划密度值来间接反映接待设施的基本空间标准。

2.规模容量计算

在确定接待设施基本空间标准的基础上,进一步要做的工作是根据旅游目的地的接待需求规模等因素估算设施的容量。对酒店而言,其设施容量主要用床位数和客房数来衡量;对餐厅而言,其设施容量主要用餐座数来衡量。

(1)床位数和客房数估算。

旅游目的地旅游住宿床位数的估算须做到定性、定量、定位,可按式8-2计算。

$$床位数=\frac{(平均停留天数\times年住宿人数)}{(年旅游天数\times床位利用率)} \quad (式8-2)$$

式中,各参数一般应根据旅游目的地多年的统计资料及抽样调查数据加以估算。其中,平均停留天数在无相关统计数值的情形下,可用国内旅游停留天数的经验统计值2~5天代替;床位的利用率虽在淡季和旺季差异较大,但一般用多年旺季下的平均值的60%~90%进行计算。

客房数的估算,一般应先根据目标客源特点确定规划的各类别客房(即单人间、双人间、三人间、套间等)的比例,然后,再根据各类别客房的平均床位数及住宿床位数来估算总的客房数。各类别客房数占总客房数的比例应视旅游目的地酒店的类别和等级而有所差异。

(2)餐座数估算。

餐座数的估算,也可以分为两种情形:一是单独餐馆的餐座数估算;二是酒店餐厅

的餐座数估算。其中，前者主要的依据是对旅游目的地游客就餐的问卷调查；而后者则依据客房的接待能力及非住店游客的用餐人数调查。计算公式如下。

餐座数＝客房部每天住店人数×用餐比例＋非住店客人用餐人数　（式8-3）

由于旅游业存在淡、旺季的波动性，为保证经营效益，公式中的各参数一般按介于淡、旺季之间的游客量来计算。

另外，按要求，为游客就餐的餐厅座位数还应与酒店建筑的等级相匹配，一、二、三星级酒店建筑的餐厅座位数不应少于床位数的80%；四星级酒店不应少于60%；五星级酒店不应少于40%。

3.建筑面积估算

接待设施的建筑面积估算，有两种形式。

（1）根据接待游客量及人均建筑面积等因素加以估算。其中，住宿设施的建筑面积可按式8-4计算；单独餐饮设施的建筑面积按式8-5计算。

$$S_B = N \times P \times S \quad (式8\text{-}4)$$

$$S_B = N \times P \times S_a / I \quad (式8\text{-}5)$$

式中，S_B为设施的规划建筑面积（平方米），N为游客量，P为住宿或餐饮人数的比例，S_a为人均建筑面积（平方米/床或平方米/座）。I为餐饮周转率，即餐饮设施服务点的用餐高峰时间与人均用餐时间的比值。根据景区游客接待活动规律，一般而言，餐饮设施服务点的用餐高峰时间为2小时，而人均用餐时间为30分钟，所以，I可按式8-5计算。

（2）根据设施的建筑密度、每单位占用面积及设施容量计算。其中，住宿设施的建筑面积按式8-6计算，单独餐饮设施的建筑面积均按式8-7计算。

$$S_g = S \times A \times S \quad (式8\text{-}6)$$

$$S_g = S \times A \times S_a / I \quad (式8\text{-}7)$$

式中，S_g为设施的规划建筑面积（平方米），S为景区总面积（平方米），A为景区设施的建筑密度，S_a为每单元设施的占用面积（平方米/床或平方米/座），I为餐饮的周转率。

三、设施的经营管理

在旅游目的地接待“硬件”建设完工后，其经营管理的主要内容是设施设备的使用、维修和更新等。科学的接待设施管理与经营不仅可以保证设施正常运转，提高服务的质量，还有利于有效控制运营成本，提高接待服务业的生态效益和社会效益，对实现旅游目的地的综合可持续发展具有重大意义。

根据国内外旅游目的地经营实践，接待设施的日常管理内容主要是设施设备的使用管理及保修管理。在管理上的基本要求可简述为设施设备配套效益高，能源物资消耗少，维修及时、质量高，生产安全、事故少。具体内容及要求如下。

1.使用管理

接待设施及附属设备的高效运转离不开相关操作人员的正确使用。接待设施的管理制度通常包括设备的操作规程、维修保养制度、安全防火制度、技术档案制度、事故报告制度等。

2.保修管理

为了让接待设施及附属设备能够高效运转,一般由使用人员及专职养护人员一同对设施设备进行有效的保修,这是相当重要的。与一般性接待设施一样,景区的接待设施也有例行保修与定期保修之分,以及重点保修和全面保修之分,但无论何种保修形式,都有检查、保养、维修、更新和改造等技术环节。

(1)检查。检查是为了事先觉察设施设备的故障隐患,从而及时地采用相应的维修措施,使经济损失降至最低程度。检查的内容主要是设施设备运行情况、工作精度、磨损程度的检验及测试。

(2)保养。在设施设备的使用及检查之余,进行相应的保养也是十分必要的。根据设备工程学,酒店、餐馆等设施及附属设备的保养应达到"整齐、清洁、润滑、安全"四项基本要求。

(3)维修。维修是指修复由于正常或不正常的原因而损坏的设施设备。通过修理,我们可以更换已经磨损、锈蚀的构件,使设施设备的精度、效能得到恢复。

(4)更新和改造。设施设备在经过一段时间的运行之后,会产生有形的实质损耗及无形的观念损耗。因此,为了持续提高设施设备的利用水平,有必要正视损耗设施设备的自然寿命、技术寿命和经济寿命,并进行相应的更新和改造。

第四节 消防设施

一、消防设施的概念及内容

(一)消防设施的概念

消防设施是指建筑物内的火灾自动报警系统、室内消火栓、室外消火栓等固定设施。

(二)消防设施的种类

消防设施的种类如图8-3所示。

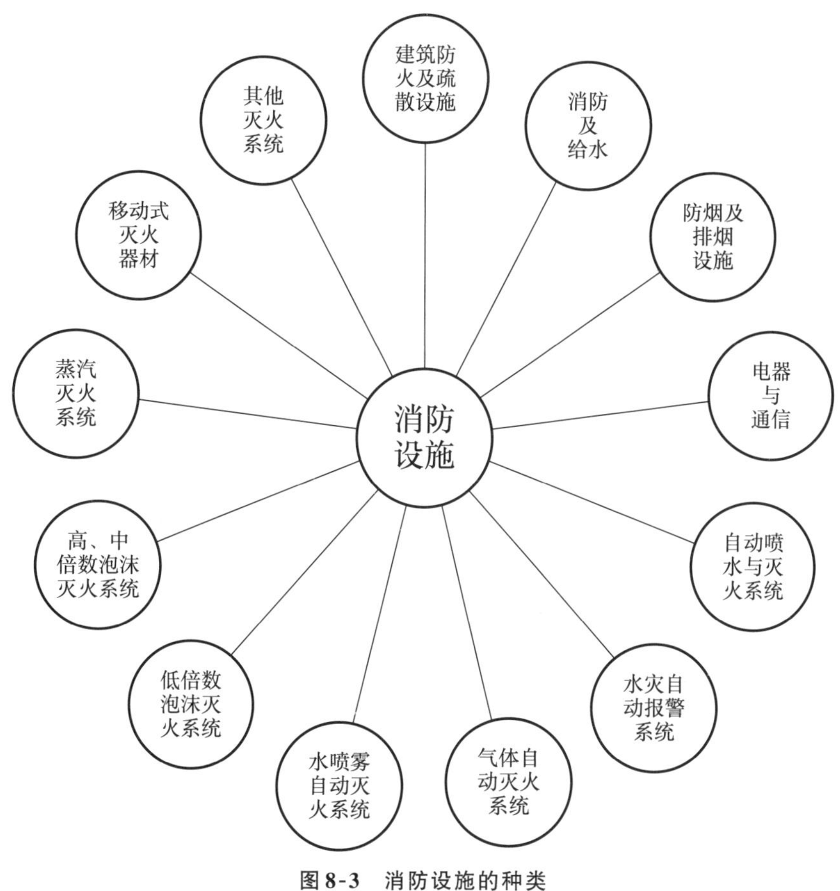

图 8-3　消防设施的种类

二、设施设计

火灾在旅游目的地各种灾害中是威胁性很大、发生很频繁的灾害之一，它的诱因虽和雷击等自然灾害有一定关系，但更多的还是人为的责任事故。从诱发火灾的三因子——气候（气象）、火源、可燃物来看，进行消防设施的设计非常有必要。旅游目的地火灾具有以下特点。

（1）旅游目的地内建筑多为木结构或砖木结构，建筑物不耐火，导致旅游目的地内建筑火灾具有燃烧猛烈、火势发展迅速的特点，而且过火后易坍塌。

（2）旅游目的地建筑密集，多为建筑群，一旦发生火灾，容易造成"火烧连营"。特别是景区内寺庙等建筑设置了大量飘带等易燃织物，寺庙内的香火、油灯、蜡烛等明火使用广泛，一旦用火不慎，极易发生火灾。

（3）旅游目的地普遍远离市区，交通不便，而且景区建筑台阶众多，门窄槛高，供水不便，从而造成扑救困难。加之游客密集，难以迅速组织疏散。

（4）旅游目的地树木众多，通风条件好，一旦发生火灾，蔓延很快。另外，旅游目的地宗教活动用火、雷击起火以及人为燃放烟花爆竹等，都极易引发火灾。

基于火灾特点，设计景区建筑物的防火设施。根据《建筑设计防火规范（2018 年版）》的一般性规定，旅游目的地的建筑物防火也必须进行自动报警系统、消火栓系统、

自动喷水灭火系统及灭火器的设置。

(1)自动报警系统。根据上述规范,可知旅游目的地高级旅馆的客房和公共活动用房都应设置火灾自动报警系统。这一系统应该包含触发装置(主要是火灾探测器)、控制器及辅助装置(包括警铃、疏散指示灯、中继器和隔离器等)。通常,旅游目的地的火灾自动报警系统可以设置区域报警系统、集中报警系统和控制中心报警系统三种基本形式。

(2)消火栓系统。消火栓系统是一种使用非常广泛的消防系统,高层的旅馆、酒店都必须设置室内、室外消火栓系统。其中,室外消火栓系统由室外消防给水管道、防水池构成,室内消火栓系统由室内消防给水管道、室内消火栓和室内消防水箱组成。

(3)自动喷水灭火系统。自动喷水灭火系统是当今世界上比较普通的一种固定灭火系统,主要有五种类型,即湿式、干式、预作用式、雨淋式、水幕式。

(4)灭火器。众所周知,灭火器是一种扑救初期火灾的轻便灵活式消防器材,它一般可分为水型、泡沫型、干粉型等多个类型。《火灾自动报警系统施工及验收标准》(GB 50166—2019)要求应该根据建筑物的火灾危险等级和可能类型来选择灭火器的种类、数量和规格,详细配置标准见相关消防规范。

三、消防设施的管理

(一)消防设施的保养与维护

(1)室外消火栓由于处在室外,经常受到自然和人为的损坏,所以要经常维护。

(2)室内消火栓给水系统,至少每半年要进行一次全面的检查。

(3)自动喷水灭火系统,每两个月应对水流指示器进行一次功能试验,每个季度应对报警阀进行一次功能试验。

(4)消防水泵是消防水系统的“心脏”,应每月启动运转一次,检查水泵运行是否正常,出水压力是否达到设计规定值。每年应对消防水系统进行一次模拟火警联动试验,以检验火灾发生时消防水系统是否能迅速开通投入灭火作业。

(5)高、低倍数泡沫灭火系统,每半年应检查泡沫液及其贮存器、过滤器、产生泡沫的有关装置,地下管道应至少每5年检查一次。

(6)气体灭火系统,每年至少检修一次,自动检测、报警系统每年至少检查2次。

(7)火灾自动报警系统投入运行2年后,其中感温火灾探测器、感烟火灾探测器应每隔3年由专门清洗单位全部清洗一遍,清洗后应进行响应阈值及其他必要功能试验,不合格的严禁重新安装使用。

(8)灭火器应每半年检查一次,到期的应及时更换。

(二)消防设施管理原则

第一,多部门、多主体合作。旅游业是一个综合性行业,涉及交通、住宿、餐饮、康乐等多个部门、企业,涉及游客、管理员工、当地社区居民等多个主体,要想合理地利用风险防控设施,旅游目的地必须加强多部门、多主体的合作与协调。

第二,多种手段结合。利用旅游目的地风险防控设施,必须使用经济、法规、生态、

宣传等多种管理手段，配合其他设施的设计与管理加以进行。

第三，风险规划、风险控制、风险监督措施相结合。景区风险不是静态风险，而是动态风险，这就需要在设施的管理上采取风险规划、控制和监督相结合的方式。

第四，技术上合理、经济上可行（ALARP原则）。风险不可能彻底消除，且采取技术管理措施需要经济投入，因此，旅游目的地消防设施的设计与使用要在风险水平与成本之间作一个折中，选择成本最低且合理可行的方案，这就是ALARP（As Low As Reasonably Practicable）原则。

（三）消防设施管理的内容

消防设施的管理，除了如同其他设施的管理一样，要做好设施的巡查、保养、维修和改造，还要重视设施使用制度的建立，制定消防事故预防管理条例；开展安全知识教育培训，培养从业人员、旅游者、旅游目的地内居民的安全意识；为提高旅游目的地突发消防事故的应对能力，整合突发安全事故的应急救援队伍体系，进行消防设施的使用培训和演习，确保"召之即来，来之能战"；建立旅游目的地消防设施的资料档案，将可供应急救援使用的设备类型、数量、性能、存放位置和使用评价等列表造册并逐级上报。

山西公布太原台骀山游乐园冰雕馆"10·1"重大火灾事故

2020年10月1日，位于太原市迎泽区郝庄镇小山沟村的太原台骀山滑世界农林生态游乐园有限公司冰雕馆发生重大火灾事故，造成13人死亡、15人受伤，过火面积约2258平方米，直接经济损失1789.97万元。

经现场勘验、调查询问、视频分析、技术鉴定及专家论证，调查认定引发火灾的直接原因是当日景区10千伏供电系统故障维修结束恢复供电后，景区电力作业人员在将自备发电机供电切换至市电供电时，进行了违章操作，带负荷快速拉、合隔离开关，在景区小火车通道照明线路上形成的冲击过电压，击穿了装饰灯具的电子元件造成短路；通道内照明电气线路设计、安装不规范，采用的无漏电保护功能大容量空气开关无法在短路发生后及时跳闸切除故障，持续的短路电流造成电子元件装置起火，引燃线路绝缘层及聚氨酯保温材料，进而引燃聚苯乙烯泡沫夹芯板隔墙及冰雕馆内的聚氨酯保温材料。火势在风力作用下迅速扩大蔓延，产生大量高温有毒烟气。加之冰雕游览区游览线路设计复杂，疏散通道不通畅，部分安全出口被人为封堵，导致发生火灾时游览人员不能及时逃生，因一氧化碳中毒、呼吸道热灼伤、创伤性休克等原因造成人员伤亡。

事故调查组认定，太原台骀山滑世界农林生态游乐园有限公司在限制建设区范围内违法占用集体土地；未取得相关证照擅自开工建设，未进行许可、备案擅自投入使

用;冰雕馆建设无专业设计、无资质施工、无监理单位、无竣工验收,且违规大量使用聚氨酯、聚苯乙烯等易燃可燃材料,将电气线路敷设在聚苯乙烯夹芯彩钢板上;日常管理混乱、安全意识淡薄、安全管理流于形式、安全隐患排查整治走过场。地方党委政府对安全生产工作的重要性认识不足,贯彻落实安全生产方针政策、法律法规和重大决策部署不到位,没有正确处理好安全与发展的关系;文化和旅游部门、消防救援机构、林业部门、国土部门及城乡管理部门,未认真履行工作职责和监管职责,相关法律法规落实不到位,安全生产工作开展不扎实,对存在的违法违规行为监管执法不到位,查处打击不力。

这次火灾事故暴露出景区火灾隐患排查难度大、监管混乱、灭火救援扑救难度大等一系列问题。景区属于人员密集场所,人流量大,一旦发生火灾将造成不可估量的人员财产损失,因此,事故前的火灾隐患排查、火灾防控尤为重要。

(资料来源:整理自 http://www.shanxi.gov.cn/zfxxgk/zfxxgkzl/fdzdgknr/zdlygk/aqscjg/202109/t20210918_5995175.shtml。)

第五节　解说设施

一、解说设施的概念和功能

(一)解说设施的概念

解说设施是旅游目的地将信息传播给游客的各种物质载体,在旅游目的地内供游客阅读、欣赏和娱乐,并起到宣传、教育、管理和纪念的作用。

(二)解说设施的功能

1.服务功能

为了使普通游客对专业性知识较强的地质或历史遗迹有通俗的了解,除了以各种形式(文字、图片、音像等)向游客提供基本的服务信息,旅游目的地应增加一些与这些知识紧密相关的解说设施来传达信息。例如,在自然博物馆中建设便携式电子解说系统,设置各类解说标识牌等。

2.教育保护功能

每处旅游目的地都应是一座科普教育基地,游客可以通过各种解说手段了解到旅游目的地景观的由来,在增长知识的同时了解自然资源形成的漫长性和不可再生性,增强对资源的保护意识。

3.体验功能

为了给旅游活动增加趣味性,旅游目的地会注重设置面向社会大众的解说设施并提供解说服务,规划设计与保护地有关的环境教育活动。例如,洞穴的深度探险旅游、某些河段的漂流、一些自然景观的历史重现等能够让游客在体验中提高对自然资源的

兴趣和增进了解。

二、解说设施的类型

旅游目的地解说设施多种多样，有音像制品、印刷物、标识牌、电子解说器等。根据传达信息的方式，解说设施可分为有声解说设施和无声解说设施（见图8-4）。

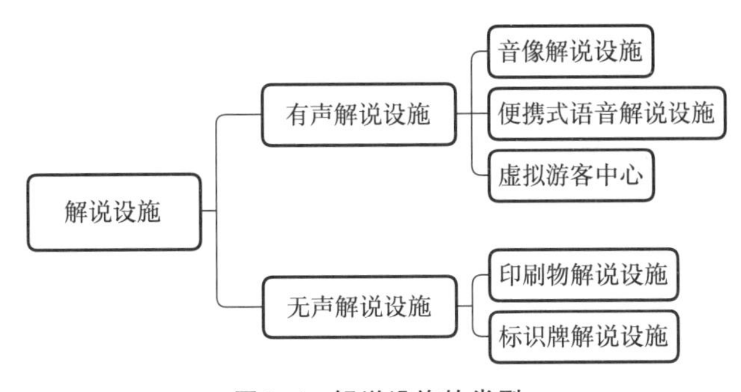

图8-4 解说设施的类型

（一）有声解说设施

有声解说设施是指解说信息可通过声音的方式表达出来的解说设施，它可以让游客有亲切感，使人印象深刻。这类解说设施包括音像解说设施、便携式语音解说设施和虚拟游客中心等。

（1）音像解说设施，具体包括影像放映厅、滚动屏幕、广播、电视等。

（2）便携式语音解说设施，即通常所说的电子解说器。它是一种能为游客提供讲解服务的语音解说设备。

（3）虚拟游客中心，即我们通常所熟知的旅游网站及线上解说。旅游目的地将各类资源信息、图片、录像、歌曲等放在网上，游客以扫描二维码或者访问网站的形式进行便捷的浏览和欣赏。

（二）无声解说设施

无声解说设施是通过静态的方式将旅游信息展示给游客，它与有声解说设施最大的不同点就是它所展示出的信息是静止的、无声的。这类解说设施主要有印刷物解说设施和标识牌解说设施等。

（1）印刷物解说设施，包括旅游地图、旅游指南、旅游画册、旅游宣传彩页、景区资料展示栏、书籍、报刊等。旅游目的地印刷物解说设施是旅游目的地通过印刷技术将与其有关的各类信息和图片固化在纸张上供游客阅读和欣赏，起到传播信息、增加旅游乐趣等作用。

（2）标识牌解说设施，载有图案、标记符号、文字说明等内容，具有解说、标记、指引、装饰等功能。

三、解说设施设计原则

(一)以游客为核心

解说设施设计要紧紧围绕服务游客这一基本核心,最大限度地满足主要游客群体的解说需求,统筹兼顾少数游客群体的主要解说需求,提高游客的游览体验。

(二)以规划为龙头

解说设施规划一定要在符合保护地规划要求的基础上,根据实际情况科学编制,构成专项配套规划。

(三)具有自身特色

解说设施建设必须因地制宜,结合自身实际,做到功能性和艺术性兼顾,与保护地自然和人文环境相协调,符合自身特点和地方传统文化习俗,成为旅游目的地的一个新亮点。

(四)注重公众参与

做好游客调查与分析,充分听取游客的意见和建议,在此基础上不断丰富和完善解说的人员、设施和内容,提高针对性和有效性。

(五)成效评估与持续改进

解说设施建成后,应对各类解说设施的建设使用情况和发挥的成效做出科学的评估和总结,并根据社会发展要求、旅游目的地发展水平、游客数量、资金、人才建设等方面情况的变化逐步调整和完善。

四、解说设施的规划流程

解说设施的规划流程如图8-5所示。

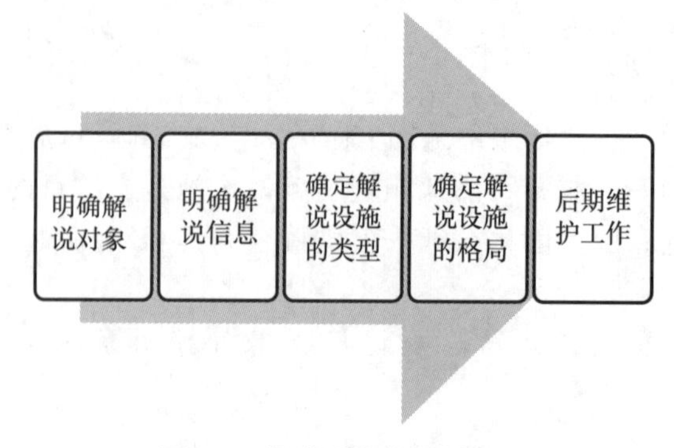

图8-5 解说设施的规划流程

（一）明确解说对象

在规划解说设施的整个过程中，首先要确定的就是解说对象，旅游目的地要极力展示出能代表自身特色的景观以及具有鲜明个性的景观。其次要确定哪些景观、旅游设施、旅游活动项目需要解说，哪些不需要解说。

（二）明确解说信息

确定解说对象后，可根据游客的兴趣爱好和旅游目的地的特征，收集大量与解说对象有关的资料，然后请旅游目的地的管理人员或者是聘请专家、学者撰写解说词，明确解说信息。

（三）确定解说设施的类型

根据需要展示的解说信息内容，选择合适的解说设施以达到景观与解说设施的最佳配置，从而让游客深入地了解旅游目的地的资源特性。

（四）确定解说设施的格局

明确解说对象、解说信息和确定解说设施的类型之后可结合解说对象周围的环境状况和整个旅游目的地的特色，确定解说设施应摆放的位置、解说设施的大小以及解说设施的颜色等。一般而言，解说设施的摆放位置和大小应不影响游客的观感，解说设施的颜色应与景观和整个景区相协调。

（五）后期维护工作

待解说设施安装完毕后，要不断地进行维护。旅游目的地应根据游客和市场的需求，不断地调整解说信息，以满足游客的需要。

本章小结

本章从旅游设施管理的基本概念着手，给出了旅游目的地设施管理的定义，提出设施设计过程中应坚持以人为本和可持续发展的观念。同时，对旅游目的地重要的交通、接待、消防以及解说设施进行了介绍，介绍这些设施如何运作以及管理。

典型案例

西奥多·罗斯福国家公园的解说设施

西奥多·罗斯福国家公园位于美国北达科他州，是少有的历史纪念意义地与自然

景观并存的国家公园。

该国家公园的资源主要集中于奇特的地质地貌和深厚文化积淀的罗斯福事迹、印第安文化,吸引着无数喜欢地理研究和历史文化研究的游客;加之公园内自然资源分布广、人文资源分布相对集中的特点,公园在主要且重要地段上设置了涵盖全面知识信息的游客中心为游客提供解说与教育服务。

西奥多·罗斯福国家公园里北区和南区游客中心的解说服务设施主要为一部长17分钟的公园电影,以及野生动物的标本、地质地貌样品和与罗斯福有关的展品等。这些设施所要表达的解说内容主要有三点:一是罗斯福的事迹,以及土著印第安部落的历史文化与风土人情;二是地质地貌的科学知识;三是以野生动物为主的生物生命科学知识。公园内的正式解说、非正式解说、艺术表演等解说形式也是围绕这三点内容而展开的。

西奥多·罗斯福国家公园解说与教育服务的人员设置有以下几种:首席解说员、各个景区的解说员、季节性的解说员、志愿者及专家学者等。这些人员都要达到国家公园管理局专业规定标准;在编工作人员要获得解说服务的资格认证;季节性的解说员要进行专业培训;景区的解说员要通过 The Eppley Institute Learning Platform 平台获得高级证书;志愿者和学者专家也要接受公园专业培训。

公园严格执行国家公园管理局的标准,要求每个景点都有一名工作人员。与游客接触的一线工作人员都要掌握公园所有的场地、主题、娱乐活动以及相关操作的专业知识。例如按游客需求为其提供专业知识的解说,回答游客的问题以及主动邀请游客体验当日的活动,并强调工作人员解说内容的专业性。

(资料来源:王辉、张佳琛、刘小宇《美国国家公园的解说与教育服务研究——以西奥多·罗斯福国家公园为例》,有所改动。)

课后活动

结束本章学习后,请同学们以小组为单位,通过查阅资料或者实地考察的方式了解某旅游目的地解说设施管理的情况,依据课程内容分析其优势与不足,并以PPT的形式进行分享。

第九章
旅游目的地服务管理

学习目标

1. 熟悉旅游目的地服务的概念。

2. 了解旅游目的地接待服务体系、公共服务体系和集散地体系的主要内容。

素养目标

国务院印发的《"十四五"旅游业发展规划》中指出，进入新发展阶段，旅游业面临高质量发展的新要求。我们要坚持以人民为中心，满足大众特色化、多层次旅游需求，构建服务新发展格局，推动旅游业态、服务方式、消费模式和管理手段创新提升。本章利用案例和知识点的融合，让学生对旅游目的地服务管理内容有所了解，以此培养学生不忘初心、讲诚信、有担当、注重人文关怀的品质。

学习重难点

1. 旅游目的地服务体系的概念、特征。

2. 旅游目的地接待服务体系的概念、构成、特征。

3. 旅游目的地公共服务体系的构成、特征。

4. 旅游集散地的概念、类型、特征。

故宫博物院"智慧开放项目"

随着5G、人工智能、云计算等信息技术的快速发展，运用数字化、网络化、智能化提升文化和旅游供给质量及管理服务效能成为时代新趋势。故宫是世界文化遗产、国家5A级旅游景区。2018年，故宫博物院的开放区域已达到全院面积的80%；2019年，故宫博物院游客接待量突破1900万人次。随着开放区域的不断扩大，如何将古建安全、文物保护、观众安全落到实处,是开放服务工作面临的新挑战。除完善硬件设施外,通过数字化手段提高博物馆的管理与服务水平,对外让游客畅通游览、对内创新游客管理方式,成为推动故宫博物院线上线下服务一体化发展的内在需求。

2018年起,故宫博物院数字与信息部同专业地图团队合作,对故宫开放区域的600多个建筑、展厅、服务设施位置信息进行精确采集,采用GPRS导航技术、LBS定位技术、360度全景技术等,综合大众喜爱的紫禁城祥瑞、故宫美图、特色路线,打造集指路、百科与闲聊于一体的AI专属导游,推出了"玩转故宫"小程序,满足不同观众的个性化游览需求。在2021年12月发布的数字故宫小程序2.0中,"玩转故宫"全新升级为"智慧开放"项目,除继续优化地图导航服务外,更以开放服务面临的突出问题为导向,从运营管理、服务质量、游客需求、开放安全、古建安全保护等多个维度抓取核心问题,扩展在线购票、预约观展、在线购物等实用板块,新增游客参观舒适指数查询、无障碍路线查询等功能,将"零废弃""适老化""无障碍"等理念融入开放服务中,并对AR实景导航在故宫场景中的应用进行了探索。从"玩转"导航的小助手,到更智能、更友好、更简单的开放服务平台,故宫博物院公共服务水平迈上了新的台阶,也向"智慧博物馆"一站式参观体验的建设迈出了新的一步。

(资料来源:李庆禹《故宫博物院"智慧开放项目"》,有所改动。)

第一节 旅游目的地服务体系

一、旅游目的地服务的概念

旅游目的地服务是指旅游目的地的旅游企业及相关部门为旅游者提供服务的过程。旅游目的地服务的重要功能包括吸引旅游者、接待旅游者、实现旅游者的旅游体验。旅游目的地服务是综合评价旅游目的地的重要指标。

二、旅游目的地服务体系的概念及特征

(一)旅游目的地服务体系的概念

旅游目的地服务体系是旅游目的地为了更好地为旅游者提供全面周到的服务,众多旅游企业及相关部门提供相互联系、相互影响的有机组织序列服务的系统。在空间上,表现为旅游经济地域综合体(张朝枝,2021)。

(二)旅游目的地服务体系的特征

旅游目的地中的旅游者活动涉及方方面面,不可能由单一企业或行业或旅游部门完成。以旅游活动的六要素为例,食、住、行、游、购、娱六大要素中,单个旅游活动完成需要众多企业和部门提供周到、完善的服务,这样才能给予旅游者更好的旅游体验。因此,旅游目的地服务发展必将是成为一个涉及面广、体系健全、功能完善、人性化与

标准化结合的旅游目的地服务体系。因为旅游服务具有无形性、不可储存性、不可转移性、生产和消费的同时性、服务质量的不稳定性等共同特点，所以旅游目的地服务体系也具有其自身特征，主要表现为综合性、系统性、导向性、规划性等。

1. 综合性

旅游的综合性决定了旅游者在旅游活动过程中的综合性。旅游者的旅游活动涉及多个产业部门、多个社会经济体系环节，旅游活动的复杂性决定了旅游目的地服务的综合性。旅游目的地服务覆盖面广、过程复杂，从旅游核心服务体系到旅游保障服务体系，再到旅游支撑服务体系，从旅游服务系统横向涉及面到纵向涉及过程，旅游目的地服务体系综合了国民经济的各大产业部门和社会管理系统。

2. 系统性

旅游目的地服务体系建设是一个系统过程，系统内部要素全面，单个要素和功能健全，系统内部各要素之间相互影响相互制约，需要研究系统内部要素之间的内在联系，从而更好地构建部门健全、内部结构优化、功能完善、运行良好的旅游目的地服务体系。例如，旅游公共服务体系是旅游目的地服务体系的重要组成内容，是其系统的组成要素之一。旅游公共服务中的信息服务网络构建、旅游安全与社会安全环境、各项旅游政策与社会管理政策等，相互影响、相互作用，单个要素内部和影响因素之间也是相辅相成的，共同构建目的地旅游公共服务体系运行。

3. 导向性

旅游目的地是为满足旅游者各项需求，完成旅游者旅游体验而存在的。旅游目的地服务更是为旅游者提供的，需要以旅游者需求来建设目的地服务系统。根据不断变化的旅游需求来决定旅游目的地服务体系中各要素系统的配置，淘汰落后的服务配置，引进先进的旅游服务理念与服务设施配套。例如，进入大休闲旅游时代，自驾游、乡村游、房车游、康体养生游等新型旅游形式不断出现，旅游目的地也要根据不同旅游需求和旅游形式来调整和完善服务体系。

4. 规划性

旅游目的地统筹规划是指旅游目的地服务体系建设不仅要遵从市场原则、旅游需求导向原则，更需要进行科学统筹规划，避免因追逐市场利益而过度开发建设，尽量减少浪费和重复建设，避免形成旅游目的地服务体系中企业间恶性竞争。特别是作为主导旅游目的地保障服务体系建设的政府部门及旅游支撑服务体系中的各行业组织，应进行积极统筹规划，使旅游目的地服务体系有序、健康发展。

第二节　旅游目的地接待服务体系

一、旅游目的地接待服务体系的概念及构成

旅游目的地接待服务体系是指旅游经营者凭借一定的技术和手段，为满足旅游者的基本旅游需求而提供的劳务总和，主要向旅游者的旅游活动提供一线服务，满足旅

游者食、住、行、游、购、娱六大基本要求,因此,旅游目的地接待服务体系也围绕着以下六大内容(见图9-1)。

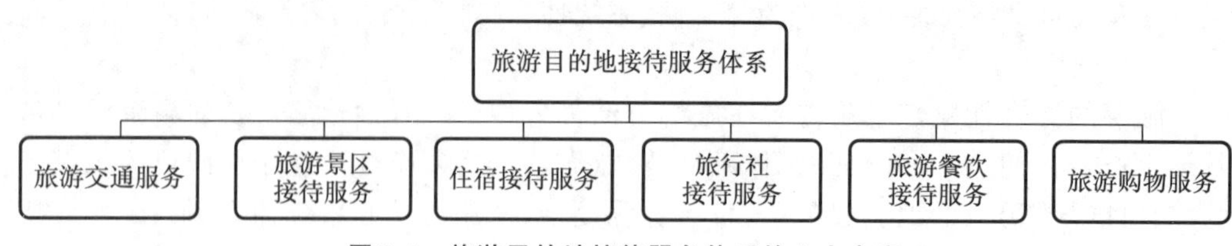

图9-1 旅游目的地接待服务体系的六大内容

(一)旅游交通服务

旅游交通服务是旅游者实现旅游体验的重要途径,也是提升旅游目的地服务质量的重要途径。一般来说,旅游目的地交通分为大、中、小三个尺度。大尺度旅游交通是指旅游者从居住地前往旅游目的地所使用的交通方式,包括乘飞机、乘火车、乘客运汽车、自驾等方式。要健全旅游交通体系建设,加强旅游目的地与全国交通网络的连接,实现立体交通网络的无缝连接,提高旅游目的地的可进入性。中尺度旅游交通是指旅游目的地城市内部交通,要完善城市内部旅游交通网络,合理布局各类公共交通方式,优化城市内部旅游公共交通结构,健全旅游交通标志识别系统,增加公共交通线路和承载量,提高区域内部各景区之间的连通度,提高区域内部旅游者周转能力。小尺度旅游交通主要指景区内部交通条件,要根据不同景区特征来设计和布局旅游交通方式和交通线路,建设环保、节能、有效的旅游交通运输体系,提高景区内部旅游交通服务质量。

2018年,交通运输部办公厅与国家旅游局办公室联合发布了《关于加快推进交通旅游服务大数据应用试点工作的通知》,提出了运游一体化服务、旅游交通市场协同监管、景区集疏运监测预警、旅游交通精准信息服务四个方向。

(二)旅游景区接待服务

旅游景区接待服务承担旅游者完成旅游体验的主要环节,旅游景区接待服务直接影响旅游者对旅游目的地的满意度和好感度。旅游景区接待服务主要体现在景区门票预订咨询、购买导游服务、景区解说系统等方面。提升旅游景区接待服务,首先需要完善景区门票查询预订系统,能够方便、快捷地实现门票咨询和购买。其次,导游服务也是旅游景区接待服务的重要组成部分,导游是景区对外宣传的直接窗口,亲切、热情、专业、幽默的导游服务能让旅游者更好地进行游览参观,实现景区的价值。例如,湖北省旅游景区首个微笑服务地方标准《湖北省旅游景区微笑服务规范》自2020年12月1日起正式实施。该规范结合三峡人家等景区旅游接待服务多年实践经验,对湖北省旅游景区的岗位微笑服务及常用文明用语等内容做出了具体规范,提出了指导要求。最后,景区解说系统应通过标识系统、全景导览图、自动讲解服务等多样化方式,使旅游者加深对景区的了解和认识,提升旅游活动质量。

近年来,信息技术发生了新的变化,移动互联网和手机终端已经成为影响我国居民生活方式的重要信息技术基础设施。因此,许多旅游景区开始利用移动互联网信息技术来更新以往的接待服务设施。以微信公众号为例，自2012年上线以来，它迅速发展为组织或个体为客户提供信息和服务的重要平台，也是众多旅游景区信息化建设及服务游客的重要载体。近年来，研究者开始对旅游景区微信公众号的功能进行初步梳理。例如：张筱雪(2016)对江西省3A级以上旅游景区微信公众号展开研究后发现，其功能主要集中在旅游信息服务(景区景点信息、游览线路推荐、定位导航)、景区服务支持(导游服务信息、休闲推荐、在线预订)、服务应用效能(游客互动、交通指南、天气预报、公告新闻、热线电话)三方面；史甜甜(2019)梳理了广东省5A级旅游景区微信公众号的功能后发现，其主要包括游玩攻略、周边服务、活动推送、门票预订、地图导航、语音导览、在线购物、在线互动、在线客服、会员中心十项功能。以微信公众号为首的旅游景区信息技术是未来景区智慧化建设的重要方面，我国旅游景区应予以重点关注。

(三)住宿接待服务

住宿接待服务是旅游者实现住宿体验的主要方式。住宿设施是旅游目的地重要的基础设施，大致可以按不同等级、不同风格，分为星级酒店、度假酒店、普通宾馆、青年旅社、特色民宿、汽车旅馆等类型。其中，星级酒店提供更为高档、舒适的住宿服务；度假酒店大多位于旅游景区内部或周边，更注重酒店环境、住宿品质、空气质量等因素；普通宾馆通常位于交通便捷的城市区域或城镇节点，提供便捷、周到的服务；青年旅社提供舒适的卫生环境、实惠的价格和温馨的服务；特色民宿以家庭旅馆、特色民居等为主体，提供特色、精致、主题化的住宿服务。

伴随智能技术的发展与应用，酒店业开始推行智能化服务。2013年，美国Yotel酒店使用机器人取代礼宾员；2015年，日本Henn na酒店在清理房间、搬运行李与接待迎宾等服务上使用了机器人。酒店机器人不仅能提高服务效率、降低成本，还能增加对年轻顾客的吸引力，给顾客带来更好的服务体验。近年来，国内酒店业积极进行智能化转型，逐步使用机器人等智能服务设备。疫情期间要求无接触服务，更使众多酒店将服务机器人视为重要的"工作人员"。以华住集团为例，配送机器人平均每月送物20余万次。

(四)旅行社接待服务

旅行社是连接旅游者与其他旅游企业的重要载体，具有提供旅游信息咨询、导游服务、旅游预订，协调各旅游供给企业关系等功能。旅行社服务与旅游活动密切相关，存在综合性、无形性、生产与消费同时性、不可储存性、不可转移性等特征。因此，薄宝华(2000)提出旅行社的从业者必须以顾客的需求为中心，时刻考虑顾客的消费能力，同时也有责任引导和培育出一个健康的、可持续发展的消费市场，如此才是真正对顾客负责的态度，才能不断提高旅行社在社会公众面前的诚信度，以及顾客的满意度、忠诚度。

近年来，随着国民经济的稳步增长和"互联网+"的深入发展，旅行社也来到转型升级的关键时期。线上旅游预订已经成为人们的一种生活常态，2018年CNNIC发布的第42次《中国互联网络发展状况统计报告》显示：截至2018年6月，我国在线旅行预

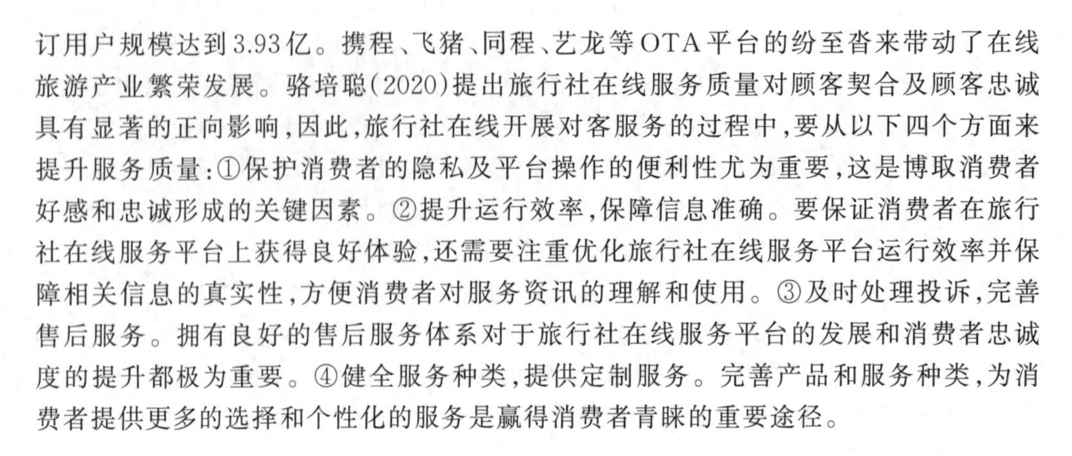

订用户规模达到3.93亿。携程、飞猪、同程、艺龙等OTA平台的纷至沓来带动了在线旅游产业繁荣发展。骆培聪(2020)提出旅行社在线服务质量对顾客契合及顾客忠诚具有显著的正向影响,因此,旅行社在线开展对客服务的过程中,要从以下四个方面来提升服务质量:①保护消费者的隐私及平台操作的便利性尤为重要,这是博取消费者好感和忠诚形成的关键因素。②提升运行效率,保障信息准确。要保证消费者在旅行社在线服务平台上获得良好体验,还需要注重优化旅行社在线服务平台运行效率并保障相关信息的真实性,方便消费者对服务资讯的理解和使用。③及时处理投诉,完善售后服务。拥有良好的售后服务体系对于旅行社在线服务平台的发展和消费者忠诚度的提升都极为重要。④健全服务种类,提供定制服务。完善产品和服务种类,为消费者提供更多的选择和个性化的服务是赢得消费者青睐的重要途径。

(五)旅游餐饮接待服务

旅游餐饮接待服务主要是依托于为旅游者提供餐饮服务的旅游企业,如大型旅游酒店、景区周边特色餐饮店等,不同类型的旅游餐饮企业共同构成旅游目的地餐饮体系。旅游餐饮服务要在保证食品绝对安全、卫生的基础上,强调特色化、美味度,以及健康养生等多种功能。

黄山风景区的"餐饮革命"

"五岳归来不看山,黄山归来不看岳",在传统自然风景区中,黄山是极具代表性的,也是自然资源优势非常突出的一个风景区。尽管如此,黄山风景区仍将大量的资金和精力投入到餐饮业的管理、改革和升级上。早在几年前,黄山风景区就意识到餐饮在创造景区口碑和消费方面的重要性。黄山风景区的餐饮负责人说:"当时一些小店、商场是个体承包经营的,产品质量、价格很难管控,因此在口碑等方面产生了很多问题。"意识到这个问题后,黄山风景区就开始了经营权收回之路。到2017年,黄山风景区的所有出租餐饮点已全部收回改为自营,统一进货、统一质量、统一定价、统一管理、统一监督。"这让我们餐饮更加注重服务、注重品质,相关的投诉少了很多。"

收回经营权只是"前奏",黄山风景区真正的餐饮革命始于2018年。为落实黄山旅游发展股份有限公司推行的"品质革命"战略,新成立的酒店事业部开始推行"餐饮革命",以生态环保与品质提升为核心理念,开始对餐饮业务进行统一升级。

这一改革的大背景有两点:一是"绿水青山就是金山银山"——对于以自然资源著称的黄山,其本身的自然环境是黄山旅游业发展的生命线,改善生态环境、实现长远绿色发展的压力迫在眉睫;二是"游客的旅游目的从传统观光向休闲度假复合型转变"——随着经济的发展,人们的旅游目的不再是简单的"来山看山",注重旅游体验、休闲度假需求增长是旅游业整体的转型发展趋势。

"原来景区内的食物多为鱼、肉、玉米、茶叶蛋等,留下的鱼刺、骨头、玉米棒子、蛋壳之类的食物垃圾给生态保护造成了很大困难;而且现在经济发展了,游客的需求也在跟着升级,现在再提供跟十年前一样的东西是不合适的。原来上山的大多是旅游团,吃的也是简单的团餐,填饱肚子就行;现在黄山接待的散客越来越多,这些游客的目的不只是观光旅游,还有休闲度假,他们对餐饮的要求更高、更多样化,核心需求已经完全不一样了。"余昌奎介绍道。

出于这两点,黄山旅游发展股份有限公司开始推行"光盘行动"和"轻餐饮"计划,给景区餐饮"做减法":取消团餐,改推行自助餐,减少食物浪费和餐厨垃圾;以不易产生食物残渣的西式餐点为餐饮经营重点,在客流量较大的广场、路口设置文创店、奶茶店、小食餐车等餐饮点;引进Costa快选店、精酿啤酒屋等为游客提供更优质的服务。

推行西式餐点,一方面是为了减少食物垃圾,另一方面是为了迎合不断变化的消费需求。"时代发展了,人们在休闲度假时对咖啡文化、奶茶文化的需求非常明显,我们需要跟上这个变化。"与此同时,黄山风景区内提供餐饮服务的6家酒店全部以"套餐简餐+自助餐+高端商务宴请餐"的形式提供餐饮服务,分别对应低、中、高三档消费层次,在减少食物浪费的同时满足差异化选择。

在这一餐饮制度的设计下,黄山风景区投入了上千万的资金用于酒店自助餐厅的改造,以期为游客带来更良好的旅游体验,并于2020年成立了新的团餐部,加强对景区餐饮的指导和规范,进行餐饮新产品研发和推广。

值得一提的是,余昌奎提到,其实整体而言,"餐饮革命"带来的餐饮板块的绝对收入基本持平而非上升。但他也表示,现在景区的餐厨垃圾减少了15%左右,整个景区品质提高了,从长远来说,这一改革对景区餐饮业发展和景区可持续发展都是必要且利好大于损失的。

"我们现在都在'做减法',包括酒店改造也是在减少房间数。增加房间、接待大规模团餐、不淘汰高污染食材或许能带来一时的利润,但最终是会对黄山的旅游业本身产生危害,也不利于整体的转型。未来,我们希望在保护黄山自然环境的前提下,让黄山能够提供优质的休闲服务,让游客来黄山不仅能看山,还能做SPA、泡酒吧、喝咖啡,在这里度过悠闲美好的假日。"

(资料来源:姚竹君《景区餐饮:跟上旅游业转型的脚步》,有所改动。)

(六)旅游购物服务

旅游购物服务主要指旅游购物场所、旅游娱乐场所等地的旅游服务,提供特色旅游产品、日用品、工艺品、纪念品等商品的购买服务,娱乐场所提供丰富多彩、地方特色浓厚的旅游服务。据统计,我国境内游客旅游购物消费仅占旅游消费总额的30%,远低于发达国家的60%。与此形成鲜明对比的是,大部分出境旅游的游客具有强烈的购物欲望,其旅游购物消费约占旅游消费总额的50%,香港、纽约、首尔、东京等城市是我国游客理想的购物目的地,海外代购及国外旅游购物成为一种时尚。在旅游过程中,人们的购物动机复杂多样,很多游客将旅游购物当作一种休闲娱乐活动,舒适的旅游购物环境、独具文化特色的旅游商品以及销售人员令人满意的服务都会对游客的购物体验产生重要影响。因此,安贺新(2018)从以下三个方面提出旅游目的地完善旅客购

物体验、促进旅游购物市场发展的管理措施。

(1)提升旅游商品品质与特色,满足游客购物体验需求。当前我国旅游购物消费水平较低,主要是因为旅游商品的品质和同质化问题影响了游客购物的积极性。为了根本解决这一问题,一方面,旅游景区的管理者要加强对景区商品和商店的管理,全面提升景区商品质量;同时,景区商店的经营者要树立诚信经营意识,销售渠道正规且质量较好的旅游商品,杜绝欺骗消费者的违法行为。另一方面,旅游目的地企业应重视特色旅游商品的研发,将文化融入商品之中,打造出极具文化内涵及特色的旅游商品,满足游客购物体验需求。

(2)优化游客购物环境,提升游客购物体验。良好的购物环境,是游客产生良好体验的重要条件,对游客购买意向有重要的影响。因此,景区要注重加强商店的规划设计,使商店的装潢布局和商品的包装及摆放充分体现景区的文化特色,使游客置身于独特的文化氛围之中,进而提升他们的旅游购物体验。同时,景区还要关注游客之间的影响,把握好游客的心理,通过优质的商品与服务吸引游客,引导理性消费,并使他们主动进行口碑传播,促进商品销售。

(3)改善购物服务,强化游客购物体验。我国已经出台了《中华人民共和国旅游法》,该法律对旅游购物服务加以约束,但现实中变相的强制性购买行为仍然存在,这使得游客对在旅游景区进行购物消费心存畏惧,从而产生不好的旅游购物体验。因此,旅游部门应加强旅游购物服务管理,尤其要加强对导游和销售人员的管理,建立和完善游客投诉机制,提高投诉事件的处理效率,严厉打击强制性购物等违法违规行为,整顿服务态度恶劣等不文明现象,规范景区销售,切实维护游客的合法权益。

二、旅游目的地接待服务体系的特征

(一)复杂性

旅游目的地接待服务包含旅游者游览的全过程,旅游者在旅游目的地与旅游产业发生各种关系,旅游接待服务呈现复杂性与综合性。旅游接待服务的综合性和无形性也决定了其复杂性。同时,旅游接待服务强调细节化、人性化、标准化等要求,当其服务构成和要素经过分解后,复杂性将直接影响旅游接待服务质量。以旅行社服务为例,其服务可分解为旅游宣传、旅游信息推广、旅游咨询接待、旅游业务合同签订、旅游预订、导游服务、履行合同约定、旅游投诉处理、旅游服务反馈等,其各个环节都涉及旅游产业其他部门。

(二)细节化

细节决定成败,旅游目的地接待服务极其重要又极其复杂,这就决定了旅游目的地接待服务需注重细节,要求每一个环节、每一道服务程序、每一位旅游从业者都能从细节出发,提供精品化旅游产品、细节化旅游服务。

（三）人性化

旅游目的地服务体系建设应坚持以人为本，始终为旅游者、为当地居民、为旅游经营者服务。在旅游服务设施、旅游服务细节、旅游服务质量等方面，均应以人为核心，从旅游者的需要出发，设计贴近旅游者实际需求的产品和服务，方便旅游者开展旅游活动。近年来，国家旅游局（现文化和旅游部）开展"旅游厕所革命"，加快推进旅游厕所建设与改造，加强旅游厕所的管理与维护，全面提升旅游业品质，不断满足广大游客的需求，制定《全国旅游厕所建设管理新三年行动计划（2018—2020）》，要求旅游厕所规划和设计要体现人性化，方便游客。

（四）满意度最大化

旅游目的地服务体系建设坚持以人为本，是为了实现旅游者满意度的最大化。从需求与供给的角度来说，旅游目的地服务作为旅游供给方，最终的目的是满足不断增长的旅游需求，以此来获得利润。只有旅游者的旅游需求充分得到满足，才能实现旅游目的地利益最大化。因此，旅游者满意度的最大化也是旅游目的地接待服务体系的重要特征之一。

第三节　旅游目的地公共服务体系

一、旅游公共服务体系的概念

为了提高政府管理的效率，我国明确提出要加快公共服务体系建设、加快建设公共服务型政府。此后，旅游公共服务体系的建设也逐渐受到重视，《"十三五"旅游业发展规划》明确提出要完善旅游公共服务体系。

王信章（2012）认为旅游目的地是一个以强大的旅游吸引物(物质与非物质形态）为内涵、以优质的旅游接待服务设施为支撑、以完善的旅游公共服务体系为保障的旅游城市（旅游区、旅游地），没有旅游公共服务，就没有旅游目的地，因此，旅游公共服务体系在旅游目的地建设中具有重要的意义，是旅游目的地建设的主体内容之一。李爽（2012）提出，旅游公共服务是指由政府或其他社会组织提供，不以营利为目的，具有明显的公共性，以满足旅游者共同需要为核心的公共产品和服务的总称。完善的旅游公共服务体系建设是成熟的旅游目的地、国际旅游城市的主要标志之一。

颜廷利及上海世博会课题组代表性地将旅游公共服务体系划分为旅游城市服务系统、旅游信息服务系统、旅游救助服务系统、消费者权益保护系统、突发事件应急系统及旅游志愿者系统等子系统。程道品（2011）以桂林国家旅游综合改革试验区为例，认为旅游公共服务体系是指旅游公共服务的主体、设施、服务方式和制度的有机整体，并根据其主体社会属性及特征划分为政府主导下的旅游公共服务体系和市场主导下的旅游公共服务体系两大部分。

综上,旅游公共服务体系是指政府、企业、社会组织等部门在一定区域范围内促进旅游业发展、满足旅游者公共需求的一系列旅游公共服务的总和,它是一个整体系统,包含着若干个子系统,各子系统相互联系,共同提高旅游目的地的公共服务水平。

二、旅游目的地公共服务体系的构成

旅游目的地公共服务体系主要由旅游公共交通服务、旅游公共信息服务、旅游公共安全服务、旅游公共管理服务、旅游公共环境服务构成(见图9-2)。

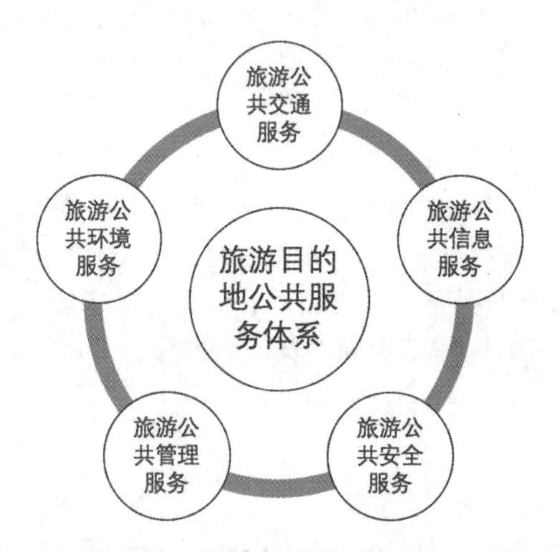

图9-2 旅游目的地公共服务体系的主要内容

(一)旅游公共交通服务

旅游公共交通服务是指旅游目的地为游客提供的旅游专线班车(船)、旅游集散交通、旅游公共巴士(车、船)和旅游公共自行车等体系。例如,日本根据国内和海外游客的不同特点开发出七种特色旅游车票供自由行游客选择,如适合时间充裕的年轻人的"青春18旅游车票"、针对海外游客的"日本铁路周游券"、面向大众的"假日观光游览通票"等。

(二)旅游公共信息服务

旅游公共信息服务是指旅游目的地公共服务体系中,向旅游者提供的目的地的各种信息,包括旅游交通信息、旅游景点信息、旅游目的地概况、旅游安全环境信息等。一些常见的公共信息提供方式有游客中心、信息亭、触摸屏、旅游地图、旅游指南、旅游呼叫中心(旅游热线、投诉电话)等。旅游公共信息服务是旅游目的地公共服务体系建设中的重要组成部分,以桂林为例,桂林是全国率先成立旅游咨询服务中心的旅游目的地,也在全国首创自驾车旅游咨询服务站。在智慧旅游发展支持下,旅游信息咨询、旅游网络建设、自媒体信息建设、旅游目的地宣传信息系统、旅游信息标识系统、旅游信息服务平台建设等都将迎来新的发展契机。

（三）旅游公共安全服务

旅游公共安全服务主要包括旅游卫生防疫、旅游食品卫生安全、旅游公共秩序维护、旅游消防安全和特种旅游项目安全等方面内容。旅游目的地公共服务体系建设中的旅游公共安全服务是为了保障旅游活动安全有序进行，消除不安全因素，提供安全稳定的旅游环境。旅游安全因素是旅游者做出旅游决策的重要影响因素，旅游安全服务更应该涉及旅游活动的全领域、全要素、全时空、全行业。旅游安全服务包括旅游安全信息体系、旅游安全法制体系、旅游安全预警监控体系、旅游安全应急处置体系、旅游安全保险体系等。《上海市旅游条例》规定建立假日旅游预报制度和旅游警示信息发布制度，要求市旅游行政管理部门应当在春节、国际劳动节、国庆节假日期间及放假前一周，通过大众传媒逐日向社会发布主要景区（点）的住宿、交通等旅游设施接待状况的信息。

（四）旅游公共管理服务

旅游公共管理服务是指为维护旅游目的地有序、畅通、高效的运行，为旅游者和当地居民提供良好的旅游环境和生活环境，以旅游经营者和行政管理部门为管理主体，制定并执行旅游管理规定、条例或法规。在旅游目的地公共服务体系建设中，旅游公共管理服务需要形成一套完整、有序、高效的服务机制，建立良好的沟通协调机制，充分发挥管理人员的积极性，使服务人员能够提供更好的服务。旅游公共管理服务包括旅游政策法规、旅游教育培训、旅游规划等。

（五）旅游公共环境服务

旅游公共环境服务包括旅游目的地整体自然环境、旅游景区局部环境、城市微观环境等。旅游目的地整体自然环境的主要监测项目包括大气、温度、极端天气、污染物排放等。旅游景区局部环境主要包括景观植被、水体环境、空气质量、旅游流量区容量等。城市微观环境主要包括城市绿地系统等。

三、旅游目的地公共服务体系的特征

（一）公共性和无偿性

旅游目的地公共服务属于社会公共产品，人们对其使用和消费，不影响其他人使用和消费。其最大特征为产品服务的公共性，一般是无偿服务，具有无偿性。旅游目的地公共服务一般是由政府、行业组织等面向旅游者或全体社会成员提供的具有公共性特征的产品和服务的总和，包括公共基础设施、旅游基础设施等硬件服务，也包括旅游信息、旅游安全、旅游管理等软件服务。

（二）非排他性和非竞争性

旅游目的地公共服务具有公共性和无偿性，这决定了旅游目的地公共服务在很大程度上具有非排他性和非竞争性。旅游业是一个综合性产业，涉及范围较广，其产品

通常是无形的旅游服务或旅游体验,保障无形产品提供的公共服务体系,与其他行业具有竞争性相比,其面向大众和旅游者的特征,存在非排他性和非竞争性。

第四节　旅游集散地体系

一、旅游集散地的概念

旅游集散地是旅游目的地的三大构成要素之一,是对旅游者起中转、集散作用的城镇,不仅是旅游流聚集地,还是旅游流中转辐射地,它所发挥的巨大集聚作用和辐射作能极大地带动目的地旅游业的发展。马继刚(2014)认为旅游集散地作为一种独特的地理事物,是介于客源地和目的地之间的区域旅游系统要素之一,是在区域旅游空间结构中发挥交通中转、住宿接待、景区物资供应等服务功能的依托城镇,许多成熟景区附近都有旅游集散地,如泰山与泰安市区、武陵源风景区与张家界市区、五指山与五指山市区,泸沽湖与宁蒗县城、庐山与九江市区、峨眉山景区与峨眉山市区、武夷山与武夷山市区、九寨沟与九寨沟县城、九华山与青阳县城、石林与昆明市区、玉龙雪山与丽江市区等。这些城镇过去只是普通的地理单元,后来由于附近旅游景区的发展影响及需要,增加、强化了旅游交通功能和接待功能,逐步发展成为旅游集散地。

二、旅游集散地的类型

旅游目的地中的旅游集散地不是孤立存在的,而是由不同等级、不同主导功能的旅游集散地组成合理、有序的综合体系,各级旅游集散地之间存在更深层次的协同共进关系。旅游集散地可根据行政区划分为国家、省、市、县四级;还可分为一级旅游集散地、二级旅游集散地、三级旅游集散地三类(见图9-3)。

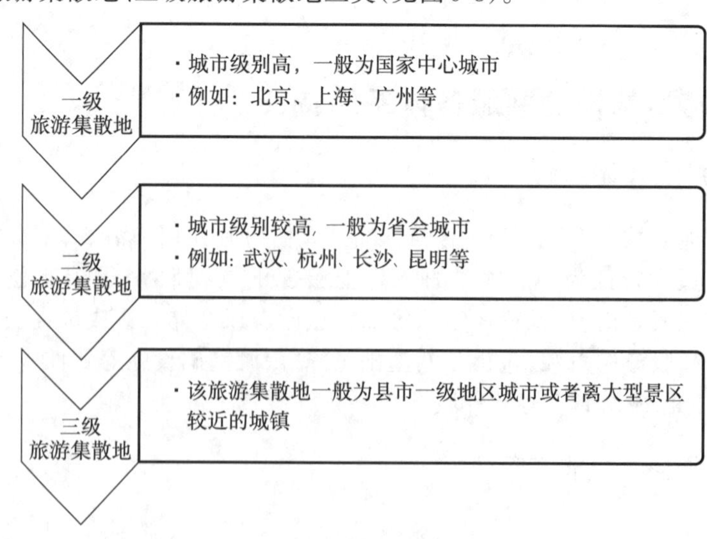

图9-3　旅游集散地类型

三、旅游集散地的特征

(一)中转性

旅游集散地位于区域中心城市,是旅游者进入旅游目的地的门户通道。旅游者进入旅游集散地后,旅游集散地充分发挥中转功能,通过交通运输、旅游服务、旅游信息引导等多种形式,将旅游者中转到旅游目的地景区或下一级旅游集散地。

(二)集散性

由于旅游目的地发展过程中存在着规模经济效应,旅游企业等在地理空间内集中,不断吸引周边各类资源、能量、信息的输入,并最终形成旅游服务的中心节点城市。这就是旅游集散地的集聚功能。旅游集散地等级越高,这种吸引能力就越强,主要有两种表现形式:一种是中心集聚,表现为人流、物流和信息流从区域外直接抵达集散地;另一种是逐级集聚,即人流、物流和信息流先集聚到区域内等级较低的集散地或节点,再向等级较高的集散地逐步集聚,集聚过程中可能伴随不同交通工具的变换,区域内交通发展的不均衡会进一步加剧集聚作用。

(三)服务性

旅游集散地是旅游目的地服务综合体,综合了旅游交通服务、信息服务、旅游安全、餐饮、住宿服务、游览服务、旅游咨询服务等。这些服务通常由旅游行政管理部门、旅行社、旅游中介机构、旅游网站、旅游培训机构等提供,并在地理空间内集中,将各单体服务有机地联系起来,发挥出整体综合的最大功能效益。旅游集散地借助区位优势,利用市场机制,实现旅游企业的规模效应和地域根植性(Embeddedness),促进企业整合区域内的旅游资源。随着旅游业由"单点"资源竞争逐步向"面上"产品竞争的转变,旅游集散地的服务功能将起到越来越重要的作用。

本章小结

目前,我国旅游目的地建设逐步完善,游客对旅游目的地服务供给提出了更高要求。本章介绍了旅游目的地服务体系的概念和特征,并且依次对旅游目的地接待服务体系、旅游目的地公共服务体系、旅游集散地体系三个方面进行了重点阐述,让学生了解和掌握旅游目的地服务管理的相关内容。

典型案例

“一部手机游云南”上线以来——打造“互联网+旅游”实践标杆

“一部手机游云南”项目上线以来,在“互联网+旅游”的进程中率先改革、稳扎稳打,持续推动“整治乱象、智慧旅游、提升品质”旅游革命“三部曲”。该项目的技术创新以人为本,延展了“旅游革命”的内涵。

2020年底,在文化和旅游部发布的《2020年度文化和旅游信息化发展典型案例名单》中,“一部手机游云南”项目作为全域智慧旅游实践标杆,成为云南省唯一入围的案例。2021年春节,云南的“新”景区——高速公路服务区火了一把。原本只是半路停车休整、上卫生间的地方被游客们纷纷刷屏:别具一格的园林设计、专业刺激的卡丁车赛道、趣味十足的水果采摘园……该服务区不仅硬件齐全,智慧软件也让在旅途中的人们耳目一新。

截至目前,云南省昆(明)大(理)丽(江)、昆(明)磨(憨)两条美丽高速公路及怒江美丽公路沿线共65个服务区上线“一部手机游云南”平台,车位、厕所、淋浴间、油价、通知、公告等模块尽在指尖。这一融合创新,成功地在假日文旅消费体验中“出圈”。

全国政协委员、云南省作协主席范稳在全国两会的提案里提到,“一部手机游云南”开启了以“互联网+”为手段的全域智慧旅游探索,推动了旅游生产方式、服务方式、管理模式创新,提升了旅游治理效能,完成了流程再造,丰富了旅游产品业态,拓展了旅游消费空间,助力云南旅游产业转型升级。“互联网+旅游”的时代,旅游美不美,游客说了算。“一部手机游云南”上线以来,围绕“从能用到好用到爱用”的目标,以用户为导向,不断优化产品架构和功能。上线两年多时,已根据游客满意度调研而“磨”出了70个版本,累计下载量达2300万次,用户数超过760万人,包括App、小程序、服务号在内的“游云南”产品体系为公众提供服务近2亿次。

疫情发生后,“一部手机游云南”凸显服务职能,在“游云南”App首页迅速上线公共服务板块,新增“实时服务”“紧急寻人”“疫情发布”“辟谣查询”“宅游云南”5个频道,实时发布疫情相关信息,慢直播开启“云旅游”服务,“大咖开小会”线上论坛等为行业提供学习交流。当“预约、错峰、限流”成为当下旅游的标配时,“一部手机游云南”一路小跑,相继上线景区分时预约、洗手台查询等功能,不断让出行更快速、更简单、更人性化。紧接着,“一部手机游云南”结合微信卡包,推出集景区预约、投诉退货于一体的“云南旅游服务保障卡”。

立足于“做文旅企业的贴心朋友”,2020年以来,“一部手机游云南”由原来的OTA在线旅游自营模式升级为线上旅行OTP店铺模式。最大的变化体现在旅游企业通过在“游云南”开店的方式,直接向游客提供旅游咨询、产品预订服务。相应而生的“双0”结算模式更加激励旅游企业成为旅游升级转型的主力军。“双0”模式为合作商家提供的“0佣金”和“T+0结算周期”,最大限度缩短了资金占压周期和成本,不仅能提高企业资金周转速度,还能大幅度降低企业的经营成本,对于当下资金链紧张的旅游企业,可谓是雪中送炭。同时,新推出的“游云南”旅游交易平台,一键完成自由打包、快速开

店、渠道对接，又为旅游企业提供了包括开店、运营、分销、经营管理的一体化工具。在这样的模式推动下，优质旅游资源快速进入平台，进一步丰富云南旅游产品市场，为游客提供更多优质选择。

目前，“一部手机游云南”将数字化治理模式的触角延伸至生态领域。在洱海周围，生态廊道智慧化建设实现对洱海生态廊道生态治理指标监测，辅助洱海生态保护管理，兼顾公众康养休闲需求和周边乡村振兴、产业带动，使得廊道成为一条健身步道、康养步道、文化旅游步道、生态科普步道、文化经济步道。

站在“十四五”的新起点，根据文化和旅游部、国家发展和改革委员会等10部门印发的《关于深化“互联网＋旅游”推动旅游业高质量发展的意见》，“一部手机游云南”项目认准“八大路标”，即“加快建设智慧旅游景区、完善旅游信息基础设施、创新旅游公共服务模式、加大线上旅游营销力度、加强旅游监管服务、提升旅游治理能力、扶持旅游创新创业、保障旅游数据安全”，乘势而上。该项目作为云南省从2018年开始实施的旅游革命“三部曲”的代表性举措，将继续用实践回答“旅游革命”为了谁的问题：为了游客、为了从业者、为了管理者，一切为了人民。

（资料来源：王欢、储东华《“一部手机游云南”上线以来——打造“互联网＋旅游”实践标杆》，有所改动。）

课后活动

请同学们通过以上案例和浏览“一部手机游云南”小程序，分析此应用成功的经验，以及为我国旅游目的地公共服务的实施带来的启示。

第十章 旅游目的地安全与危机管理

学习目标

1. 理解旅游安全的定义，旅游目的地危机的定义、特点与分类。
2. 熟悉旅游安全的影响因素及表现形态、旅游目的地危机的影响。
3. 了解旅游目的地危机管理的定义与理论基础。
4. 掌握旅游目的地安全的预防与危机的应对措施。

素养目标

习近平总书记强调，要加强党对国家安全工作的集中统一领导，正确把握当前国家安全形势，全面贯彻落实总体国家安全观，努力开创新时代国家安全工作新局面，为实现"两个一百年"奋斗目标、实现中华民族伟大复兴的中国梦提供牢靠安全保障。"安而不忘危，存而不忘亡，治而不忘乱。"统筹发展和安全，增强忧患意识，做到居安思危，是我们党治国理政的一个重大原则。党的十九大把坚持总体国家安全观作为新时代坚持和发展中国特色社会主义的基本方略之一，明确要求必须坚持国家利益至上，以人民安全为宗旨，以政治安全为根本，统筹外部安全和内部安全、国土安全和国民安全、传统安全和非传统安全、自身安全和共同安全，完善国家安全制度体系，加强国家安全能力建设，坚决维护国家主权、安全、发展利益。在这样的背景下，充分保障旅游安全工作的顺利进行，保障"以人为本"理念的深入贯彻具有十分重要的意义。通过本章的学习，学生应树立社会责任感与担当意识，培养知识迁移的能力，认识到安全是旅游的生命线。

学习重难点

1. 旅游目的地安全、旅游目的地危机的定义。
2. 旅游目的地安全管理预防措施以及安全事故处理的一般程序。
3. 旅游目的地危机的定义、特点、分类及影响机理。
4. 旅游目的地危机应对措施。

宰客事件

雪乡国家森林公园位于黑龙江省海林市，是黑龙江省冰雪旅游的主打品牌之一，国家4A级旅游景区。2017年12月29日，有游客在微信平台发文称在该地旅游时遭遇宰客。

2018年1月3日，黑龙江大海林林业地区旅游局局长刘忠才表示，经查，该游客文章中提到的赵家大院确实存在价格欺诈行为，按照规定已对其处罚5.9万余元，同时发现赵家大院在卫生及消防方面也存在问题，已责令其限期整改。2018年1月17日，《黑龙江省人民政府办公厅关于切实加强全省冬季旅游市场综合监管优化旅游服务环境的通知》发布，该通知要求将亚布力滑雪旅游度假区、雪乡国家森林公园等作为整治重点，从严处罚"不合理低价游"、强迫消费、导游欺客甩团等行为，以及"黑社、黑导、黑车、黑店"现象。进一步完善"12345政府服务热线"的服务功能，确保游客拨打"一个电话"实现"有诉必应"。

（资料来源：根据相关资料整理。）

第一节 旅游目的地安全

一、旅游目的地安全的定义

旅游目的地安全是指旅游者在目的地活动期间的人身安全、财产安全和心理安全。旅游者对目的地安全的感知是其进行旅游决策的重要影响因素，塑造一个安全的旅游目的地形象和营造一个安全的旅游目的地环境对目的地管理至关重要。近年来不断发生的旅游安全事故使得旅游目的地安全问题越来越受到重视，政府部门和相关旅游管理者更加关注游客的安全体验，尽可能减少和杜绝安全事件的发生（黄安民，2016）。

二、旅游目的地安全的影响因素

（一）旅游环境

旅游活动的开展需要一定的自然环境和社会环境基础，当基础存在不稳定因素时，旅游环境就会表现出不安全状态。

1. 自然环境因素

自然灾害可分为骤发自然灾害和长期自然灾害两大类。常见的骤发自然灾害包括地震、火山爆发、地裂、崩塌、滑坡、泥石流、台风、洪水、海啸、沙尘暴等;长期自然灾害包括干旱、沙漠化、水土流失等。

2.社会环境因素

社会环境的不安全状态主要来源于社会与管理灾害,社会环境因素包括战争、恐怖袭击、社会动乱、犯罪活动、旅游设施管理差错等引起的灾难或损害。

(二)旅游者行为

部分游客刻意追求高风险旅游行为,增大了事故发生的可能性,这类行为包括极限运动、峡谷漂流、探险旅游、野外生存等旅游活动。此外,旅游者无意识进行的一些不安全行为也会引发安全事故,如随意丢弃烟头、干旱季节野炊、户外烧烤等行为引发山林大火,误入泥泞沼泽地、有瘴气的山谷,偶遇大型食肉类动物等(黄安民,2016)。

(三)管理失误

管理失误对环境和行为造成的影响加重了旅游环境的不安全性,大规模的旅游开发在一定程度上破坏了旅游目的地的山体、水体、大气、动植物群落以及其他生态环境,引发了一些自然灾害,如建筑工程开挖引发山体滑坡、岩石崩塌,旅游设施建设中大量砍伐树木导致水土流失加剧,形成泥石流等。同时,管理疏忽和失误也会使社会环境恶化,引发针对旅游者的各种犯罪活动增加,如抢劫、勒索、行窃、诈骗、赌博等(黄安民,2016)。

三、旅游目的地安全事故表现形态

旅游目的地安全事故按事件性质可分为安全事件(Safety Event)和安保事件(Security Event)(王有成等,2014)。

(一)安全事件

安全事件是指使旅游者受到意外伤害的非蓄谋类事件,这类安全事件可能是由自然灾害、基础设施问题、目的地环境、游客的行为和活动所造成的。例如,安全事件的发生可能包括洪水、火灾、传染疾病、食物中毒、交通事故,以及与游客活动相关的安全事故,如意外滑倒、坠落、割伤、烧伤、财物损坏等。

(二)安保事件

安保事件主要指旅游者由于他人的故意行为而遭受损害的事件,如犯罪、恐怖袭击、战争、内乱或政治动乱。

旅游目的地安全事故的不同表现形态如表10-1所示。

表10-1 旅游目的地安全事故的不同表现形态

类别	亚类	表现形式
安全事件	自然灾害事件	如地震、洪水、飓风和火山爆发等
	与目的地管理相关的事件	基础设施的问题(如恶劣的卫生条件)、旅游设施的安全标准(如火灾、建筑误差)、交通事故(如车祸、空难)、健康问题(如军团病)等
	与自然相关的事件	如飓风、台风、洪水、极端温度等
	与旅游者相关的事件	极限体育运动、危险休闲活动、不遵守指示、身体健康状况欠佳、不熟悉任务或环境等
安保事件	犯罪	如抢劫、袭击、强奸、绑架、谋杀等
	恐怖袭击	如世界贸易中心的"9•11"事件等
	战争	如海湾战争、波黑战争、科索沃战争等
	内乱/政治动乱	如南非(1994年以前)、泰国(2010年)、西班牙(1995年"埃塔"分裂组织活动)、墨西哥(1994年"萨帕塔运动")等

(资料来源:张朝枝、陈钢华《旅游目的地管理》,重庆大学出版社,2021年版。)

第二节 旅游目的地安全预防

一、旅游安全事故等级

根据《旅游安全管理暂行办法实施细则》,旅游安全事故分为轻微事故、一般事故、重大事故和特大事故四个等级。

(1)轻微事故是指一次事故造成旅游者轻伤,或经济损失在1万元以下的事故。

(2)一般事故是指一次事故造成旅游者重伤,或经济损失在1万(含1万)至10万元的事故。

(3)重大事故是指一次事故造成旅游者死亡或旅游者重伤致残,或经济损失在10万(含10万)至100万元的事故。

(4)特大事故是指一次事故造成旅游者死亡多名,或经济损失在100万元以上,或性质特别严重、产生重大影响的事故。

二、旅游目的地安全管理预防工作

(一)完善旅游安全法律法规体系

安全管理预防工作需要法律法规保障,在充分尊重现有法律的前提下,制定必要的安全预防管理规则是目的地安全管理的关键,这些规则应该包括预防内容、标准与

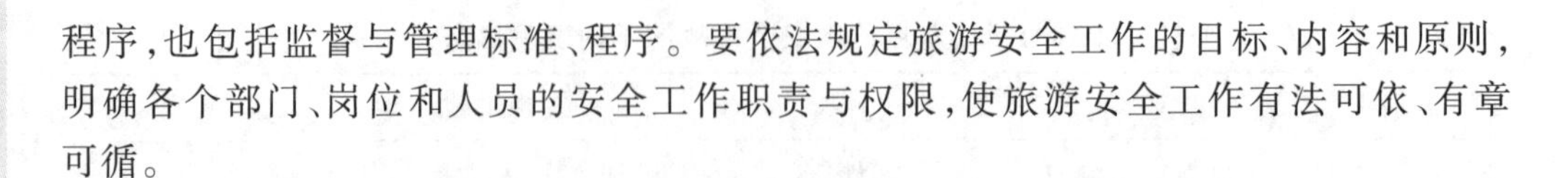

程序,也包括监督与管理标准、程序。要依法规定旅游安全工作的目标、内容和原则,明确各个部门、岗位和人员的安全工作职责与权限,使旅游安全工作有法可依、有章可循。

(二)建立完善的旅游安全教育体系

对旅游者、旅游从业者、当地居民以及旅游行政管理部门进行相应的旅游安全教育内容与方式的规定。同时,加强各种旅游安全标准的建设和执行,规范旅游者的旅游活动,规范旅游从业者的旅游服务,规范旅游企业的经营管理,为旅游者活动的安全提供保障。

(三)建立完善的旅游安全预防体系

旅游安全超越传统的安全管理范畴,需要建立多部门联动的安全预防机制,保障安全工作长期、及时运行。一是要加强对旅游安全事故的日常统计,建立旅游安全事故资料库,便于对旅游安全问题的分析和研究;二是要加强和公安、交通、医院、保险等部门的协调与合作,联合建立旅游安全信息网络;三是适时、适度地向社会公开旅游安全事故统计资料和情况。

(四)建立健全旅游安全工作体系

我国强制旅行社对旅游安全的意外投保。首先,旅游者应提高对旅游安全问题的防范意识,结合旅游活动的具体情况,按照自愿原则向保险公司购买其他旅游保险。其次,要加强目的地旅游医疗卫生保障,以应对旅游过程中突发的疾病、疫情、食品中毒、交通事故、意外伤害等安全问题。最后,要落实旅游安全工作责任制,健全和完善旅游安全管理体制机制,明确旅游安全管理各部门与各单位的职责权限、工作范围和相应权力,确保相关部门承担起旅游安全工作的监管主体职责(黄安民,2016)。

三、旅游目的地安全事故处理一般程序

(一)及时报告事故情况

旅游安全事故发生后,旅游者和旅游从业者应立即向所属旅行社和当地旅游行政管理部门报告。当地旅游行政管理部门接到一般、重大、特大事故报告后,要及时上报国家旅游行政管理部门(黄安民,2016;罗明义,2007)。

(二)保护现场请求救援

一旦发生旅游安全事故,现场有关人员一定要配合公安机关,严格保护事故现场,并立即报告事故发生地的旅游、公安、消防、海事、医疗、急救中心等相关部门和机构,请求予以紧急救援。

（三）协同抢救侦查

旅游安全事故发生后，地方行政管理部门和有关经营单位和人员要积极配合公安、交通等部门，查清事故原因，组织对旅游者进行紧急救援并妥善处理善后事宜。

（四）现场处理

旅游安全事故发生后，有关旅游经营单位和当地旅游行政管理部门的负责人，应及时赶赴现场，组织指挥，并及时采取适当的处理措施。发生重大旅游安全事故和特大旅游安全事故必须立即报告，尽力保护事故现场。

第三节　旅游目的地危机

一、旅游目的地危机的定义

旅游危机的概念、特征是旅游危机理论的重要基础，也是旅游危机研究中需要首先厘清的问题。Sonmez(1994)将旅游危机定义为任何对旅游业及相关业务的正常经营构成威胁的事件。旅游危机对旅游目的地的认知具有负面影响，进而对旅游目的地有关安全、吸引力和舒适度的声誉造成损害。结果由于旅游者数量及其旅游支出减少，当地旅游业出现衰退，当地旅游产业活动的经营中断（李雪松，2017；杨宏伟等，2015）。

国内大多数学者都引用世界旅游组织对于旅游危机的定义：影响旅行者对一个目的地的信心并扰乱继续正常经营的非预期性事件（侯国林，2005；孙根年，2008），该定义指出了旅游危机的非预期性、危害性等特征。亚太旅游协会（PATA）将旅游危机定义为具有完全破坏旅游业潜能的自然或人为的灾难，但也有学者认为该定义过窄，因而将旅游危机和引起危机的突发事件等同起来，提出从旅游目的地和旅游者的角度来界定旅游危机的概念。从旅游目的地角度，旅游危机指旅游目的地受到非预期负面事件影响，而致使目的地旅游经济出现一定幅度波动震荡的现象（李锋，2010）。

旅游危机研究属于旅游安全研究范畴，国内学者对旅游危机研究的关注始于21世纪初。美国发生的“9•11”恐怖袭击以及英国口蹄疫、印尼巴厘岛爆炸案等突发事件均造成了巨大的旅游经济损失，引起了国内旅游学者的关注，而2003年的SARS、2004年的印度洋海啸，特别是2008年的汶川地震、国际金融危机等事件更加促使了旅游业界对危机的大范围讨论及广泛研究（王新建等，2011）。同时，2020年疫情对旅游业的影响更是不容小觑，由此产生了一系列疫情背景下的旅游危机研究。

二、旅游目的地危机的特点

相较一般危机而言，旅游目的地危机具有以下几方面特点。

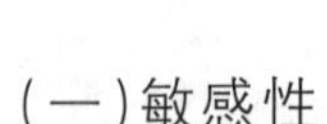

（一）敏感性

旅游业高度依赖于人口流动和目的地安全状况，因此，凡是可能对人员流动及人员安全产生影响的事件都可能产生旅游目的地危机，它具有高敏感性。

（二）脆弱性

由于旅游是人类更高层次的需求，短期的旅行限制并不直接影响人类的生存发展，当危机事件发生时，人们最先禁止或放弃的往往是旅游行为，因此，旅游目的地在危机面前的脆弱性特征明显。

（三）强韧性

与脆弱性相关联，旅游业往往又是一个韧性非常强的行业，也是危机事件结束后最快恢复甚至出现报复性增长的行业之一，旅游目的地在危机面前具有非常强的韧性（李雪松，2017）。

三、旅游目的地危机的分类

从危机的形成和影响来看，旅游目的地危机可以依据不同的划分标准进行分类（王新建等，2011；李九全等，2003），具体如表10-2所示。

表10-2　旅游目的地危机分类

划分依据	旅游危机类型
旅游危机的成因	外源型旅游危机：自然灾害、战争或武装冲突、恐怖袭击、外交危机、社会动乱、经济动荡、突发公共卫生事件、重大事故等
	内源型旅游危机：重大旅游犯罪、旅游资源破坏、旅游事故
旅游危机在旅游产业链中的位置	客源地旅游危机、旅游通道危机、旅游区危机
旅游危机的影响范围	国内危机、国外危机；或目的地尺度、区域尺度、国内尺度和国际尺度等
人们对旅游危机的认知与掌握程度	传统旅游危机：自然灾害、流行疫病、政治事件、经济事件、意外事件等
	非传统旅游危机：旅游媒体危机、旅游客体危机、其他
从经营管理角度划分	战略危机、资源危机、产品危机、服务质量危机、形象和品牌危机、安全危机、财务危机、人才危机、客源地危机、目的地危机等

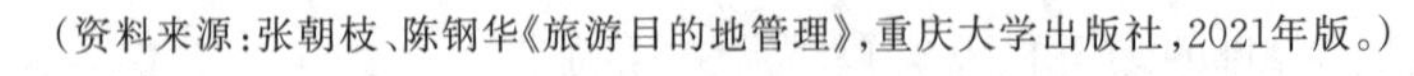
（资料来源：张朝枝、陈钢华《旅游目的地管理》，重庆大学出版社，2021年版。）

四、旅游目的地危机的影响机理

(一)潜在旅游者对安全的感知

旅游者作为游憩活动的主体,其行为特征和心理特征是旅游者决策行为的重要基础。旅游者做出旅游决策时存在一定的风险,这种可以被觉察的风险,称为旅游决策风险。处于危机事件中的旅游目的地出现游客接待量和旅游收入锐减的情况,实际上就是旅游者旅游决策风险增大的结果。根据马斯洛需求层次理论,人们只有满足了较低层次的需求,才会产生更高层次的需求。安全是比出门旅游更基础的需求层次,通常旅游者会拒绝选择不安全的目的地。也就是说,旅游者对旅游环境安全的感知水平直接影响旅游决策风险的大小,从而影响其最终的旅游决策(尹贻梅等,2005)。

当目的地发生危机事件时,一是由于目的地安全的不确定性,二是由于出游方式的安全系数降低,潜在旅游者对目的地的安全感知水平会随之发生变化,人们会因为担心安全问题而取消或推迟旅游计划,或者目的地的亲朋好友可能劝阻旅游者来访。当今的旅游者在度假时有很多选择,他们通常不考虑有风险的目的地,一个目的地可能轻易地被另一相似的或者完全不同的目的地所替代。如伊拉克战争爆发时,各国旅游者出游信心受影响,出游意愿减弱,2003年美欧主要旅行社第二季度中远程出境旅游订单出现大幅下降,战争发生地和受战争威胁地区的国际国内旅游活动陷入停滞状态,经济损失甚至超过了军事冲突本身(尹贻梅等,2005)。

(二)相关部门、组织和机构的态度

任何经济活动都会遭遇危急时刻,但和其他任何行业比起来,旅游业受危机事件的影响更加强烈。除旅游者自身对目的地安全感知水平外,国家或社会组织处理危机事件的政策或手段,也会间接影响旅游者的行为,并影响旅游业的发展(尹贻梅等,2005)。

1.政府

一方面,某目的地发生危机事件之后,有关国家政府可能发出旅行警告,或禁止本国公民前往事发地,民航部门在一段时期内会取消前往该目的地或该国的航班,原定在目的地举行的国际会议会延期或取消。政府警告对潜在的旅游者有很强的心理影响,会成为其选择目的地的主要障碍,即使邻近地区能够安全度假,也同样会受到影响。2003年SARS流行期间,我国政府要求旅行社停止组团、接团业务,并在交通、接待等环节增加许多特殊管制。世界卫生组织和一些国家政府对到前往中国旅游发出旅行警告,并在出入境环节增加了一些特殊措施,很多计划中的重要的国际会议、商务会议和外事活动也因此取消。SARS使处于疫情重灾区的亚洲地区2003年入境接待人数锐减1200多万人次,同比下降9%,旅游收入减少数十亿美元。

另一方面,发生危机事件的目的地政府,为了顾全大局,也会规劝或命令本地的旅游企业暂停开展旅游业务。更为不利的是,处于战争危机中的国家,一旦受到旅游限制,就无法轻易改变。即便当一切恢复安全时,外国政府还是倾向于对这个国家的旅游业务采取限制措施。

Note

2.新闻媒体

媒体会影响旅游者对旅游目的地的感知。一旦发生旅游安全事故,大众媒体对负面事件的报道会快速传播,潜在旅游者的恐惧和焦虑感增加,旅游目的地的旅游形象和声誉受到损害。旅游目的地形象的塑造一方面通过感官,即旅游者的亲身体验实现;另一方面通过媒体传播实现,如电视、报纸及其他信息来源。

安全和安保事件的报道频率与深度会随时间而减弱,但安全事故一旦重复发生,媒体的继续报道和解读会进一步加深和固化受影响目的地的负面形象。因此,目的地管理机构和旅游行业应该配合媒体,主动向外界传达更准确、更客观的信息,配合营销手段,展示目的地的重振成果,尝试平衡和抵消媒体所建立的负面形象。

3.旅游代理机构

旅游经营商代表了旅游业中最强大、最有影响力的实体。他们对旅游流从主要客源市场到各目的地的流动起着重要的影响作用。按照世界旅游组织的估测,现在旅游经营商在整个国际旅游市场中占25%的份额。因此,很多目的地的成功依赖于国外旅游经营商是否把它们列入经营范围。

客源国的旅游代理机构会尽量降低旅游者的出游风险,不愿经营有危险的目的地业务,旅游代理机构对一个目的地安全性的评判,甚至比旅游者本人都严格。为了避免冒险,旅游经营商会重新考虑是否将存在风险的目的地纳入其经营范围,对那些已经包括在他们计划中的目的地考虑是否停止经营、减少业务量,或采取措施保护他们在当地的客户。旅游经营商对目的地的行动影响目的地的形象,影响潜在旅游者的态度,从而对目的地的旅游收入产生直接影响。

第四节　旅游目的地危机管理

一、旅游目的地危机管理的定义

旅游目的地危机管理是旅游目的地的政府部门、旅游企业、旅游从业者、公众(旅游者)等多个行为主体为避免和减轻危机事件给旅游业所带来的严重威胁和重大损失,恢复旅游经营环境和消费信心,通过对旅游开发、经营过程中可能产生的风险因素采取监测、预警、控制、预防、应急处理、评估、恢复等措施,进行沟通、宣传、安全保障和市场研究等多个方面的工作,使旅游业得以持续、健康、稳定发展的科学管理方法和决策行为。

总而言之,旅游危机管理就是为预防可能危及、影响旅游业正常发展的各种突发性事件的发生,而建立的一套系统防范、沟通、处理、化解危机的日常管理模式。旅游危机管理体系包括政府(主要指旅游行政管理部门)、旅游企业、旅游从业者、旅游者等多个行为主体(柏杨,2009)。同时,旅游目的地危机管理具有长期性、动态灵活、政府必须强力介入等基本原则,有效的危机管理能够防备、应急、缓解与恢复旅游目的地

形象。

二、旅游目的地危机管理的理论基础

（一）混沌理论

混沌理论是系统从有序突然转变为无序的一种演化理论，是对确定性系统中出现的内在“随机过程”形成的途径、机制的研讨，也即研究系统的非线性特征。旅游目的地危机事件具有明显的非线性特征，着重探讨非线性系统随着时间而发展变化的过程。在旅游系统的地理空间、时间空间、产业链空间三个维度空间，旅游系统主要在这个三维空间范围内运行，旅游资源、旅游季节、旅游服务三个稳定吸引力共同支配着旅游客流在旅游系统中稳定流动。但这种稳定只是相对稳定，在旅游系统的三维空间内部隐含着不稳定的特性因素，主要表现为旅游活动的空间异地性、季节性、综合性等，这也为危机的发生和蔓延埋下了不稳定的种子。这些不稳定特性除了导致旅游系统不断出现一般性波动现象，还可能在外力的作用下导致大规模起伏波动，导致旅游活动呈现出某些显著的混乱现象，这时也就出现旅游目的地危机（罗佳明，2010）。

（二）风险感知理论

风险感知是指个体对存在于外界的各种客观风险的感受和认识，并强调个体由直观判断和主观感受获得的经验对认知的影响。在面对突发危机事件风险时，无论是个人还是组织都存在非理性行为选择，严重影响了风险应对的有效性。风险感知理论对人们在面对突发事件时的风险感知与行为反应进行分析，指导突发事件的管理策略构建和危机沟通，为旅游目的地突发事件下的系列管理问题提供理论依据。风险感知理论利用心理范式，建立灾害分类体系，可以了解和预测旅游目的地利益相关者面对风险时的反应，定量判断多种不同灾害的当前风险、期望风险和风险的调节期望水平。对于风险的概念认知，它主要侧重对风险根源的主观特征和主观感受的测量，认为风险感知是一个动态变化的过程，每个人心中都存在几种不同的风险评估标准，而在人的深层认知结构和外部事件中也存在一系列的联系，其中心智过程、外部观察产物、重要的思想与图像信息、周边环境等因素会对感知风险产生影响，可依据个体对旅游目的地突发事件的风险认知过程提出风险的概念性社会认知（罗佳明，2010）。

（三）社会角色理论

社会角色是指在简单社会关系两端位置上的由社会需要所规定的个人行为模式，是与社会地位、身份相一致的行为规范，包含角色权利、角色义务、角色冲突等角色内涵。角色权利是角色扮演者应有的权力和权益；角色义务意味着每种社会角色在享受一定权力和权益的同时需承担的一定社会责任；角色冲突指角色扮演者在角色扮演情境中，在心理或行为上的不适应、不协调状态，主要有角色间冲突和角色内冲突（丁水木等，1992）。旅游目的地危机管理涉及旅游危机的相关行为主体，只有了解旅游危机不同阶段主要行为主体的角色定位和角色冲突，危机管理机制才能持续高效运行。在旅游目的地危机管理中,政府、旅游经营者、旅游组织、目的地公众为主体,旅游者和社会公众为客体,媒体为第三方角色,各方社会角色应基于旅游危机管理行为主体的角色定位、角色冲突及存在问题,为旅游危机管理机制的确定提供依据(白以娟,2008)。

三、旅游目的地危机应对措施

(一)旅游目的地危机管理的途径

1.危机之前

首先,要做好充分准备。世界旅游组织告诫:永远不要低估危机对旅游业的可能危害,它们是极端危险的。使危机影响最小化的最佳途径就是做好充分准备。因此,有关方面可以预先编制科学的危机管理计划和程序。必要时还可以对危机管理计划进行预演排练,并不断修正和完善。其次,设立危机基金,目的是在危机发生时,能够及时运用这笔基金,根据危机情况,做出迅速、灵活的反应,而不必经过一个冗长、复杂的行动程序。该基金可用于向旅游业给予各种形式的援助及危机过后旅游业的推广,也可以用于奖励、资助那些在危机中表现突出、为对抗和尽快结束危机做出突出贡献的单位、组织和个人。最后,危机到来之前,有时会有一定的征兆或预警,如果能预见危机的到来,旅游业就应及时采取措施,加大应收账款的催收力度,以防危机发生时出现财务周转困难,同时防止危机发生后,企业因经营困难而倒闭,造成呆账、死账(方增福等,2005)。

2.危机期间

发布信息危机发生后,要根据危机涉及的范围、严重程度等,由旅游行政管理部门、旅游行业组织、国家及地方政府等,通过新闻媒体等,适时地向社会公众发布信息,使外界和社会公众能够及时了解危机的客观情况,防止谣言的散布,甚至造成社会的不安定。危机期间,政府部门可采取强制措施,以确保旅游者的安全。旅游行政管理部门应任命专人负责与其他政府部门、专业服务机构、旅游行业和世界旅游组织在安全保障方面的联络。旅游行政管理部门要制定旅游行业安全保障措施,并在改进安全保障方面扮演积极的角色。必要时,应组建能用多种语言提供服务的旅游警察队伍和紧急呼叫中心。为了减少损失,危机发生后,旅游业要根据危机的大小和严重程度,及时研究对策(方增福等,2005)。

3.危机过后

要大力宣传旅游目的地的安全形象,尽快恢复国内外旅游者的信心。必要时,可请国家和地方政府领导人出面,亲自对旅游业进行宣传促销。危机过后,政府有义务加大投入,开展各种旅游促销活动。如前所述,危机过后,恢复旅游业的核心是恢复旅游者对旅游目的地的信心,而政府及新闻媒体的宣传对于恢复旅游者的信心尤为重要。宣传的重点应是最有活力的市场和离旅游目的地最近的客源市场。特别要注意加强国内市场宣传,国内旅游在危机恢复时期可以弥补外国旅游需求的不足。邀请国内外媒体进行宣传报道也是一种很好的旅游宣传方式,宣传效果好,且影响面广。

旅游业是一个敏感、脆弱、易受影响和打击的行业,其敏感性表现在两个方面:一方面,它是脆弱的、易受各种事件的影响和打击的行业;另一方面,在事件和危机过后,

它是很容易，也是较先恢复的行业。毕竟，随着经济社会的发展、人们生活水平的提高和生活方式的改变，旅游业作为未来休闲产业中最重要的组成部分，其高速发展、长期向好的发展趋势没有改变。因此，在危机期间，旅游企业必须始终保持冷静客观的心态、坚定的信心、必胜的信念，重新审视自己的发展战略，调整产品结构，苦练内功，做好旅游产品的生产和销售准备，迎接即将到来的新一轮发展潮（方增福等，2005）。

（二）"7R"模式

危机的发生有着一定的阶段性，危机管理需要分阶段、分步骤地进行。李峰（2008）借鉴不同学者的危机管理模式，结合旅游目的地危机管理自身特征，提出建立旅游目的地危机管理"7R"模式（见图10-1），即侦测、缩减、预备、反应、恢复、重振、提升。对于传统的旅游目的地危机管理模式，"7R"模式将危机管理融入日常的旅游管理，强调在旅游目的地危机中寻找发展和提升的机会，体现了旅游目的地危机管理的连续性和循环性。

侦测：收集、分析和传播信息是危机管理的首要和直接任务。

缩减：管理的重点和目的是提高危机意识，尽量避免危机生成因素的恶化和危机的形成。

预备：当危机已经形成，应做好应对危机的准备，成立危机管理小组，选取危机应急预案，加强信息沟通，明确责任和权力，保障危机应对工作的效率。

反应：做好危机救援和危机沟通管理，依据管理过程中的信息反馈灵活执行危机应急预案。

恢复：阻止危机的蔓延和遏制危机的发展，评估旅游目的地危机的影响和发展趋势，采取合理措施，恢复旅游业，适当营销，实现目的地旅游正常化。

重振：目的地旅游形象和旅游服务设施受到危机影响，应着重开展旅游形象的修复和重振工作，振兴目的地旅游业。

提升：进行日常管理和危机管理的反思和总结，对危机影响的结果进行发散思考和逆向思考，从危机中寻求机遇，促进旅游从业者素质的提升。

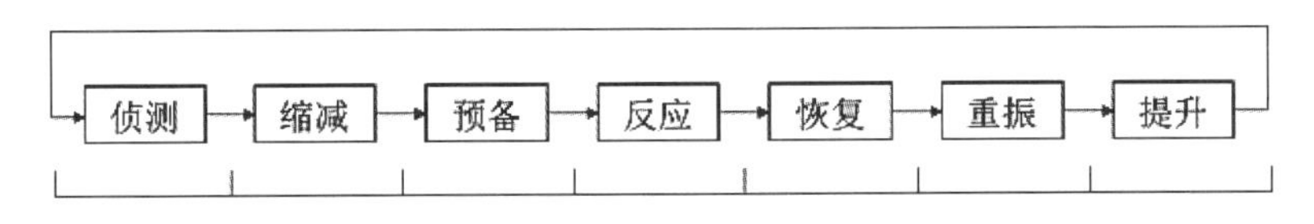

图10-1 旅游目的地危机管理"7R"模式

（资料来源：张朝枝、陈钢华《旅游目的地管理》，重庆大学出版社，2021年版。）

以"7R"模式为基础，处理危机的应对措施也要根据不同阶段的特点采取不同的策略，具体应对措施应集中于七个方面（张朝枝等，2021）：

一是迅速反应，把握危机的最佳应对时机；

二是查找危机根源，果断做出危机决策；

三是实施危机隔离与救助；

四是积极面对公众,争取外界援助;

五是发挥政府职能,寻求权威支持;

六是加强信息沟通,统一消息口径;

七是收集舆论动态,及时调整应对策略。

(三)危机营销

旅游目的地危机若处理得当也能成为目的地发展的机遇,通过有效的动态营销及管理,目的地可以将危机转化为发展的催化剂,重新获得危机前的地位,甚至可以获得进一步的提升。旅游目的地危机营销是指旅游营销主体面对可能发生或已经发生的危机,采取特殊的营销措施,以期最大限度地减少危机带来的损失和降低负面影响。从目的地政府的视角出发,目的地政府在危机营销中的策略如下(邵冬梅,2007)。

在不同发展阶段,旅游目的地危机的影响范围、危害程度和公众反应都有所不同,因此在旅游目的地危机生命周期的不同阶段,目的地政府应制定和实施有针对性的旅游目的地危机营销策略,并根据策略的重要程度合理分配营销资源。

市场调研和分析预测、公共关系营销、整合营销和绿色营销是目的地政府在危机各阶段都应重视的策略。在旅游目的地危机潜伏期,目的地政府的危机营销策略应包括:以法律形式规范目的地政府的危机营销,做好危机营销战略资源库的准备,进行危机预警,营销信息化。在旅游目的地危机爆发期,目的地政府的危机营销策略应包括:特殊情况下考虑适当程度反营销,采用概念营销引导旅游者行为,针对危机爆发期实施新的营销组合。在旅游目的地危机恢复期,目的地政府的危机营销策略应包括:创造良好的营销外部环境;重塑目的地形象,坚持旅游品牌营销;邀请媒体、旅行商、相关权威机构等对目的地进行考察;针对危机恢复期实施新的营销组合;开展节事营销等(李锋,2010)。

(四)媒体管理

媒体主要是指大众传媒,如广播、电视、报刊、网络等载体。在旅游目的地危机中,旅游目的地形象受损,媒体是旅游目的地与旅游者的传递媒介,直接影响旅游者对目的地的印象,潜在旅游者的出行决策也会受到影响。因此,在旅游目的地危机的应对措施中,媒体管理对于目的地旅游形象的恢复十分重要(苗维亚等,2007)。

旅游目的地出现危机后,潜在旅游者受到负面危机信息的影响会对旅游目的地甚至整个旅游业产生负面印象。这时旅游行政管理部门和旅游企业需要真诚处理危机,安抚旅游者,加强对现实旅游者和旅游目的地居民的宣传,完善服务设施,通过自媒体社交形成口碑效应。同时,具有突出特色和针对性的广告可以增强旅游者的消费信心,恢复目的地旅游形象。旅游业也可以采取多种信息传递方式,运用多种媒体资源,全方位塑造旅游目的地形象,如影视旅游传播、名人效应传播、互联网传播等,将旅游目的地危机给旅游业造成的损失降到最低(李锋,2010)。

本章小结

旅游安全是旅游业的生命线，是旅游业发展的基础和保障，是目的地旅游发展的基本要素。本章介绍了旅游目的地安全的定义、安全管理预防工作，以及旅游目的地危机与危机管理等内容，使学生提高旅游目的地的危机管理能力。

典型案例

案例一：香港危机应对措施

2007年3月31日，中央电视台《经济半小时》栏目曝光香港有店铺把“玻璃”当作“钻石”出售给内地游客的事件。

该事件曝光后，香港特区政府从2007年4月2日开始陆续出台了对“假货”事件的治理方案，并由商务及经济发展局、旅游业议会、海关、旅游发展局、消费者委员会等政府部门或社会组织通过大众媒体向公众宣布其治理手段。旅游业议会赴北京进行沟通，与国家旅游局官员会面，商讨如何加强监管业界。同时严惩肇事店铺，自4月2日媒体曝光部分店铺出售假珠宝后，香港特区政府开始加大执法力度，共进行了五十七次突袭检查。香港特区政府准备收紧记分制，违反条款的店铺扣满分后，不可以再做正点购物店铺。游客不满意货品，可于十四天内退款。其他措施还包括：禁止问题店铺在一年内更改店铺名称；在香港旅游业议会和中国旅游协会的官方网站上公布非诚信店铺和旅行社名称；将仅对旅行社开放的店铺对公众开放，以便接受大众监督等。

此次危机风波过后，香港旅游发展局开始在内地推广“优质诚信香港游”，以及“优质旅游服务”计划。香港旅游发展局还与中央电视台合作，并在中央电视台播放宣传片，让内地游客知道在香港购物仍是有保障的，从而恢复游客的购物信心。香港旅游发展局主席亲自上阵，联同深圳市旅游局官员到皇岗口岸派发宣传单张，提醒旅客注意消费权益，鼓励他们安心来港购物。在2007年4月28日至5月7日这十天内，香港旅游发展局派出数十名工作人员到皇岗及罗湖出境大厅、深圳机场入境大厅等几个主要出入口岸派发宣传单张，介绍香港为游客提供的消费权益、“优质旅游服务”计划与六个月保证退货安排，并列举香港旅游业议会、消费者委员会、旅游发展局及“优质旅游服务”计划的热线电话与网址，告知游客在香港旅游购物时所享有的相关保障。

（资料来源：根据相关资料整理。）

案例二：九寨沟旅游目的地危机管理

九寨沟是以自然风光为主的风景区，岩层结构以喀斯特地貌为主，植被类型丰富，其主要灾害形式表现为森林火灾、泥石流、山体滑坡、洪水等几个方面。九寨沟也存在其他旅游景区所共同面临的人为危机，例如经济危机导致的旅游市场萎缩及重大疫情等，这些危机给旅游业带来巨大的冲击。为了科学应对危机，九寨沟提出“防范、处理、善后”的三段式危机应对策略：①危机防范。此阶段管理的目的是有效防范危机的发

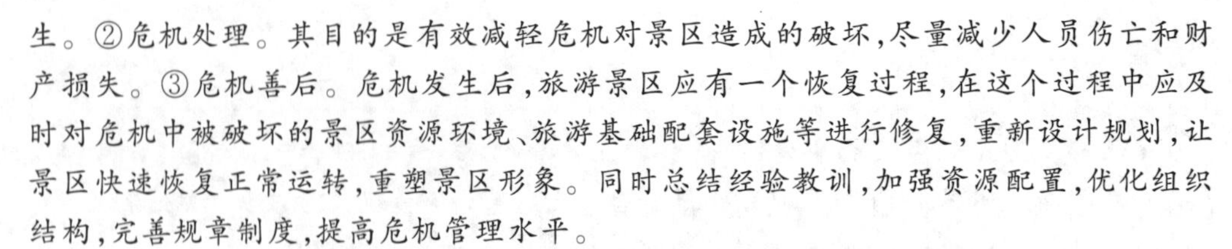

生。②危机处理。其目的是有效减轻危机对景区造成的破坏,尽量减少人员伤亡和财产损失。③危机善后。危机发生后,旅游景区应有一个恢复过程,在这个过程中应及时对危机中被破坏的景区资源环境、旅游基础配套设施等进行修复,重新设计规划,让景区快速恢复正常运转,重塑景区形象。同时总结经验教训,加强资源配置,优化组织结构,完善规章制度,提高危机管理水平。

2008—2010年是九寨沟旅游市场的恢复阶段。尽快将旅游市场恢复到灾前水平,增加景区的经济效益,依托九寨沟的核心竞争力,实现产品项目多元化,为九寨沟未来的发展奠定坚实的物质基础。2011—2015年进入九寨沟灾后的发展阶段。通过前期的产品项目多元化,九寨沟实现经济增长持续化。在积极稳步提高景区经济效益的同时,九寨沟还积极寻求景区与环境、景区与社区、景区与区域、景区与产业的和谐联动发展模式,经济增长方式从传统的数量型经济转变为综合质量型经济,达到九寨沟健康、持续发展的目的。2016—2020年进入九寨沟旅游的提升阶段。在此阶段,九寨沟围绕建设国际旅游目的地的要求,全面打造国际旅游品牌的新内涵,进入国际旅游目的地的产能发挥期,进一步增强九寨沟在国际上的影响力。

面对可能到来的压力,九寨沟管理局着眼大局,立足实际,在"数字九寨"基础之上,依托国家重大课题,如国家高技术研究发展计划("863"计划)课题"基于时空分流导航管理模式的RFID技术在生态景区与地震博物馆的应用",利用地理信息系统(GIS),结合遥感(RS)、卫星定位(GPS、北斗)、视频监控与分析、RFID等技术创新景区管理理念,积极推进智慧景区建设,打造景区综合集成管理平台,进一步加快技术成果服务于景区的保护、管理、运营、服务。对九寨沟而言,建设智慧景区既能解决九寨沟所面临的问题,又能满足建设现代旅游服务业的要求,使运行管理有序、可控、安全、节能,使景区服务便捷、高效、可靠、随时,处置突发事件快速、准确、协同、并行,达到"信息实时、功能联动、运作分工、控制集中"的总体要求,并最终为游客提供安全、有序、优质、高效的服务。

(资料来源:根据相关资料整理。)

案例三:张家界应对安全危机

疫情发生后,张家界市快速反应,科学应对,精准处置,各项防控措施有力、有效。

(1)在危机先兆阶段,成立旅游危机管理指挥小组。落实危机应对时的组织和人员,明确组织中各个成员的职责,做到分工明确。根据危机先兆的特征,确定可能发生的旅游危机的性质和类型,并根据这些信息评估数据的变化是否超出了设定的标准来选取或修正应急预案。

(2)危机爆发后,开展有效沟通。政府、目的地、行业协会、公众和潜在旅游者保持较高频率的联系与信息沟通,以便第一时间了解信息。积极真实地报道危机事件状况,让大家了解实情。第一时间抢救危机受害人员,妥善安置受影响人员,积极开展救治与心理干预。收集资料,分析危机发生原因,指定应对措施,避免危机扩散蔓延。

(资料来源:根据相关资料整理。)

课后活动

请同学们分析以上旅游目的地危机管理案例，并总结危机类型、应对措施及处理效果。

第十一章
信息化管理与智慧旅游

学习目标

1. 学习信息化的概念、发展及其管理意义。
2. 把握旅游业中信息化管理现状。
3. 认识智慧旅游的基础内容及其前沿应用与发展趋势。

素养目标

信息化发展是信息技术、信息化生产方式、信息社会的全方位发展，对党的建设的影响必将是多重的，不仅体现在技术层面对党建方式方法的影响，还涉及党的建设理念、思路等深层次内容。旅游业作为国民经济战略性支柱产业，其信息化进程势必要在党的建设、党的领导、党领导的伟大事业相统一的角度下推进。秉承全心全意为人民服务的宗旨，从信息技术沿袭、信息化产业发展方式、智慧旅游三个层面，全面分析在党的领导下旅游信息化的发展，具有重大理论与实践意义。本章旨在培育学生的信息化素养，鼓励学生投身旅游信息化建设。

学习重难点

1. 信息化推广与建设特点。
2. 智慧产品开发与应用推广。
3. 旅游产业升级与转型中的阻碍。

河南博物馆——AR“弹幕”上线

想对唐代女俑说：“我要是回到唐朝，大约也这么美。”

想对妇好鸮尊说：“听说你的主人，是历史上第一位女将军？”

河南博物院在支付宝上线全国首个AR“弹幕”服务，游客在观赏文物的同时，精彩评论可通过“弹幕”的方式发出来，与其他打卡游客隔空交流。走进博物院，游客打开支付宝就能在首页找到河南博物院小程序的智能服务卡片，一键直达行程卡、文创商城等服务，点击“到馆必看”即可查看妇好鸮尊、莲鹤方壶、武则天金简等10款珍品介绍，点进“国宝AR发弹幕”则能直接用AR扫描对着线下文物打卡，并发送“弹幕”留下感想和评论。据悉，用户打卡完毕，还有机会获得河南博物院的文创优惠券等隐藏福利。河南博物院文创办主任宋华介绍，AR“弹幕”是基于支付宝AR技术、LBS定位技术的场馆寻宝创新体验，让游客从原先被动接受讲解，转变为主动分享。

围绕文化IP数字化，河南博物院一直在进行创新尝试，包括此前在支付宝首页地下室推出“一起考古吧”，发行“妇好鸮尊”文创数字藏品等，力图从线下到线上，用“科技+创意”的模式让传统文化及文物展现出别样韵味，以全新理念演绎文物活化与文化传承。

（资料来源：整理自 https://baijiahao.baidu.com/s?id=1725534034538631201&wfr=spider&for=pc。）

第一节　信息化管理概述

信息是与人们生活、工作息息相关的内容，是人们生活必备的内容，同时也是企业发展管理的重要根据，只有全面掌握了信息，才能够准确地把握现在、预测未来，为企业的生产发出正确的指令。信息沟通的质量直接关系到行业发展的前景。随着技术的发展，现代社会生活和生产都产生了海量的信息。为了处理这些信息，信息化技术由此诞生。

一、信息化的基本概念

（一）一般定义

信息化是指培养、发展以计算机为主的智能化工具为代表的新生产力，并使之造福于社会的历史过程。与智能化工具相适应的生产力，称为信息化生产力（党卫红，2015）。信息化是以现代通信、网络、数据库技术为基础，将所研究对象各要素汇总至数据库，供特定人群生活、工作、学习、辅助决策，与人类息息相关的各种行为相结合的一种技术。使用该技术后，可极大地提高各种行为的效率，并且降低成本，为推动人类社会进步提供极大的技术支持（王济昌，2006）。信息化的概念起源于20世纪60年代的日本，由日本学者梅棹忠夫首先提出，而后被译成英文传播到西方。西方社会普遍使用“信息社会”和“信息化”的概念则是20世纪70年代后期才提出的。1997年召开的首届全国信息化工作会议，对信息化和国家信息化定义如下：“信息化是指培育、发展以智能化工具为代表的新的生产力并使之造福于社会的历史过程。国家信息化就是在国家统一规划和组织下，在农业、工业、科学技术、国防及社会生活各个方面应用现

代信息技术,深入开发广泛利用信息资源,加速实现国家现代化进程。"实现信息化就是要完善由六个要素构成的国家信息化体系,六个要素具体包括:开发利用信息资源,建设国家信息网络,推进信息技术应用,发展信息技术和产业,培育信息化人才,制定和完善信息化政策。

信息技术与电子信息设备结合,使社会生活与生产信息得到了更充分整合与利用,从而使这些信息在促进社会经济发展和进步方面发挥了更大的作用,由此也使得信息化管理的地位不断提高。

(二)标准定义

信息化代表了一种信息技术被高度应用,信息资源被高度共享,从而使得人的智能潜力以及社会物质资源潜力被充分发挥,个人行为、组织决策和社会运行趋于合理化的理想状态。

Tadao Umesao(1963)在《论信息产业》中提出,信息化是指通信现代化、计算机化和行为合理化的总称。其中,通信现代化是指社会活动中的信息交流基于现代通信技术进行的过程;计算机化是社会组织和组织间信息的产生、存储、处理(或控制)、传递等广泛采用先进计算机技术和设备管理的过程,而现代通信技术是在计算机控制与管理下实现的;行为合理化是指人类按公认的合理准则与规范进行。因此,社会计算机化的程度是衡量社会是否进入信息化的一个重要标志。林毅夫(2004)指出,所谓信息化,是指建立在IT产业发展与IT在社会经济各部门扩散的基础之上,运用IT改造传统的经济、社会结构的过程。

(三)发展演变

随着经济的发展和社会的进步,人类拥抱了信息时代,大众的生活方式随之发生了翻天覆地的变化。科技发展日新月异,信息技术逐步成为人们生活中不可或缺的一部分,影响生活的点点滴滴。目前,中国已经超过美国成为全球最大的互联网市场。互联网的出现是一场伟大革命,它不仅使人们沟通方式发生变化,还大大加快了知识沉淀、积累的速度。

随着中国经济的高速增长,中国信息化有了显著的发展和进步,缩小了与发达国家的距离。我国信息化已走过两个阶段,目前正向第三阶段迈进。第三阶段定位为新兴社会生产力,主要以物联网和云计算为代表,这两项技术掀起了计算机、通信、信息内容的监测与控制的"4C革命",网络功能开始为各行业和社会生活提供全面应用。在国家的大力支持和推动下,我国政务信息化取得了较大进展,市场规模持续扩大。信息化对人们的工作、生活、学习和文化传播方式产生了深刻影响,促进了国民素质的提高和人的全面发展。在快速发展的同时,信息化仍存在着突出的问题,在社会信息化、政务信息化与信息安全建设领域仍有不同程度的不足。相信随着我国政策的支持和产业问题的解决,我国信息化将进一步向着纵深方向发展(李柏萱,2018)。

我国人民美好生活的愿景实现离不开旅游业的蓬勃发展,伴随着整个社会向前发展,旅游业也在进行着信息化改革。在信息技术的帮助下,人们不断进行社会改革和

创新,为今后旅游事业的发展提供持久的动力。信息科技的发展推动社会进入一个新的历史发展阶段——以信息化为特征的智慧旅游时代。

二、信息化建设

(一)信息化生产力

信息化生产力是迄今人类最先进的生产力,它要求有先进的生产关系和上层建筑与之相适应,一切不适应该生产力的生产关系和上层建筑将随之改变。完整的信息化内涵包括以下四方面内容(见图11-1)。

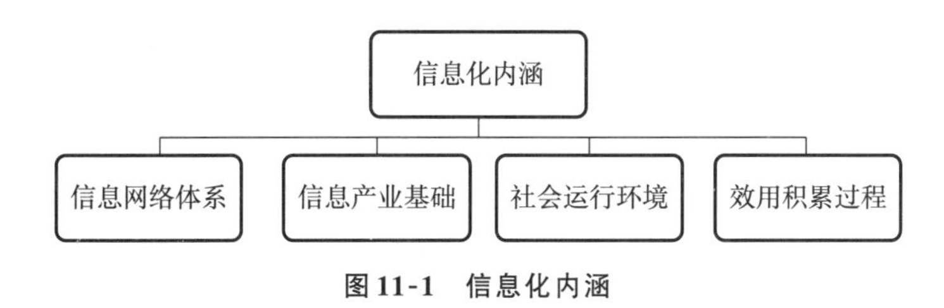

图11-1 信息化内涵

(1)信息网络体系,包括信息资源、各种信息系统、公用通信网络平台等。

(2)信息产业基础,包括信息科学技术研究与开发、信息装备制造、信息咨询服务等。

(3)社会运行环境,包括现代工农业、管理体制、政策法律、规章制度、文化教育、道德观念等生产关系与上层建筑。

(4)效用积累过程,包括劳动者素质、国家现代化水平、人民生活质量不断提高,精神文明和物质文明建设不断进步等。

(二)信息化平台

信息化建设的落后会导致企业面临沟通不畅、信息获取滞后、管理效率低下、资源和资源之间各自为政、难以统一管理和协调的现状。尤其是当企业业务流程日益复杂,业务与业务之间关联与交叉频繁,人与人、部门与部门、企业与企业的沟通和协作愈发凸显重要性的时候,企业更需要打破各种沟通和管理的屏障,实现对管理和运营各环节的掌控、调配和协作。信息化平台在旅游业中的应用多见于以下几方面。

1.知识管理平台

建立学习型企业,更好地提高员工的学习能力,系统性地利用企业积累的信息资源、专家技能,提高企业的创新能力、快速响应能力,提高生产效率和员工的技能、素质。

2.日常办公平台

将自己的日常安排、任务变更等集成在一个平台之下,改变传统的集中一室的办公方式,扩大办公区域。通过网络的连接,用户可在家中、城市各地甚至世界各个角落随时办公。

3.信息集成平台

对于一些使用ERP系统的企业,已存在的生产、销售、财务等一些企业经营管理业务数据,对企业的经营运作起着关键性作用,但它们都是相对独立、静态的。

4.信息发布平台

建立信息发布平台的标准流程,规范化运作,为企业的信息发布、交流提供一个有效场所,使企业的规章制度、新闻简报、技术交流、公告事项等都能及时传播,而企业员工也能借此及时获知企业的发展动态。

5.协同工作平台

将企业各类业务集成到OA系统当中,制定标准,将企业的传统垂直化领导模式转化为基于项目或任务的扁平式管理模式,使普通员工与管理层之间的距离在物理空间上缩小的同时,心理距离也逐渐缩小,从而提高企业团队化协作能力,最大限度地释放人的创造力。

6.公文流转平台

企业往往难以解决公文流转问题,总觉得文件应该留下痕迹,但是在信息化的今天,改变企业传统纸质公文办公模式,企业内外部的收发文、呈批件、文件管理、档案管理、报表传递、会议通知等均采用电子起草、传阅、审批、签发、归档等电子化流转方式,同样可以留下痕迹,真正实现无纸化办公。

7.企业通信平台

企业通信平台也就是企业范围内的电子邮件系统,使企业内部通信与信息交流快捷、流畅,同时便于信息的管理。

(三)信息化特性

信息化建设除了需要满足企业自身需求,还需要政府推广助力(王凯,2016)。同时,信息化建设也需要满足广大人民群众的需求。这使得信息化需要具备相应特性。

1.易用性

易用性对软件推广来说最重要,是能否帮助客户成功应用的首要因素,故在产品的开发设计上尤其需要重点考虑。一套软件功能再强大,但如果不易用,用户就会产生抵触情绪,很难向下推广。

2.健壮性

健壮性表现为软件能支撑大并发用户数,支持大的数据量,使用多年以后速度、性能不会受到影响。

3.平台化

通过自定义平台,可以实现在不修改一行源代码的前提下,通过应用人员就可以搭建功能模块及小型业务系统,从而实现系统的自我成长。同时通过门户自定义、知识平台自定义、工作流程自定义、数据库自定义、模块自定义,以及大量的设置和开关,使各级系统维护人员对系统的控制力大大加强。

4.安全性

系统能够支持Windows、Linux等各种操作系统。对安全性要求高的用户通常将系统部署在Linux平台,同时,流程、公文、普通文件等在传输和存储上都是绝对加密

的，系统本身通过严格的管理权限、IP地址登录范围限制、关键操作的日志记录、电子签章和流程的绑定等多种方式来保证系统的安全性。

5.整合性

协同办公系统只是起点，后续必然会逐步增加更多的系统建设，例如，将各个孤立的系统协同起来，以综合性的管理平台将数据统一展示给用户。因此，选择协同办公系统就成为向后一体信息化建设的关键。

6.技术性

产品底层设计选择了整合性强的技术架构，系统内预留了大量接口，为整合其他系统提供了技术保障

7.经验性

丰富的系统整合经验能够确保系统整合，从而达到客户预期的效果。

8.移动性

信息化平台嵌入手机，使用户通过手机也可以方便使用信息化服务。

产品信息化是信息化的基础，它包含两层意思：一是产品所含各类信息比重日益增加、物质比重日益降低，产品日益由物质产品的特征向信息产品的特征迈进；二是越来越多的产品中嵌入了智能化元器件，使得产品具有越来越强的信息处理功能。企业信息化是国民经济信息化的基础，指企业在产品的设计、开发、生产、管理、经营等多个环节中广泛利用信息技术，并大力培养信息人才，完善信息服务，加速建设企业信息系统。产业信息化指农业、工业、服务业等传统产业广泛利用信息技术，大力开发和利用信息资源，建立各种类型的数据库和网络，实现产业内各种资源、要素的优化与重组，从而实现产业的升级。国民经济信息化是各国急需实现的目标，指在经济大系统内实现统一的信息大流动，使金融、贸易、投资、计划、通关、营销等组成一个信息大系统，使生产、流通、分配、消费四个环节通过信息进一步联结成一个整体。社会生活信息化指包括经济、科技、教育、军事、政务、日常生活等在内的整个社会体系采用先进的信息技术，建立各种信息网络，大力开发与人们日常生活息息相关的信息内容，丰富人们的精神生活，拓展人们的活动时空。

（四）信息化作用

信息化对经济发展的作用是信息经济学研究的一个重要课题。很多学者都对此进行了尝试。比较有代表性的有两种论述：一种是将信息化的作用概括为支柱作用与改造作用两个方面；另一种是将信息化的作用概括为先导作用、软化作用、替代作用、增值作用与优化作用五个方面。这些论述对于我们充分认识信息化的经济功能（或作用）具有一定的参考价值，必须加以重视。信息化对促进中国经济发展具有不可替代的作用，这种作用主要是通过信息产业的经济作用予以体现，主要有以下几个方面。

1.信息产业的支柱作用

信息产业是国民经济的支柱产业。其支柱作用体现在两个方面：①信息产业是国民经济新的增长点。信息产业以数倍于国民经济的速度发展，增加值在GDP中的比重不断攀升，对国民经济的直接贡献率不断提高，间接贡献率也稳步提高。②信息产业将发展成为较大的产业，在国民经济各产业中位居前列。

2.信息产业的基础作用

信息产业是关系国家经济命脉和国家安全的基础性和战略性产业。这一作用体现在两个方面:①通信网络是国民经济的基础设施,网络与信息安全是国家安全的重要内容;强大的电子信息产品制造业和软件业是确保网络与信息安全的根本保障。②信息技术和装备是国防现代化建设的重要保障;信息产业已经成为各国争夺科技、经济、军事主导权和制高点的战略性产业。

3.信息产业的先导作用

信息产业是国家经济的先导产业。这一作用体现在四个方面:①信息产业的发展已经成为世界各国经济发展的主要动力和社会再生产的基础。②信息产业作为高新技术产业群的主要组成部分,是带动其他高新技术产业腾飞的龙头产业。③信息产业的不断拓展,信息技术向国民经济各领域的不断渗透,将创造出新的产业门类。④信息技术的广泛应用,将缩短技术创新的周期,极大地提高国家的知识创新能力。

4.信息产业的核心作用

信息产业是推进国家信息化、促进国民经济增长方式转变的核心产业。这一作用体现在三个方面(见图11-2)。

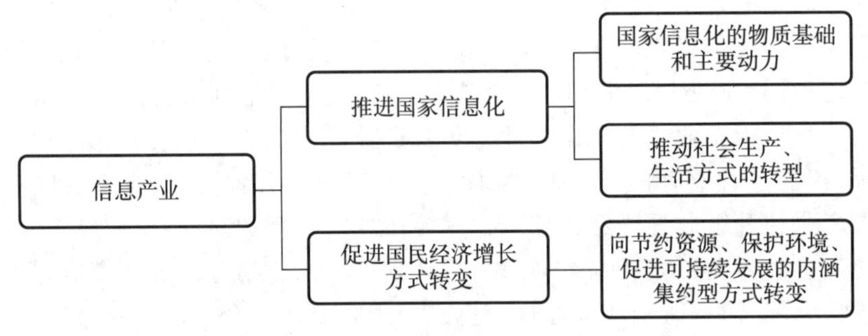

图11-2　信息产业的核心作用

(1)通信网络和信息技术装备是国家信息化的物质基础和主要动力。

(2)信息技术的普及和信息产品的广泛应用,将推动社会生产、生活方式的转型。

(3)信息产业的发展大量降低物资消耗和交易成本,对实现中国经济增长方式向节约资源、保护环境、促进可持续发展的内涵集约型方式转变具有重要推动作用。

第二节　旅游信息化管理

旅游是一个开放的概念,是通过人力流通实现经济效益的手段。在旅游中实现信息化,主要是利用现代化的信息技术,建立起综合性强的数据库,通过网络平台功能,实现信息交流与共享,满足不同需求。旅游信息化主要是对旅游相关产业链进行连接,形成实体资源、信息资源、生产要素资源的深层分配、组合、加工、传播、销售,为消费者提供服务,通过旅游信息化建设,能够全面促进传统旅游业发展,实现现代

旅游业转化。

一、旅游信息化管理的特征

旅游信息化是指通过网络信息技术，将旅游资源和信息技术相融合，提高旅游业的发展效率和竞争力，加快旅游业的发展，从而促进传统旅游向现代旅游的升级和转变。总的来说，旅游信息化就是将信息技术广泛地应用于旅游业的过程。旅游信息化具有综合性、空间性、时间性、服务性四个特性。

(1)综合性是指旅游信息涵盖旅游过程中的饮食、住宿、交通、游玩、购物、娱乐及服务等方面的相关信息，可归纳为社会信息、资源信息、服务信息等。

(2)空间性是指旅游资源具有的区域性，不同的地理位置呈现不一样的旅游资源景象。

(3)时间性是指旅游资源随着时间的变化，所呈现的旅游景象不同，具有很强的时效性、动态性和季节性等特点。

(4)服务性是指所有的旅游信息最终是为了向旅游者提供旅游服务。在旅游的整个过程中，通过旅游信息的传递和利用推进旅游业的顺利发展。

二、旅游信息化的主要内容

旅游信息化主要包括旅游企业信息化、旅游电子商务、旅游电子政务三项内容。

(一)旅游企业信息化

旅游企业信息化是企业内部管理层面上的信息沟通，是企业内部的信息化建设，利用信息网和信息系统对企业内部情况进行调整和重组，使企业能够更好地适应社会市场结构，满足运行规律，确保旅游业内部管理模式的升级，以此增强旅游企业的市场竞争力。

(二)旅游电子商务

旅游电子商务是旅游企业对外部的活动，通过电子平台，做好商业营销，使旅游产品与用户对接，加强旅游市场主体与客体的信息沟通，强化服务功能，提高服务水平，保证工作效率。简单来说，旅游电子商务是旅游企业借助当前最快捷的互联网平台，通过信息技术转化，开展的一系列商务活动，使旅游产品更易产生市场效应，是旅游行业普遍使用的一种技术手段。

(三)旅游电子政务

旅游电子政务是一种对旅游行业进行行政管理的系统，使用者是各级旅游行政管理部门和机构。旅游电子政务可以对整个旅游行业的大数据进行收集、整理、重组，从而使旅游管理机构对于整个行业的发展有一个全面、客观的认识，并根据相关数据对公共旅游信息进行发布，引导市场的良好发展。

旅游信息化是一个大概念,凡是与旅游相关的活动均为信息产品,而管理只是其中的一个方面,将信息技术应用到旅游活动中,就是旅游信息化范畴。旅游电子商务是一种交易方式,是线下交易的一种延伸,旅游电子商务是现代的商务模式,主要是指旅游企业利用网络平台,把自己推出的产品放到线上,通过信息化手段进一步促使旅游交易完成,实现旅游收益。简单来说,旅游信息化涉及范围较为广泛,而电子商务则是其中的一项活动,是营销活动的线上体验。从实践来看,旅游信息化侧重信息建设,而旅游电子商务更侧重实践效果。

三、旅游管理信息化的发展应用

随着我国旅游产业的快速发展,旅游目的地及景区的职能也有所变化,就目前旅游目的地管理涉及的部门来看,各个部门对信息化的要求各有不同。

(一)信息化在旅游行政管理中的应用

随着旅游目的地规划和职能的变化,在行政管理方面需要对资源保护、土地合理利用、自然灾害防治、环境监测、吸引物规划与开发、旅游营销等内容进行全面、翔实的信息化管理。从2002年开始,建设部(现住房和城乡建设部)就开始针对各个国家级风景名胜区展开了信息系统建设和数字化试点工作,利用信息化技术对景区进行综合管理。其中,主要是对监管信息系统的软件系统安装调试和卫星遥感数据采集。目前,各级政府对旅游景区的信息化工作都给予了大力支持。

(二)信息化在旅游景区和企业内部管理中的应用

利用信息化管理技术,旅游景区可以提高电子门票的使用率,从而有效降低成本。同时,旅游景区还可以通过以下几方面利用信息化技术,使游客的旅游体验提升,保证服务质量(见图11-3)。

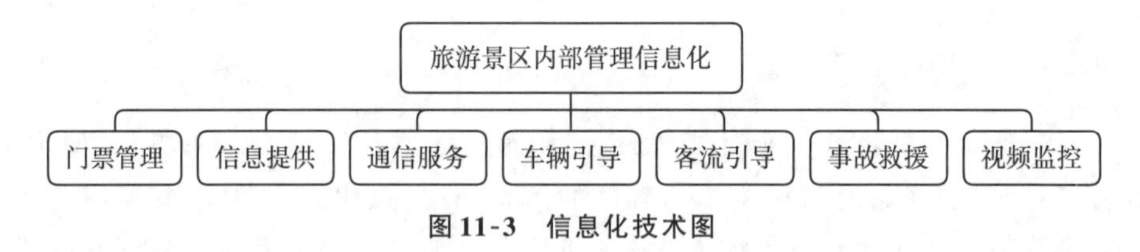

图11-3 信息化技术图

另外,旅游景区还可以借鉴黄山、峨眉山等试点成功的“数字化指挥调度中心”,建立起内部管理的信息化中心,使信息化中心成为集游客安全、资源保护等多功能于一体的“综合视频监控系统”,对旅游景区内的各个景点、游客动态进行实时监控,以此协助管理人员进行客流、车辆、秩序和安全等具体事务的管理。

(三)信息化在旅游营销管理中的应用

随着我国旅游行业规模不断扩大,各个旅游景区面临着巨大的市场竞争压力。信息化可以从服务质量上提高旅游景区的吸引力,为游客提供更加人性化的便利服务。

例如，利用信息化技术开展在线门票、车票、房间预订，与游客进行在线沟通，使用手机AR导游，向游客提供景区重要信息和实时动态提示等，可以为旅游景区带来更强的竞争优势和更大的经济利益。

四、旅游信息化发展的制约因素与创新对策

（一）制约因素

1.信息分散共享性差

在我国旅游信息化发展过程中，随着技术的不断完善和发展，我国的旅游网站数量越来越多。然而，这些旅游网站虽然向用户提供了大量的旅游企业及相关旅游产品信息，但是各个网站之间的信息还无法实现共享，从而导致各个网站之间虽然各自向用户提供了大量的信息，但是信息过于分散，无法真正体现出信息的价值，更无法实现信息化的规模效益，对用户起不到旅游指导作用，对旅游企业也起不到有效的产品开发、参考作用。

2.法律保障不健全

旅游管理信息化发展为旅游行业的快速发展提供了技术支持和更广阔的平台，并获得了行业内及用户的广泛认同。然而，随着旅游信息化的快速发展，相关的法律法规却并没有得到完善。面对旅游管理信息化发展形成的大量信息，旅游企业在网络平台进行旅游产品营销宣传、消费者在网上进行交易的过程中，大量信息的准确性、安全性无法得到保障。而法律法规的不完善，使得网络交易方式的可信性受到大众质疑。在实际应用中，旅游管理信息化体现为网上查询旅游产品信息，线下进行旅游产品交易，这使得旅游管理信息化的功能无法全面体现。法律保障不健全是目前推动旅游管理信息化发展迫切需要解决的问题。

3.人力资源制约

旅游专业人员与社会对接不畅通，当前，既精通信息化技术，又精通旅游业务的复合型人才不足，影响到旅游业健康发展，专业人员的严重缺乏，不利于信息化建设与维护。

（二）创新对策

1.推进数据库构建

旅游管理信息包含的层次较广泛，主要由地图数据库和图文数据库两部分构成。通过旅游交通图、旅游分布图、旅游景点图、旅游设施图的制作，以及资源数据库、产品数据库、客源市场库、研究咨询库、人才数据库的建立，旅游企业可以全面实现信息化管理与数据结果分析。

2.加强信息资源管理

旅游管理信息系统中的信息具有准确性和及时性，针对变化情况能够快速更新，并通过对国家或地方旅游管理部门定期收集与整理信息，并快速上网公布，从而形成

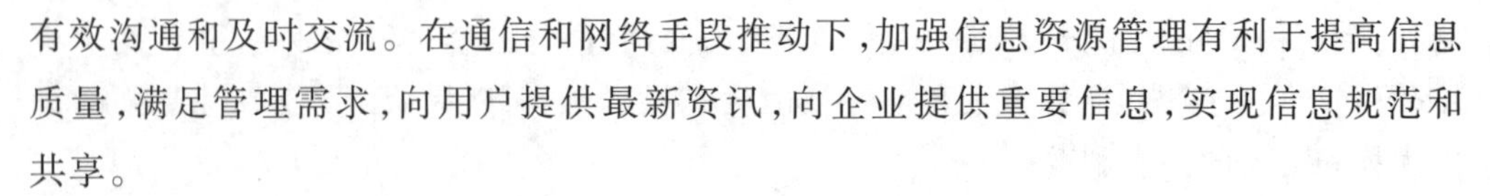

有效沟通和及时交流。在通信和网络手段推动下,加强信息资源管理有利于提高信息质量,满足管理需求,向用户提供最新资讯,向企业提供重要信息,实现信息规范和共享。

3.建立专业队伍

为了全面实现旅游信息化建设,确保信息服务的迅速、稳定、高效,还需要通过建立专业队伍来做好信息管理,没有专业的团队则无法建立起全新的旅游信息流程,要通过专业化建设,使既懂旅游又懂信息技术的专业人员进入管理队伍,通过专业人员的高质量工作,实现旅游信息化建设。

4.建立旅游者反馈信息系统

旅游者与旅游企业之间有一种密切的关系,要通过信息化建设,做好多方面的沟通与信息反馈,用户是企业服务的对象,是企业得以实现经济效益的保障,要根据用户反馈,不断改进旅游网站功能,收集更多的用户评价与建议,为旅游网站建设提供真实数据,全面增加游客间及旅游网站间的互动,推动信息化管理建设迈上新台阶。

第三节 智慧旅游

一、智慧旅游的概念

智慧旅游(Smart Tourism)是旅游者个体在旅游活动过程中所接受的泛在化(Ubiquitous)的旅游信息服务。旅游信息服务是对智慧旅游共同属性的概括,但并非所有旅游信息服务都属于智慧旅游,只有那些为单个旅游者提供的、无处不在的旅游信息服务,也就是基于旅游者个体特殊需求而主动提供的旅游信息服务才算是智慧旅游。换言之,智慧旅游是指以游客为中心,以应用互联网、物联网、云计算、通信、三网融合等智慧技术为手段,以计算机、移动设备、智能终端等为工具,以智慧服务、智慧商务、智慧管理和智慧政务为主要表现形式,以全面满足游客食、住、行、游、购、娱的服务需要为基本出发点,以为游客、旅行社、景区、酒店、政府主管部门以及其他旅游参与方创造更大的价值为根本任务的一种旅游运行新模式(姚国章,2012)。虽然目前智慧旅游还没有形成一个统一的、科学的定义,各学者对于智慧旅游概念的认识以及对于智慧旅游的定义各有侧重,但是都基本表达了一个共识——智慧旅游即通过利用新一代信息技术,改善旅游管理和旅游服务,提升游客体验,实现旅游业的转型升级(陈崇成,2020)。智慧旅游宏观信息流如图11-4所示。

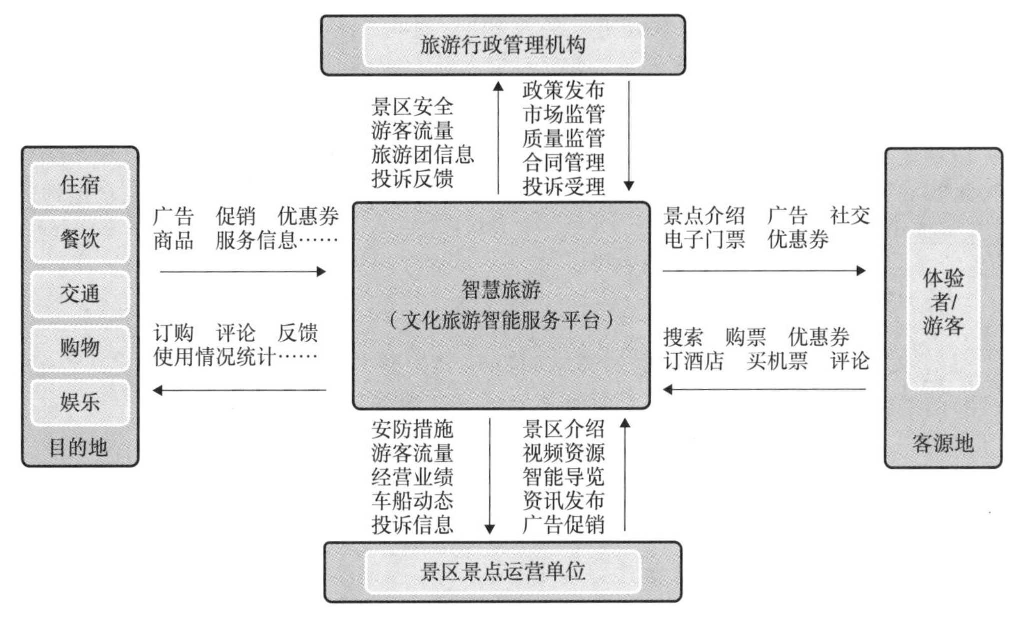

图11-4 智慧旅游宏观信息流

二、智慧旅游建设内容与重点

目前，我国部分城市已着手开展智慧旅游建设探索。2012年，北京、武汉、成都、福州、厦门、黄山等18个城市被确定为首批国家智慧旅游试点城市。2013年，天津、广州、杭州、青岛、长春、郑州等15个城市被确定为第二批国家智慧旅游试点城市。我国提出智慧旅游发展计划的城市达60个以上，其中浙江、福建、四川、吉林、河南、青海等16个省(区、市)出台了相关规划。国务院印发的《“十四五”旅游业发展规划》提出要坚持创新驱动发展，深化“互联网＋旅游”，推进智慧旅游发展。“十四五”时期，我国从三方面推进智慧旅游建设：一是加快推进智慧旅游景区建设，二是规范引导智慧旅游公共服务平台建设发展，三是培育新业态新模式，发展线上数字化体验产品，打造沉浸式旅游体验新场景。

智慧旅游是指运用新一代信息网络技术和装备，充分准确、及时感知和使用各类旅游信息，从而实现旅游服务、旅游管理、旅游营销、旅游体验的智能化，促进旅游业态向综合型和融合型转型升级。智慧旅游是游客市场需求与现代信息技术驱动旅游业创新发展的新动力和新趋势，是全面提升旅游业发展水平、促进旅游业转型升级、提高旅游满意度的重要抓手，对于把旅游业建设成为人民群众更加满意的现代化服务业，具有十分重要的意义。

作为一种新兴的旅游发展理念，智慧旅游的本质就是满足游客多元化的信息需求和体验需求，智慧旅游建设的成败也必须以游客的亲身体验和评价判断为根本标准。智慧旅游建设的重点明确为以下三个方面(杨辰，2015)。

(一)智慧标准

食、住、行、游、购、娱六大要素所涉及的信息面非常广，信息数据分散在各个行业、

各个部门,信息数据的编目及存储方式各不相同,因此,旅游信息数据的整合是一个庞大且复杂的工程,需要从基础入手。第一,建立并完善数据编目及数据交换的相关标准,逐步规范各省级旅游主管单位旅游数据中心建设;第二,建立旅游数据中心与涉旅部门(如交通部门、气象部门等)、涉旅企业(如旅游电商、旅行社等)的数据交换共享标准,充实和完善旅游信息数据的同时,逐步形成区域旅游数据中心,最终建成全国性的旅游数据中心。

(二)智慧数据

游客对于涉旅相关信息数据的需求贯穿于其旅游的全过程,对信息的实时性、有效性、前瞻性要求较高,例如:未来几天所关注景区的天气、交通及预期的人流量、酒店订房情况、目前所处景区人流分布情况等。这就要求旅游信息数据的整合,不只要全面、快速、准确,还要具备统计分析的功能,能结合所汇总的数据,对当前及未来游客所关注的各类信息进行分析判断,并提出意见和建议。前瞻性的分析及预测,不仅能满足目前不断增长的自驾游、自助游游客更为迫切的需要,还是各景区有效预防旅游应急事件发生的数据支撑。

(三)智慧平台

智慧旅游建设的目标是提升旅游行业的信息化水平,为游客提供更优质的服务。而按照云计算的方法,构建SAAS模式的云平台,是实现上述目标的最优途径。例如:构建智慧管理云平台,内含数据中心、电子政务门户、行业运行监管、应急指挥调度及综合统计、在线考试、移动App等多个系统及应用;构建智慧景区云平台,内含景区数据中心、全球分销、客户关系管理、综合管控、门禁票务管理、微门户及移动App等多个系统及应用;旅游管理部门及旅游企业可以根据自己的实际需求,通过云平台订购所需的应用软件服务;而游客不仅可以通过云平台实时接收信息服务,还可通过云平台提供的智能化人机交互功能,定制自己的出行方案,轻松完成旅游出行。

到目前为止,国内智慧旅游建设取得了比较显著的成绩,但也存在比较突出的问题。大多数4A级、5A级旅游景区都实现了一定程度的旅游信息化,提供网上信息发布、网上购票、电子导览等信息化的服务,部分景区也对游客数据进行了一些初步的分析应用,在监控客流量、景区安全管理等方面实现了智慧化管理。其存在的不足和突出问题在于:对智慧旅游的认识不清,把旅游信息化与智慧旅游混淆;对智慧旅游的规划设计不足,缺乏整体性和系统性;对当下的智慧旅游建设数据挖掘和分析不足,智慧化程度不够高;智慧旅游各系统连通性不足,数据应用程度不高,对市场信息的补充作用有限等。

三、智慧旅游的特征与典型技术

智慧旅游作为一种新型的旅游运行模式,是旅游行业与信息产业的完美结合。除了具有旅游本身的突出特性——异地性和暂时性,它还具有自己的独特表现形式和内容。

(一)智慧旅游的特征

1.高度依赖信息技术

发展智慧旅游,必须先建立一个庞大的中央信息管理平台,以及在景区内部保证网络全覆盖。在信息系统的支撑下,景区管理部门可以对景区的游客量、游客行为、突发性事件等进行实时监控,不但可以对游客进行分流导航,大幅度改善景区拥堵、承载量超负荷等问题,而且当景区发生无法预知的突发性事件时,景区管理部门可以做出及时、有效的反应。智慧旅游是以新兴的互联网、物联网、云计算等电子信息科学技术为支撑的,所以比起传统的旅游行业,它与信息技术的联系更加紧密,对信息技术的依赖性也更强,对于旅游从业者在信息管理方面的知识和技能的要求也更高。此外,旅游行业与信息技术行业的合作也将更加深入和频繁。

2.旅游活动便利化

拥有智能手机等便携式终端设备的旅游者在整个旅游过程中,通过扫描二维码、登录智能手机应用程序等方式,除了可以享受机票酒店预订、旅游景点查询、旅游线路推荐、实时景观模拟呈现等服务,还可以享受到更加实用的导航(游客输入景点名称,就可以获得由所在地前往景区景点的线路)、导游、导览和导购服务。

3.旅游者参与度提高

旅游者可以通过手机等智能终端登录信息系统平台,设计自己的旅游线路;对旅游行政管理部门的业务工作和景区保护开发等提出建议;与其他旅游者交流分享自己的旅游体验。更重要的是,旅游者可以与旅游服务商进行在线沟通,打破了长久以来二者之间的信息壁垒。智慧旅游让旅游者真正参与到旅游的全过程,拉近了旅游者与旅游服务商之间的距离,从根本上提升了旅游者的满意度。智慧旅游所提供的种种便利服务为更加自主化的旅游方式提供了可能和保障。旅游者可以更加深入地参与旅游的整个过程,包括旅游线路的设计,餐饮、住宿、购物地的选择,以及旅游后的各项反馈评价和感受体验的分享,还可以借助智能手机旅游应用程序这个平台,以文字、图片、视频等形式与其他旅游者进行信息交流。

4.旅游管理高度智能化

传统僵化的管理模式已经成为掣肘我国旅游业大力发展的痼疾。旅游行政管理部门可以通过开发在线程序调查旅游者的满意度、行为偏好等,同时可以通过投诉、留言等板块,了解旅游者在旅游过程中遇到的各种问题并及时做出回应。旅游行政管理部门还可以对智慧旅游的信息系统收集到的各种数据资料进行分析和研究,并将其作为本地旅游业长期战略发展的宝贵参考。智慧旅游帮助旅游行政管理部门的日常业务处理变得更加高效,智慧旅游所催生的中央管理平台、智慧交通系统、智慧酒店、智慧景区等,不仅为旅游者带来了极大的便利,同时也为受传统僵化管理方式束缚的旅游行政管理部门和旅游服务商带来了新的希望。一方面,旅游行政管理部门可以对景区承载量和交通状况进行实时监控,及时发布信息,开展游客分流,引导游客前往不那么拥挤的地方;另一方面,旅游行政管理部门还可以通过对从各个系统中获得的数据资料进行统计分析,优化经营管理模式。

(二)智慧旅游的典型技术与应用:AR、VR技术

增强现实(Augmented Reality, AR)技术是随着虚拟现实(Virtual Reality,VR)技术迅速发展应用而出现的新一代可视化显示技术,即通过将电脑生成的虚拟信息准确"叠加"到用户所处的真实环境中,让用户能够跳出时空限制,感知到超越真实的奇妙体验。AR技术的起源可追溯至20世纪60年代的灵境技术,其技术概念由美国计算机科学家Ivan Sutherland首次提出,包括交互图形显示、力反馈装置和语音提示的虚拟现实系统等基本设想,打造了名为"The Sword of Damocles"(达摩克斯之剑)的原型机。20世纪80年代初,美国VPL公司创始人Jaron Lanier提出了虚拟现实的概念,利用计算机生成了虚拟环境,结合三维空间交互技术实现用户与虚拟世界的自然交互。1990年,波音公司前研究员Thomas Caudell开发了一种能协助航空公司的飞机制造过程的系统,而这就是当前AR技术的雏形。AR技术能够与VR技术区别开来的特别之处在于它能与现实环境产生交互。增强现实是通过一定媒介看到现实增强信息,通过技术连接现实和虚拟世界,强调技术对现实的影响。相比之下,虚拟现实则是用一个模拟的现实取代了现实世界。AR技术最大的优点就是能够将虚拟事物与真实场景相结合,结合空间配准、实时交互技术,达到亦真亦幻、虚实难分的混合现实效果。

增强现实指的是通过计算机事实生成的图形内容(Graphic Content)来增强真实环境(Hyun和Lee等,2009),是当下研究的前沿热点领域。从国际层面看,虽然近年来AR技术已经获得了突飞猛进的发展,但整体水平仍处在初始阶段,尚未得到充分的认识(Han和Jung等,2014)。因为增强现实是增强用户体验的工具,所以AR技术与旅游关系尤为密切。AR可以帮助考古学家、历史学家、景区管理者复原遗址或重现历史场景。Yovcheva(2012)认为AR最重要的优势是游客能够在实际场景中查看感兴趣的实时信息,根据AR技术的使用特点,将AR作为旅游体验与理论相结合的媒介。Han和Jung(2014)研究了AR技术在都柏林城市遗址旅游中的应用。

虚拟现实(VR)、增强现实(AR)技术的应用在打造沉浸式体验的过程中也起到了积极作用。特别是对于以历史文化为主题的旅游景区及文化展馆,游客仅凭遗址遗迹难以了解其全部内涵,而通过VR、AR以及多媒体交互技术的生动再现,游客可以获得更为全面、更为直观的感受与体验。中国大运河博物馆"运河上的舟楫"展览,生动展现了古代舟楫在运河穿行的历史画卷,回溯千年,营造"人在画中游"的沉浸式体验。这些新技术为构建虚拟世界提供了可能,也为旅游场景的拓展和重构开创了新思路。

虚拟现实、增强现实等技术在文化领域的应用,助推了文旅融合背景下沉浸式体验项目的"野蛮生长",将社交搬上互联网,将体验搬入元宇宙,随着元宇宙概念的火爆兴起,旅游景区成为元宇宙的重要一环,社交在旅游景区也发挥了重要的作用。人们开始关注"网红"、注重打卡、关注朋友圈的分享和推送,在虚实结合的攻击下,旅游景区的沉浸式体验一时风光无限。当今"90后""00后"与互联网生活形影不离,线上互动方式虽然能够便利且高效地满足年轻人对于娱乐的诉求,然而线上却始终无法带来身临其境的、全方位的刺激体验。越来越多的年轻人将社交与体验放到线下空间,而有趣的互动、有代入感的娱乐体验则是人们的首选。于是,近年来,新奇的、参与感和互动性强的沉浸式体验正成为备受瞩目的文旅新业态。

(三)虚拟现实技术在旅游中的应用案例

新南威尔士大学教授Sarah Kenerdine用AR技术打造的“数字敦煌”项目,既能让游客真真切切地领略到石窟壁画的文化魅力,又能让真实的石窟得到应有的保护。个性化的增强现实之旅和重建毁损的文化遗产,能够有效地帮助游客更好地了解和欣赏这些遗址的过去辉煌。日本姬路城旅游景点运用AR技术进行数字导览(见图11-5),让游客通过扫描识别菜单文字,转化为可识别的景区图片,更便于用户了解背后故事。在旅游氛围营造方面,加拿大魁北克于2014年推出了“幻光森林”旅游项目(见图11-6),通过演员与AR虚拟动物结合的方式打造奇幻场景,获得游客一致好评。

图11-5 日本姬路城的AR导览

图11-6 “幻光森林”旅游项目

在旅游文化商品领域,以AR画册、AR明信片、AR台历为代表的AR文化旅游商品已经先后在北京故宫博物院、黑龙江省博物馆、曾厝垵等旅游目的地出现。诸多景区也已经注意到AR在文化旅游商品开发方面的无限前景,不断将AR标签植入各类文化旅游商品,增加旅游商品文化附加值的有益尝试。

在旅游节事领域,世嘉公司曾为虚拟偶像歌手初音未来举办了一场全息投影演唱会。该演唱会是人类历史上首次使用全息投影增强现实进行全程展示。在此之后,“紫嫣”作为国内虚拟偶像也在深圳举行了中国首次全息3D动漫演唱会,实现虚拟影像与真人的同台互动。

在数字博物馆建设领域,新加坡国立大学混合现实实验室研制了基于AR技术的移动智能旅游辅助信息系统和博物馆、科技馆中的AR文化产品互动展示平台等。伦敦科学博物馆基于AR技术开发了Science Stories应用,参观者只要将手机摄像头对准地上的特别标记,手机屏幕上就会显示站在标记处的流行节目主持人詹姆斯·梅恩形象的虚拟导游,为游客进行旅游解说。东京大学综合研究博物馆为展品打造了数字文物AR展示系统,参观者只需戴上一副眼镜即可看到内置液晶显示屏(LCD)上的虚拟信息呈现在现实环境之中,同时伴有音频讲解。美国自然历史博物馆利用AR技术实现了人类祖先进化过程的复现,让参观者亲眼见证活灵活现的原始人类在上亿年的时间里通过坚持简单劳动进化为现代人类的过程。在历史文化区,AR技术会带领游客走进复活节岛和石像亲密接触,实现与展品的有效互动。

在旅游营销领域,Hostelworld作为一家面向个人游、经济游和青年游的国际网络预订服务公司,通过AR技术,以大屏幕作为中介,让用户时而与中国舞狮者共舞,时而

与夏威夷热情民众共舞，为用户提供了各地文化的互动式场景展现体验，大获好评。Discover HK是香港旅游发展局与国泰航空公司联合开发的旅游推介应用程序，只要下载并启动这个程序，手机便能通过摄像镜头识别周边场景，显示相应的景点照片、资料介绍和方向导航等信息。

总的来看，增强现实旅游产品的开发目前主要表现在旅游导览、旅游营销推介、旅游商品开发及特定的场景氛围营造等环节，其中又以博物馆、遗址遗迹等文化旅游场景较为集中。增强现实在旅游产品开发中的应用前景十分广阔，但现有的AR技术应用手段尚不充分，丰富的文化资源宝库亟待通过更加多样的AR技术应用手段进行相应的数字可视化展示。

四、智慧旅游的外延和影响

泛在化的旅游信息服务导致了旅游信息流重构、旅游业务重组、旅游组织优化，也导致旅游者信息搜索行为和行为方式、旅游营销方式、旅游管理方式、旅游服务方式发生了根本性改变。

(一)智慧旅游对旅游者的影响

1.旅游者信息搜索行为

智慧旅游使旅游者的信息搜索行为在旅游信息收集阶段变得更加灵活多样。旅游者可以通过互联网获取各种推荐旅游信息，这些推荐信息是基于该旅游者过去的旅游行为、在网上的点击行为、消费记录等数据，通过数据挖掘而形成的；旅游者也可以通过虚拟实境的三维软件系统体验目的地旅游，通过智能终端了解旅游目的地的各种信息，获取电子打折券及各种预订确认单。对旅游者而言，自由的美食搜索、便利的酒店预订、快捷的交通出行、智能的游览观赏、欢快的购物和无拘束的娱乐活动是旅游者外出旅游所要实现的基本需求；对旅游企业而言，提供食、住、行、游、购、娱等方面的服务是实现经济效益、实现自身价值的体现。智慧旅游实现了旅游链条上的资源整合，包括传统的旅游六要素和拓展要素，实现了资源、要素的优化配置，为游客提供了一个全域化的旅游环境。

2.旅游者行为方式

旅游者在旅行过程中的灵活度大大增加，随意性也大大增强，不再受出发前旅游行程设计的局限，可以随时、快速地改变行程安排，了解目的地最新资讯。智慧旅游使旅游者分享旅游体验的方式和手段多样化，从视觉、听觉和嗅觉等方面满足游客的感官体验，让游客沉浸其中，目的地需要为游客提供主题化、舞台化、场景化等多层次的旅游体验。在发挥旅游信息化的作用，为游客提供现实的高质量的旅游环境和旅游服务时，要结合虚拟现实技术等，为游客提供超乎现实的全新感官的多层次、全方位的旅游体验。

(二)智慧旅游对旅游机构的影响

1.旅游营销方式

从旅游营销方式看，旅游信息服务表现为在各种营销要素和手段上的信息展现和

传播,智慧旅游是把旅游目的地的各种文字、图片、视频信息,以及旅游企业的各种产品信息表达方式,借助各种媒介和传播渠道推送给潜在旅游者的过程。通过开发基于智能手机的各种软件,来实现对旅游产品和旅游目的地的宣传、营销。

2.旅游管理方式

从旅游管理方式看,智慧旅游通过每一个旅游者的信息需求和基于旅游者所在位置,来为旅游者提供有价值的引导性信息服务,对旅游活动质量进行监控,对旅游者群体信息进行统计分析,为旅游目的地宣传营销提供数据支持。智慧旅游推动行业融合,发挥“旅游+”和“互联网+”功能,推进使旅游业与其他相关产业深度融合,形成新的生产力和竞争力。智慧旅游作为全域旅游的重要支点,通过智慧旅游,利用“旅游+”和“互联网+”,推动产业融合和行业跨界,催生新业态,实现旅游产业创新和跨行业、跨部门的旅游管理。跳出传统的景点旅游模式,实现从景点旅游向无景点旅游的拓展。空间的拓展不是简单的地域上的延伸,更重要的是空间范围内旅游功能的拓展。全空间的旅游需要智慧旅游的支持,智慧旅游利用大数据、物联网等技术实现区域的全域信息化,能够为游客提供全空间的旅游信息查询、旅游体验、行业监管、要素整合等。

3.旅游服务方式

从旅游服务层面看,智慧旅游包括了为旅游者提供信息服务的公共服务机构和为信息服务企业提供的各种旅游信息服务。例如,iOS、Android系统的智能手机旅游应用软件开发,企业通过智能手机提供位置导航、电子地图、预订系统等实时信息服务;在酒店,前台通过FRID(Radio Frequency Identification,无线射频识别技术)提供Check-in(登记)、Check-out(结账)服务,客房内基于iPad的点餐信息、房间娱乐信息、周边设施信息服务等;旅游景区、旅游吸引物的三维实景(信息)展示和旅游者游览过程中的随身导游导览。

五、智慧旅游发展目标

智慧旅游的基础是旅游信息化,但其核心和关键是“智慧”。如今,大多数发展智慧旅游的目的地已经基本实现了旅游信息化,进入了智慧旅游的初级阶段。但随着信息技术的快速发展、旅游经济的蓬勃发展和人民的美好生活需要日益增长,智慧旅游也需要进一步发展完善,提高智慧程度,提高旅游资源的配置效率,改善人民的旅游体验,更好地满足人民对美好生活的向往。由此在原有理论基础上,智慧旅游应不断应用物联网、云计算、移动通信、人工智能等现代信息技术,自动获取整合旅游资源、旅游商户、旅游者等各方面数据和信息,充分破除数据壁垒,建设联通各方、有效交互的旅游信息系统,实现旅游资源的高效管理,为旅游者提供适销对路的个性化旅游服务,构建信息充分的旅游商品和服务市场,最终实现旅游资源的有效配置、旅游产业的高质量发展和旅游目的地的可持续管理。因此,智慧旅游的发展有以下五个重要目标。

(一)信息数据的智能收集和获取

智慧旅游的“智慧”来源于对海量信息数据的整理、分析和挖掘。而在此之前,信

息数据的收集和获取也应该是智能的和充分的。对传统业态来说,海量信息数据的收集需要耗费大量的时间和劳动力,即使能够实现,成本和收益也不相匹配。在5G、物联网、大数据、人工智能等新一代信息技术的支撑下,海量信息数据的收集和获取变为易于实现的目标。因此,智慧旅游首先要求旅游管理部门能够自动地充分收集来自旅游资源、旅游商家、游客以及旅游周边环境等各方面的信息,取代原有的不充分、高成本的信息数据收集方式。

(二)游客一站式获取信息和旅游服务

当下,大多数游客在旅游的前期和过程中都习惯通过手机、电脑等设备,在互联网上了解旅游目的地的相关信息。而信息和相关服务的一站式获取是大多数游客的心愿。网络给游客提供了查找、收集信息的便利,但也存在信息太过繁杂,真实性、权威性和时效性无法保证,营销推广信息混杂于普通信息之中等情况,导致游客难以有效获取旅游目的地的信息和服务,或者需要花费较多的时间和精力来实现。智慧旅游要求旅游行政管理部门将旅游信息的提供发布纳入旅游服务之中,通过一些便捷的平台,如微信公众号、网站等,一站式提供游客需要的各种信息,并且做到翔实可信、及时更新。同时,通过这一平台,景区向游客提供售票、咨询和其他旅游配套服务,从而实现游客一站式获取信息和服务,大幅提高游客旅游体验。

(三)旅游相关部门信息联通共享和有效联动

智慧旅游的发展建设不单依赖于景区或旅游管理部门,也不仅限于狭义旅游资源的配置与管理,智慧旅游需要旅游、交通、公共安全、市场监管等多部门的协同高效运作和有效快速联动,这也是智慧旅游最初作为智慧城市的一部分而出现的原因。智慧旅游的完全实现依赖于所在地区的各部门运行和管理水平。而从智慧旅游本身出发,首先应该实现与旅游相关的各部门信息联通共享,以实现信息一站式发布,同时实现对交通、公共安全等方面的协同管理和快速联动。

(四)提供个性化旅游服务和商品

提供个性化的旅游服务和商品是智慧旅游的"智慧"体现,也是其重要的目标。每个旅游目的地每天都会接待大量的游客,游客对于旅游服务和旅游商品既有对美的欣赏、对便捷的追求等共性的需求,也有着细微的、多样化的个性需求。对游客个性化需求的满足将最大限度地提升游客旅游体验,实现旅游资源对游客效用的最大化。具体来说,就是旅游目的地应该通过对游客特征和行为大数据的采集、整理、分析、挖掘,通过线上线下多种方式,向游客提供适销对路的旅游产品和服务。

(五)建立信息充分的有效市场

发挥市场在资源配置中的决定性作用,实现旅游资源的合理配置,有赖于充分的信息。当前旅游市场低效率的很大一个原因是信息不充分、不对称。但随着科学技术的进步,这一问题的解决成为可能,而智慧旅游也应以尽可能地获得充分的信息为目

标。如果游客获得了充分的市场信息，市场上就很难再出现欺客宰客的现象，商家之间也会更加充分地竞争，提高商品和服务的质量。如果商家获得了充分的信息，则能够合理安排自己的生产、进货、存货和销售等多环节，这可以在很大程度上避免生产和进货的盲目性，实现供给与需求更好地匹配。如果政府获得了充分的信息，则能够有效管理市场秩序，更好地提供公共服务，根据市场情况合理开展景区门票等旅游公共服务的政府定价工作等。

本章小结

本章对旅游目的地的信息化管理和智慧旅游的相关概念与技术进行了介绍。信息化和数字化的社会进程推动旅游目的地不断应用新技术，进行产品的升级与转型，带动管理的进一步优化。旅游信息化管理和智慧旅游应当以提高旅游管理效率，提升游客旅游体验为目标，使信息流通和联动更为顺畅，赋能旅游目的地管理。

典型案例

案例一：迪士尼智慧旅游

迪士尼以文化起家，却对技术异常重视，堪称国际科技文化企业的标杆。迪士尼于20世纪90年代就追了一波虚拟现实的风潮，而最先投入的项目恰恰就是主题公园。迪士尼与VWE合作于1993年在洛杉矶开设了一个虚拟地理社区，其中包括结合驾驶舱体验的蒸汽朋克餐厅，紧随其后还推出了阿拉丁飞毯、火箭专家等佩戴头显的娱乐设施。不过受限于成本和呈现效果并没有普及。

2017年9月，在德国柏林国际消费电子展(IFA 2017)上，联想与迪士尼合作的一款由智能手机驱动的增强现实头戴设备——Lenovo Mirage，全球首发。2017年8月，迪士尼将自家研发的实时纹理技术发展成为一种有趣的AR应用程序——AR Museum。2017年10月，优必选正式推出与迪士尼合作的全新产品：AR机器人Star Wars First Order Stormtrooper，主打增强现实(AR)、语音控制、面部识别、警戒巡逻等功能。

2013年，魔法腕带开始进行公测，逐渐融入迪士尼乐园的每一个角落。腕带内置蓝牙和RFID射频芯片。2015年，迪士尼推出了Playmation——一套钢铁侠手套的游戏套件，里面内置传感器的可穿戴玩具。在戴上钢铁侠手套之后，孩子们可以扮演角色，进行单人的剧情冒险，在不同的环境中与虚拟的敌人战斗，也可以与其他佩戴Playmation的孩子产生互动。毋庸置疑，迪士尼在科技文化领域的布局是非常全面的，几乎涵盖了各种新技术。同时，迪士尼从自身业务出发，重点进行了人工智能、增强现实方面的研究和运用。

从技术的角度来看，迪士尼在人工智能领域研发过很多系统，迪士尼旗下的研究部门拥有自家的机器学习系统，大部分的AI系统都运用在视频计算里，而且其开发的

主要目的是应用于迪士尼的旗下业务。

在迪士尼的百年历史中,我们看到了迪士尼对“讲一个好故事”的文化坚守。而我们所说的智慧旅游,也是在不遗余力地利用新技术把故事讲好,它不仅代表着一种创新能力,更代表着旅游业的未来。科技与文化如同智慧旅游的双脚,共同促进智慧旅游的发展与创新。

(资料来源:整理自 https://www.wulianwangiot.com/zhihuilvyou/718.html。)

案例二:湖州全域开展旅游业“微改造精提升”

为不断提升湖州旅游业现代化、品质化、国际化水平,提升人民群众旅游获得感与幸福感,湖州市全域启动旅游业“微改造、精提升”,以“生态环境更精美、公共设施更精良、旅游体验更精致、游客服务更精心、运营管理更精益、文化融入更精巧、市场营销更精准、品质评价更精细”为主攻方向,重点打造“八精”工程,实现“各美其美、美美与共”的格局。

旅游业的“微改造、精提升”是一项系统工程、创新工程,由市、区县两级旅游专班协同推进建立“微改造、精提升”专项工作领导小组,分阶段细化具体工作安排,排定“精提升”八个方面年度重点任务,坚持问题导向,摸清“微改造”家底清单,努力形成并提炼行之有效的“微改造”模式方案,为全市全面推开“微改造”工作提供可复制、可学习、可借鉴、可推广的经验,不断擦亮“在湖州看见美丽中国”城市品牌。

围绕实现旅游风貌的“精提升”,全市用好“文化绣法”,加快文化基因植入,在“微改造”过程中充分体现湖州特有文化元素,打造一批辨识度高、文化特色鲜明、主题形象鲜明的景观门户,打响丝之源、瓷之源、笔之源、茶之源和太湖溇港、桑基鱼塘等文旅IP;推动文旅融合发展,全面提升山景、水景、镇景、村景以及城市景观,推动文旅产业与农业、体育产业、健康产业深度融合发展,引导关联产业和新兴业态进乡村、进景区;打响城市品牌,串珠成链,打造南太湖文旅发展带、浙北生态度假旅游带、运河水乡民俗休闲旅游带等重要景观带,举办具有影响力的文体节事活动,开展诗行远方“文旅走亲”活动,讲好湖州故事。

围绕旅游业态的“精提升”,全市用好“数字绣法”,通过推广线上导览、讲解服务,推动交通、厕所、停车场等旅游配套数字化“微改造”,推广数字化旅游产品,打造未来景区、未来度假区和未来乡村;依托“数字湖州”智慧大脑,用好一体化、智能化智慧文旅平台,实现旅游信息、旅游管理及风险提示的一体化应用;深化与各大OTA平台的合作,开通“在湖州看见美丽中国”旅游官方星球号,全面提升游客的智能化体验。

(资料来源:整理自 https://baijiahao.baidu.com/s?id=1694923362839303660&wfr=spider&for=pc。)

课后活动

请同学们收集国内外旅游目的地官方网站的访问量数据,并分析在移动设备较为普及的今天,旅游目的地官方网站的存在是否有必要?为什么?

第十二章
旅游目的地发展与演化

学习目标

1. 理解旅游目的地演化的基本内涵。

2. 熟悉旅游目的地发展演化的主要理论及相关的解释模型。

3. 掌握旅游可持续发展的理论与途径，能够理论联系实际分析具体问题。

4. 掌握旅游目的地发展的驱动机制与阻碍因素。

素养目标

通过本章的学习，学生应树立科学发展观，树立辩证唯物主义世界观，树立可持续发展观：既满足当代人的需要，又不损害后代人满足需要的能力的发展。

学习重难点

1. 旅游目的地演化的内涵及主要理论的理解与应用。

2. 旅游可持续发展理论的理解与应用。

3. 旅游目的地发展的驱动机制与阻碍因素的认识与掌握。

阳朔旅游目的地的发展演化：从景区旅游向全域旅游的模式转型

阳朔地处广西东北部，因“桂林山水甲天下，阳朔堪称甲桂林”享誉全球，阳朔旅游发展是中国现代旅游业发展过程的缩影，自对外开放以来，阳朔走过了独特的演化历程，2005年成为世界旅游组织在中国设立的第一个旅游可持续发展观测点，是中国县域旅游业历史最悠久、发展最成熟、形态最多元的旅游目的地。回顾阳朔的旅游发展，其历程与中国其他目的地有所不同，阳朔的旅游业不是以政府或外来资本介入为主导发展力量，反而与Butler描述的旅游地发展演化阶段较为相似，在1984年之前属于旅游探查期,仅有零散的过境游客,当地的自然和社会环境未因旅游而有所变化;1984—1999年游客规模稳定且缓慢波动增长,过夜游客中海外游客的比例基本维持在一半以上,本地居民在市场带动下开始参与旅游接待,为游客提供一些简便的设施;2000年开始,阳朔进入旅游发展期,并且在2004年之后游客规模快速扩张,国内游客人数显著增加。2016年,阳朔成为国家全域旅游示范区。

近年来,阳朔始终坚持将全域旅游向纵深推进。全县"一乡一业、一村一品、一主多业、一体多元"的农业休闲观光产品形成集团冲锋的态势。截至2021年7月,全县拥有国家5A级旅游景区1家、4A级旅游景区5家、国家级度假区1家、景点景区9家、大型演艺场所2家、各类人文景观200余处、民宿酒店1500余家。主(承)办环广西世巡赛、铁人三项等体旅融合的重大赛事14项(次)。悦榕庄、阿玛瑞等国际品牌的休闲度假酒店集群耀眼夺目;西街商圈等特色商业街区购物集群人潮涌动;墨兰山舍、画山云舍等高端精品民宿集群引领行业发展;"印象·刘三姐""桂林千古情"等文化演艺集群独具特色;攀岩、低空游览等户外运动产业集群蓬勃发展。带动农家饭、乡村导游等从事休闲农业与乡村旅游工作人员达10多万人。以旅游业为龙头的第三产业占比超过50%,以旅游为主的服务业对财政的贡献率达到65%。2019年接待旅游总人数突破2000万人次,旅游总消费289亿元。2020年接待旅游总人数1370.39万人次,旅游总消费181.56亿元。阳朔是全国乡村旅游推进大会上唯一发言的县域代表;是连续四年蝉联"广西高质量发展先进县"的两个县区之一;是全国运输服务与旅游融合发展现场会等24个全国、全区、全市会议的实地考察点。荣获中国最美休闲胜地、首批中国优秀国际乡村旅游目的地、首批国家全域旅游示范区、广西首个国家级旅游度假区等国家级集体荣誉表彰18项。在"十四五"时期,阳朔要以建设"世界一流"为发展目标,把自身打造成桂林世界级旅游城市先导区,继续丰富特色旅游产品供给,促进游客二次消费。

(资料来源:阳朔县融媒体中心、光明网、阳朔县文化广电体育和旅游局。)

第一节　旅游目的地演化的基本内涵与主要理论

一、旅游目的地演化的基本内涵

演化(Evolution)也称进化,起源于拉丁语"Evolvere",原意是将一个卷在一起的东西打开,也可以指任何事物的生长、变化或发展的过程。演化用作生物学的特有名词时,是指族群里的遗传性状在世代之间的变化,以及解释这些现象的各种理论。人类社会发展变迁的过程与生物种群变化过程的相似性日益受到相关学者的关注,这一概念开始被广泛应用在社会发展相关研究的各个领域中,成为解读社会现象变迁的一种重要方法。在经济学领域,演化被理解为一个从适应环境到自我发展、自我改造与震荡后自组织的过程,在相当长的一段时间内会发生有序继承事件。巴特勒在1980年提

出旅游地生命周期理论模型时首先将其引入到旅游现象的研究中。

由于中英文语境的差异,“演化”(Evolution)与“发展”(Development)经常会被混用,它们都可以指事物不断变化更替的过程。本教材采用“演化”一词来表征旅游地在时空变迁的情境之下,整个旅游系统所发生的各种要素的变化与重组现象,在具体的行文过程中会根据表述情境选用相应的词汇。区别于旅游地生命周期理论,演化意味着从一种状态演进到另一个发展趋势,但不一定是由盛到衰,而有可能出现多个生命周期。

二、旅游目的地演化的主要理论

(一)生命周期理论

“生命周期”最早是生物学领域的术语,用来描述某种生物从出现到灭亡的演化过程,后来被许多学科用以表征相类似的变化。经济学和管理学领域首先将这一概念应用于产品研究,美国哈佛大学教授雷蒙德·弗农(Raymond Vernon)于1966年在《产品周期中的国际投资与国际贸易》中首次提出产品生命周期理论(Product Life Cycle Theory),指的是一种新产品从开始进入市场到被市场淘汰的整个过程。典型的产品生命周期一般可分为四个阶段,即导入期、成长期、成熟期和衰退期(见图12-1)。在产品生命周期的不同阶段中,销售量、利润、购买者、市场竞争等都有不同的特征。

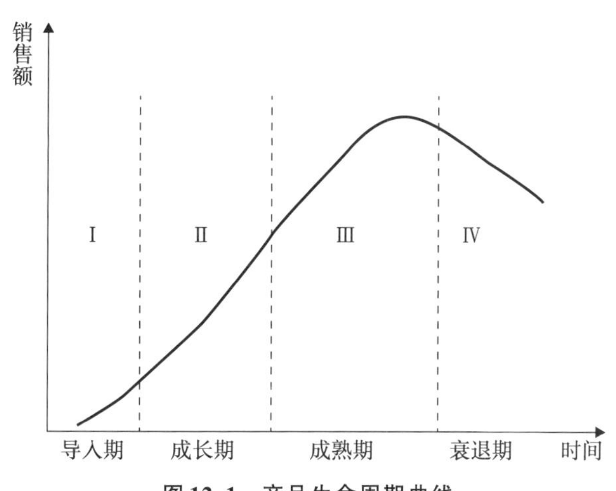

图12-1 产品生命周期曲线

(资料来源:MBA智库百科。)

1.第一阶段:导入期(Introduction Stage)

导入期指产品从设计生产直到投入市场进行测试的阶段。由于生产技术方面的限制,此阶段产品生产规模小、制造成本高、广告费用大、产品销售价格偏高、销售量有限,生产者为了扩大销路,不得不投入大量的促销费用,对产品进行宣传推广。企业通常不能获利,反而可能亏损。

2.第二阶段:成长期(Growth Stage)

成长期指产品通过试销取得良好效果,逐渐打开了市场销路,需求量和销售额迅

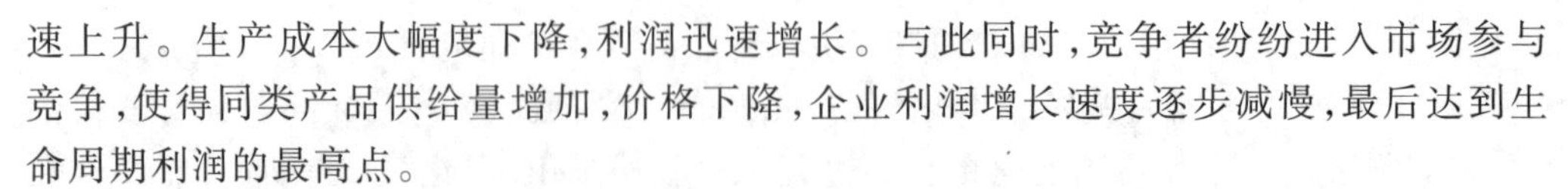

速上升。生产成本大幅度下降,利润迅速增长。与此同时,竞争者纷纷进入市场参与竞争,使得同类产品供给量增加,价格下降,企业利润增长速度逐步减慢,最后达到生命周期利润的最高点。

3.第三阶段:成熟期(Maturity Stage)

成熟期指产品大批量生产并稳定进入市场销售,该阶段市场需求趋于饱和,产品普及并日趋标准化,成本低而产量大。销售增长速度缓慢直至下降,竞争的加剧在一定程度上增加了同类产品的生产成本。

4.第四阶段:衰退期(Decline Stage)

衰退期指产品进入淘汰阶段。由于科技的发展以及消费习惯的改变等原因,产品的销售量和利润持续下降,产品已经老化,无法适应市场需求。此时成本较高的企业由于无利可图而陆续停止生产,此类产品的生命周期也就逐步结束,直至最后完全撤出市场。

(二)全球地方化理论(Glocalization Theory)

全球地方化是一个内涵丰富的学术概念,起源于20世纪80年代。全球地方化理论的提出弥补了传统的全球化理论忽视地方属性和地方要素的缺陷,为人地关系的研究提供了一种新的思路。在全球化的大舞台上,人、物品、资金、信息、金融、空间认知都处于不断流变的进程之中,国际旅游的大发展正是得益于这样的时代背景,客源地与目的地的旅游流也汇入了时空流转的全球化浪潮之中。旅游已经成为建立全球—地方联结和加速全球地方化进程的重要力量。与此同时,全球化和地方化的深刻互动又是推进旅游地发展演化的核心动力,具有对立统一的辩证关系。

一方面,全球化进程推动了地方社会空间生产方式的革新。全球化的国际资本、生产标准和文化偏好异化了旅游地传统的社会生产力和生产关系,重构了旅游地的地域组织。另一方面,地方为全球化进程提供了必备的设施空间、劳动力和制度保障。旅游地是一类特殊的地域空间系统,在空间尺度上与全球尺度存在巨大的尺度张力差异,在社会属性上与全球化存在巨大的要素差异,全球化带来的现代性与地方化葆有的制度、文化、社会结构之间的碰撞更加激烈。而差异性正是旅游地吸引力的核心本质,旅游地的差异性根植于地方性,地方性要素在全球化趋势下的合理利用和有效活化是旅游地发展的关键。因此,全球地方化与旅游地演化之间存在相互促进、对立统一的辩证关系。

(三)演化经济地理学理论

演化经济地理学理论(Evolutionary Economic Geography Theory)兴起于20世纪90年代中后期,它汲取了经济地理学和演化经济学的相关成果,将区域发展看作一个动态过程,并引入许多适用于动态分析的概念工具来理解这一动态过程。其核心是从动态演化的角度解释地区经济发展不平衡的问题及其演化机制和过程,注重动态性、不可逆性以及创新性的研究。

演化经济地理学主要引入三方面的理论来认识这一动态过程:其一是广义进化论

(General Evolutionism),来自现代演化生物学,包括变异、新奇、选择、适应、保留、突变等,遵循种群动态演化的规律,认为新奇是推动经济变迁的根本动力,技术创新是重要的关注对象;其二是路径依赖理论(Path-dependence Theory),从历史维度理解经济变迁,包括偶发性及自我增强(自我催化)动态机制、报酬递增导致的锁定状态(网络外部性)、分化、路径创造;其三是复杂系统科学理论(Complicated System Science Theory),它认为区域经济是一个开放的、远离均衡态的复杂适应系统,关注这一复杂适应系统的涌现性、自组织、非线性变化、适应性调整以及迟滞现象。

演化经济地理学把路径依赖动力置于不均衡的时空经济发展背景之下,在构建旅游目的地的生产网络时从协同演化的视角关注到了制度的角色,被借鉴到旅游研究中来理解目的地多个利益相关者之间的复杂动态关系,认为旅游地的发展是一个错综复杂的多层面协同演化,弥补了旅游地生命周期理论曲线的单一性。但是此模型倾向于囊括目的地发展各个层面的宏观和微观要素,在实际应用方面显得过于复杂,很难清晰地界定到底是哪一种或多种因素在多大程度上影响了目的地的发展演化。

(四)系统理论

旅游目的地是一个复杂的动态系统。不少学者指出,以系统学的视角审视旅游目的地系统的演化更容易把握旅游目的地的主要矛盾,更能深入研究其演化背后的运行机制与规律。目前,关于旅游目的地演化研究的系统学理论依据主要有以下几种。

1.一般系统理论

一般系统理论强调系统的整体性、有机性、动态性,常运用在旅游规划中,其主要观点可分为三种:第一种,从系统功能角度出发,围绕旅游供需关系来阐释旅游地的结构、功能以及演化,以Gunn(1972)提出的旅游系统功能模型为代表;第二种,从地理空间的角度来阐释旅游地系统的概念,以Leiper(1979)提出的旅游地理空间模型为代表;第三种,从系统关系角度出发,探讨以旅游活动为中心所引发的各种社会、经济、文化关系,以Chuck(1984)提出的宏观旅游系统理论框架为代表。

2.系统动力学理论

系统动力学理论起源于美国麻省理工学院Jay W. Forrester教授的著作《工业动力学》,以系统思考为理论基础,强调从系统内部的微观结构入手,基于系统内部结构、参数及其总体功能分析并把握系统的特性与行为。自旅游系统概念提出后,基于系统动力学理论的旅游地生命周期和旅游环境容量的研究逐渐增多。中山大学的徐红罡老师较早将系统动力学思想应用于旅游学研究中,阐释了系统动力学思想对于旅游地演变研究的有用性和实用性,并由此建构了旅游地发展的系统动态模型。

3.耗散结构理论

旅游地演化的前提条件是旅游地系统内部必须具备开放性、远离平衡性、存在非线性作用、系统内部随机涨落等特征,这与耗散结构理论的特征不谋而合。耗散结构理论剖析了系统从无序发展最终走向高级有序发展的动态过程,将其运用到旅游地演化研究中,能够较为清楚地反映旅游地发展的线索,也为全面、科学地分析旅游地系统演化的驱动机制提供了便利。

4.混沌理论

混沌理论也称为非均衡理论,是一种研究系统中的有序状态和无序状态相互变化的理论,其内涵主要由随机吸引子、蝴蝶效应、水龙头效应和面包师效应等构成。混沌理论研究如何把复杂的非稳定事件控制到稳定状态的方法,研究世界如何在不稳定的环境中稳定发展的问题,揭示了有序与无序的统一、确定性与随机性的统一。该理论不仅具有严格的科学体系,而且蕴含着丰富的哲学思想。

5.复杂适应系统理论

复杂适应系统(CAS)理论基于一般系统论、系统动力学理论以及耗散结构理论等原有系统理论,增加了适应性这一概念,最早由美国科学家 John Holland 于1994年提出,目前被广泛用于产业集群的相关研究。该理论的核心是适应性造就复杂性,具备适应能力的主动个体构成了 CAS 的基本元素,主动个体的适应性即主体之间、主体与环境之间的非线性作用构成了复杂系统演化的根本动力。聚集、流、非线性、多样性、标志、内部模型、积木是系统演化过程中体现的七个特质。该理论强调的主体适应、系统动态发展为探索旅游地复杂系统的演进过程和内部机制提供了新的视角和思路。

(五)空间演化理论

1.点—轴系统理论(Point-Axis System Theory)

点—轴系统理论最早应用于国外经济学领域,我国著名学者陆大道院士在整合分析增长极理论、空间扩散理论以及中心地理论的基础上,率先提出了点—轴系统理论模型。"点"指各级居民点和中心城市,"轴"指由交通、通信干线和能源、水源通道连接起来的"基础设施束","轴"对附近区域有很强的经济吸引力和凝聚力。轴线上集中的社会经济设施通过产品、信息、技术、人员、金融等对附近区域产生扩散作用。扩散的物质要素和非物质要素作用于附近区域,与区域生产力要素相结合,形成新的生产力,推动社会经济的发展。

该理论反映了一个区域由点到轴再到区域的发展历程,这与旅游目的地发展演化的过程相契合,基于点—轴系统理论表征区域尺度旅游目的地演进过程并引导其开发实践具有理论和现实的双重价值。

2.核心—边缘理论(Core-Periphery Theory)

1966年,美国区域规划专家弗里德曼(Friedmann)根据瑞典的缪尔达尔(Myrdal, 1957)和赫希曼(Hirshman, 1958)等学者关于区域间经济增长和相互传递的理论,在其学术著作《区域发展政策》中提出核心—边缘理论,试图通过阐明一个区域如何由互不关联、孤立发展,到发展不平衡,又由极不平衡发展变成相互关联、平衡发展的区域系统。该理论认为任何一个国家或者区域都是由核心区域及边缘区域组成的,在区域经济发展中,核心地区和边缘地区具有不同的地位和作用。核心区域是由一个城市或城市集群及其周围地区组成的,核心区和边缘区的界限由核心与外围的关系来确定。1971年,弗里德曼又将核心—边缘理论研究的对象从空间经济扩展至社会生活各个层面。此后,核心—边缘理论作为关于区域空间结构和形态变化的解释模型被广泛应用。核心—边缘理论的空间演化示意图如图12-2所示。

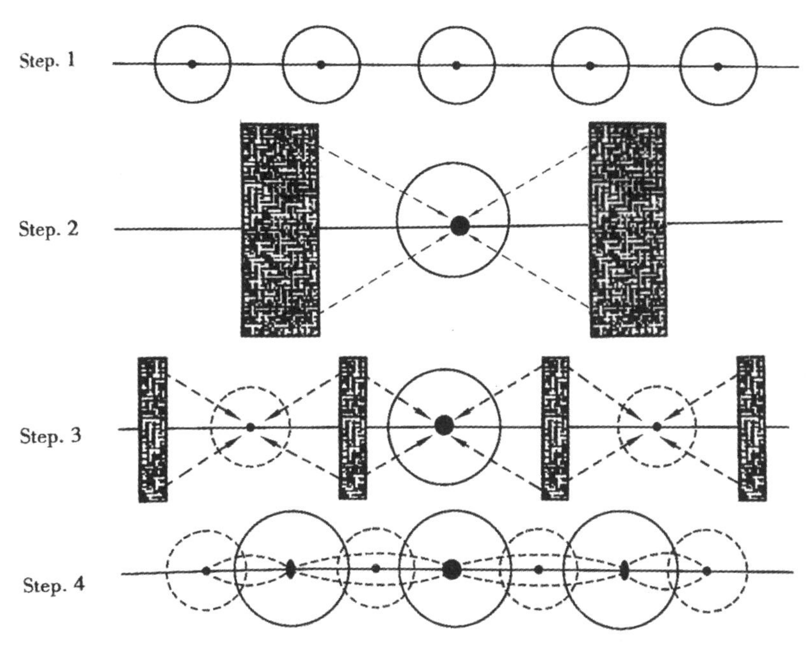

图 12-2　核心—边缘理论的空间演化示意图

（资料来源：张秀生、卫鹏鹏《区域经济理论》，武汉大学出版社，2005年版。）

第二节　旅游目的地发展的驱动机制与阻碍因素

一、旅游目的地发展的驱动机制

（一）供需视角下旅游目的地演化的动力机制

旅游目的地的功能系统中，供需双方互相依赖并相互作用，从而推动旅游目的地的发展演化，任一要素的变动都将引起其他要素的变化。

(1)旅游目的地参与者是旅游产品、服务、信息和促销活动的主要提供者，在旅游目的地发展的不同阶段起到相应的推动作用，且在不同案例背景中主导的角色也有差异。

①游客需求是旅游目的地发展的直接驱动力之一，游客的个性特征、知识背景、个人偏好、闲暇时间、经济水平等因素会影响其消费选择，同时对旅游目的地的产品供给结构产生影响，并反作用于旅游目的地的游客类型组合。Stanley C. Plog从游客心理的视角提出了多中心型（冒险型）、中间型、自我中心型（依赖型）理论，认为游客的个性特质决定了他们选择的旅游目的地的特征，当旅游目的地发生变化时，也同时失去了

部分的细分市场。根据数量最多的来访者类型,就可以了解该旅游目的地在某个阶段的发展特点。由于心理类型曲线的影响方向是自右向左的(即冒险型游客影响那些心理特点接近他们的近冒险型游客等,以此类推,不可逆转),到了一定的时候,该旅游目的地所吸引的游客类型便会从冒险型转向依赖型。某一旅游目的地的流行程度越高,就越能吸引依赖型游客的到访。而到了这个时候,旅游目的地发展就会出现各种问题,会对原有的冒险型游客产生挤出效应,旅游目的地只能从规模越来越小的人群中汲取自己的客源,如果不加以合理规划控制,旅游目的地将可能走向衰退期、老年期(见图12-3)。因此,对于大多数旅游目的地,心理类型定位为近冒险型,才会具有最广的市场吸引面。

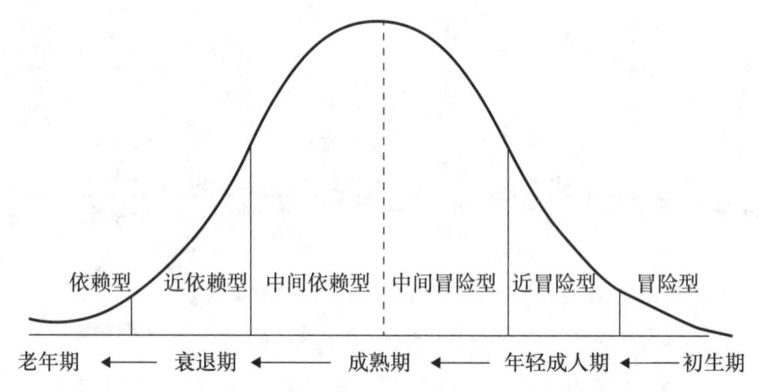

图12-3　旅游目的地的诞生和衰老与游客心理类型定位的关系

(资料来源:Stanley C. Plog《旅游市场营销实论》,南开大学出版社,2007年版。)

从需求角度解释旅游现象的另一个经典研究,是由Cohen提出来的游客类型划分。他根据旅游结伴人数和是否有组织计划,提出了一个由新奇感和熟悉感的各种可能组合构成的连续系列,据此将游客分为有组织的大众游客、个体大众游客、探索者和漂泊者,其中,前两种被描述为“制度化的”,后两种被描述为“非制度化的”,游客因其闲暇时间、经济水平、个人偏好等因素而选择相应的旅游目的地。Cohen的分类不仅在于了解游客的需求,而是为了识别“制度化的”游客对目的地的影响,从中探索旅游目的地的标准化产品、节庆活动和设施的开发情况;还在研究中发现“非制度化的”游客作为大众游客的先锋向导,对旅游目的地的社会经济群体所产生的示范效应。

②地方政府是目的地旅游业发展的重要支持者、推动者和引导者,有时会成为主导力量,尤其在中国的发展背景下,旅游通常是在强有力的政府投入和规制下,通过较高的制度化发展起来的,政府导向的制度变迁在驱动目的地的旅游发展中实际上是主要的力量。在对上海朱家角和苏州甪直两个水乡古镇案例的研究中,研究者发现制度和政府作为生产者、保护者和推动者,通过政策导向、吸引投资和制定政策法规,在目的地发展中处于中心位置。Zhang和Xiao通过对张家界的历时性研究,发展出了一个RICI (Resource, Institution, Capital and Innovation)解释模型,分析了不同阶段分别以资源、制度、资本和创新为特点的演化动力,并着重探讨了制度的角色,认为地方政府在中国遗产地的发展过程中起到了主导作用。为了促进目的地的可持续发展,应该达成一个公共部门和私人部门参与的平衡,共同促成产业方向和策略以及管治系统的

形成。

③企业家与外来资本也是目的地的重要供应者之一，相较政府，企业家对游客的需求更为敏感，也能更快做出反应，在有些目的地的发展中甚至起到主导作用，企业家的个性特质和行为直接推动目的地演化的整个过程，能够提升目的地的发展竞争力。例如"旅游创造性破坏模型"认为，企业家在旅游目的地发展过程中既是"混沌的制造者"，也是"破坏者"，企业家精神、商品化与创新是旅游演化的主要驱动力。

④当地居民不仅是旅游目的地服务的提供者，也是旅游吸引系统的重要组成部分，其态度感知和参与情况也会影响旅游目的地的发展。著名的多克西愤怒指数理论指出，当地居民对游客来访的态度会逐渐经历"融洽—冷漠—恼怒—对抗"四个阶段的演变，但这一模型在发展中国家的适用性还有待检验。除了旅游可能对目的地居民生活居住环境带来的负面效应，能否从旅游中获得更大的经济收益也是重要的影响变量。由于利益分配、资源争夺等问题，居民与政府或外来企业发生冲突进而给旅游目的地发展带来负面影响的案例层出不穷。如何引导社区居民更好地参与到旅游业中，从而促进旅游目的地的可持续发展，是一个重要的研究课题。

(2)旅游吸引物是驱动游客到访的重要因素，也是确保旅游开发成功的必要条件，因而成为旅游目的地发展的核心动力。除了核心吸引物，一些新吸引物的出现也会给旅游目的地的发展带来影响。事实上，当旅游目的地发展到一定阶段，往往会不断创造新的吸引物以迎合市场需求，并扩展原有的客源市场。综合旅游目的地发展的情况可以看到，无论其主导吸引物是哪种类型，自然资源一般都是重要的承载基础。在评估旅游目的地极具竞争力的属性时，核心资源和吸引物排名第一，自然地理和气候要素是其子属性中重要的组成部分。比如广西阳朔这样的旅游目的地，其自然环境和田园风光是核心吸引资源，既是生产要素，也是吸引物资源，同时还是旅游目的地竞争力的关键。

(3)旅游接待设施是旅游目的地发展的重要保障和驱动因素，比如交通条件的改善可以提高旅游目的地的可进入性，降低游客出行的时间成本和花费成本，进而使其忽略距离，在一定程度上能够促进游客购买行为。住宿、餐饮等设施的增加能够提升旅游目的地的接待容量。各类度假地的每一个发展阶段都是由特定的基础设施类型所决定和代表的，当市场饱和时，提供新的接待设施和提高交通可达性能够提升旅游承载力，从而带动旅游目的地客源市场的发展。

(二)时序演化视角下线性发展的动力机制

旅游地生命周期(Tourism Area Life Cycle，TALC)理论的研究起源可以追溯到Gilbert和Christaller，最初描述了在旅游地的探查、增长和发展阶段，不同阶段伴随着居民或游客量的多少以及建成区的大小和形状的变化，认为旅游地发展遵循着一个"从发现到增长再到衰退"的发展演化过程。

到目前为止，学术界公认最有代表性并广泛应用的旅游地生命周期理论是由加拿大地理学家巴特勒在1980年提出的，他结合产品生命周期理论和Christaller(1963)、Plog(1974)、Doxey(1975)、Stansfield(1978)等多位学者的研究成果，提出了S形旅游地生命周期演化模型，认为旅游地发展一般经历探查、参与、发展、巩固、停滞、衰退/复苏六个阶段(见图12-4),同时描述总结了每一阶段所具有的指示性特征和事件。

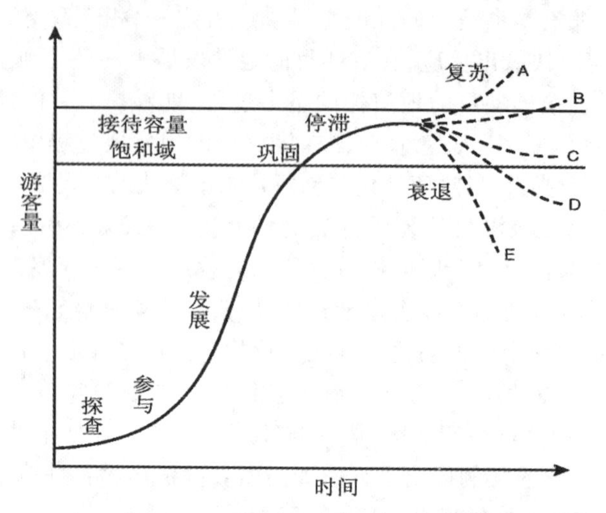

图12-4 巴特勒的旅游地生命周期模型

(资料来源:保继刚、楚义芳《旅游地理学(第三版)》,高等教育出版社,2012年版。)

探查阶段:促使一个不知名的地方发展为具备旅游功能的目的地的重要驱动因素包括优美的自然环境、悠久的历史人文背景、政府机构的推介、社区参与行为、企业家精神、探险者和艺术家等先锋游客的发现和宣传等。

参与、发展、巩固阶段:随着游客人数的增多,旅游目的地的供给系统相应发生变化。旅游业的供给侧结构性改革将引起旅游目的地发生一系列变化。从探查期进入参与期后,当地居民的态度和企业家的参与推动对旅游目的地的发展起到很强的作用;而从参与期到发展期,旅游投资、客源市场的变化、政府的规划管理等力量开始凸显;当旅游目的地进入稳定的巩固阶段的时候,旅游容量和承载力则起到关键作用。

停滞、衰退/复苏阶段:引发旅游目的地发展停滞甚至进入衰退期的原因,可能是旅游设施设备老化、旅游目的地竞争力下降和旅游形象弱化、过度商业化、客源市场偏好转移等问题。旅游地能否再次复苏或维持,离不开地方政府的政策驱动和有效规划、公共部门以及当地私人企业的共同努力,如开发多样化的新产品,引入新技术、新业态,开展综合治理等,以增强旅游地的吸引力,从而推动其进入新一轮的发展周期。

旅游地生命周期模型描述了旅游地发展的普遍规律,形象直观,却因缺乏细致深入的,对各个转折点何以发生变化的驱动因素的分析而引起广泛讨论,如何衡量和确认不同的发展阶段也是一个很有争议的话题。一些研究指出,在分析和解释不同阶段转变的拐点时,宏观外部环境和权变因素也要被考虑进去,包括社会背景、基础设施、交通与区位条件、居民的支持度等。

Lagiewski在2006年重新解读了TALC模型,认为旅游目的地发展和演变的过程主要是由游客的偏好和需求变化、设施设备的退化和更新、自然环境和文化吸引物的变迁等多种因素引起的。在不同的旅游目的地,各种影响因素的作用能力也有差异。在一些旅游目的地,促使TALC曲线产生拐点的作用力各不相同;但在另一些旅游目的地,却有可能是同一个因素在其发展过程中产生持续的影响,并且由于旅游目的地

的背景不同，而在不同阶段起到不一样的作用。例如，钟林生等人探讨了影响张家界森林公园发展的内外部因素，认为政府和私人部门共同主导并推动了旅游目的地从一个阶段走向另一个阶段。

(三)复杂系统视角下的动力机制

旅游目的地实质上是一个复杂、混沌的系统，其发展是各种因素混杂其中共同驱动的结果，而以上的理论模型多为线性模型，很难深层次解释旅游目的地系统的演化过程。混沌理论和复杂系统更容易把握旅游目的地的主要矛盾，深入研究演化背后的运行机制及其规律性，因此被作为研究影响旅游目的地发展的因素。

Faulkner和Russell最早将混沌理论应用到旅游研究中，并从五个核心概念来解释旅游目的地的发展，分别是蝴蝶效应、自组织、锁住效应、混沌边缘和分歧/多种选择，这五个概念可以帮助理解旅游目的地的发展。

1.蝴蝶效应

蝴蝶效应是混沌过程最广为人知的特征，也是最容易被误解的特征。蝴蝶效应指在一个动力系统中，初始条件下微小的变化能带动整个系统长期的巨大的连锁反应。各种突发事件都有可能导致不同范围内阶段性的旅游业发展危机，蝴蝶效应能够解释危机事件带来的连锁反应，帮助旅游目的地提前建立初期预警机制与应对措施。例如受疫情的影响，旅游市场出现过一段时间的低迷。面对疫情，我国政府快速又及时地制定相应对策，保障广大人民群众的健康安全，并且充分发挥超大规模的国内市场优势和内需潜力，形成国内国际双循环相互促进的新发展格局，为低迷的经济不断注入生机和活力，使旅游经济得以释放蝴蝶效应，逐渐恢复良好的增长态势。中国经济的率先复苏是旅游业发展的根本动力和基础保障。

2.自组织

自组织指在一个混乱的、无序的、复杂的系统中，混乱本身可以创造出新的秩序，即系统本身可以采取自身的各个部分并依赖内容的规则工作，进而建立一个适合各方面的秩序。与自上而下的控制模式不同，自组织是一种自下而上的自我管制与运作。在不同时空尺度下，旅游目的地复杂系统通过自组织功能，配备与之相适应的结构进行资源优化配置，以适应系统内外环境的变化。在旅游目的地发展规划中，自组织现象往往发生在各运营者之间。运营者们相互作用，自主地形成了一些关系网络，有些是竞争关系，有些是合作关系，他们共同推动了旅游目的地的发展。比如阳朔遇龙河国家级旅游度假区内的民宿业主，自发成立了阳朔民宿与精品酒店协会，并成立阳朔民宿学院、阳朔民宿协会党支部等，持续履行辐射乡村产业振兴、带动乡村经济发展的社会责任，群策群力带动乡村业态的更新，打造出民宿酒店的“阳朔模式”。

3.锁住效应

锁住效应指系统中某些要素具备足够的能力承受变化并限制变化，它能够识别出系统中一些保持不变的东西，在其生命周期演进过程中产生了一种“路径依赖”现象。具备锁住能力的要素通常是系统根深蒂固的基础，对变化“免疫”。例如，桂林作为旅游目的地的发展不仅是因为偶然事件，还因为原始条件，这是其“先发优势”。随着时间的演进，桂林经历了路径成形、路径创新和发展阶段，桂林的演化路径依赖过程体现

在基于资源的旅游产品路径依赖和旅游部门的制度性路径依赖两方面。

4.混沌边缘

混沌边缘指有序和无序之间的过渡空间,看起来很稳定,但实际上却是已经准备好彻底改变的状态。对于旅游企业,混沌边缘正是最理想的状态,为了存活下来,企业总能在混沌边缘产生并适应新的活动,从而带动旅游目的地的发展演化。在全球化和信息化背景下,旅游业发展环境呈现高度的动态性和复杂性,信息技术视角下的旅游业创新研究受到广泛关注。近年来,诸如智慧旅游平台建设、数字文旅产业融合、旅游大数据与人工智能在旅游服务质量监管体系中的应用、虚拟旅游和区块链技术在文化和旅游场景中的应用等领域方兴未艾,信息技术将逐渐成长为决定旅游目的地发展竞争力的关键因素之一。

5.分歧/多种选择

当系统处于混沌状态时,这意味着它存在着各种可能性。通常情况下,旅游目的地作为一个混沌的系统,其未来的发展方向是很难确定的,改变任意一个变量,旅游目的地的未来发展都会呈现多种可能。例如,Pavlovich基于德勒兹的“根茎”理论,历时性地展现了新西兰怀托摩岩洞百年的演化过程,指出这种根茎式的网络组织之中的变化是自发的、无序的、没有方向的,有多种可能性。

McKercher在此基础上较为系统和详细地提出了一个基于混沌理论和复杂系统的概念性旅游替代模型,认为旅游系统包括了旅游者、信息向量、旅游目的地、影响沟通效率的因素、外部旅游主体、旅游内部影响因素、旅游外部影响因素、系统输出、混沌制造者九个要素,要素间的复杂互动使得旅游系统以一种非线性的方式运行,有着突变、紊乱的特点,以及不可预测性和不可控制性。

混沌理论通过整体的视角来理解复杂的旅游系统背后各个角色间的相互作用和逻辑关系,但在时序演变上的应用能力仍有所欠缺,因而无法预测未来发展,在实证应用中较为局限。

二、旅游目的地发展的阻碍因素

(一)旅游目的地资源退化,吸引力下降

旅游资源是旅游目的地赖以生存的前提和基础。“绿水青山就是金山银山”,历史文化遗产也是精神文明家园。但是很多旅游目的地为了追求短期的经济效益,常会以牺牲地区的生态环境为代价。原始淳朴的社会文化环境也会受到较大的影响,变得过于商业化而不再宜居宜游,最终导致旅游目的地资源的严重退化,不再对市场具有吸引力而走向衰落。其中,人造景观、自然吸引物和服务水平的逐渐退化是旅游目的地走向衰落的根本原因。

(二)地方控制力丧失

外来投资尽管能在短期内带动旅游目的地快速的发展,但从长远来看,它有可能引起负面影响。有些地区在发展之初就引进大型外来投资企业,缺失旅游地生命周期的参与期(Involvement Stage),“征地拆迁”造成“飞地式”旅游开发,提供的拆迁补偿和

低端就业岗位并不能作为当地居民可持续的生计来源。由于被剥夺深度参与旅游发展而获得成长的机会，获得拆迁款的失地农民过于依赖低端就业岗位，面临被外来精英劳动力边缘化的困境，逐渐失去了旅游决策的话语权而沦为边缘群体，陷入“再贫困”的境地。过度依赖外来资本可能会导致旅游目的地被锁定在“非最优”的发展模式中，造成巨大的经济漏损和地方失控，不利于长远可持续发展。

当前，乡村振兴和旅游扶贫是国家倡导的政策方向，很多边远区域的地方政府和居民都希望通过发展旅游业实现脱贫致富，出现了不同的旅游发展模式和政策实践。以海南某些沿海乡村为代表的“征地拆迁”与“外来投资拉动型”开发模式更可能导致地方丧失旅游发展的控制力和决策权。对于一些社会文化生态较为脆弱的边远地区，丧失地方控制力的旅游开发所带来的后果往往是不可逆的。

（三）市场乱象频出，治理失灵

随着国内旅游的蓬勃发展，旅游市场秩序的治理问题更具挑战。欺客宰客、强制消费、恶性低价竞争、虚假广告、不规范经营、景区景点随意涨价甚至是多重收费、违法“一日游”等市场乱象屡禁不止，严重破坏了旅游市场环境和扰乱了地方的社会生活秩序，不仅损害了旅游消费者的合法权益，还影响到旅游目的地的整体形象。

整顿和治理旅游市场秩序成为国家和各级旅游行政管理部门的重要工作议题，然而大多数治理行动都是临时性的突击应对，制定的各种规则也流于形式而难以发挥根本作用，这导致旅游市场陷入了游客屡屡受骗、媒体经常曝光、秩序时好时坏的怪圈。由于无法形成常态化的长效治理机制，旅游目的地发展也因此受到阻碍。

（四）地区经济环境波动

区域的经济发展水平与旅游业是相辅相成的关系，经济兴则旅游旺，反之，经济发展水平低则会抑制旅游目的地的发展。地方经济环境对旅游业发展的影响主要体现在两个方面：一方面是旅游投资的规模，另一方面是游客消费水平。对旅游者来说，可自由支配收入是起到关键作用的客观因素之一。

尤其在全域旅游时代背景下，当旅游目的地的经济水平较高时，能够促进地方基础设施和旅游专项服务设施建设，加大对旅游景区的开发与提升，有利于提高旅游目的地的整体接待服务水平，进而提升旅游目的地的整体吸引力和竞争力。

此外，地方的经济结构也会影响旅游业发展的稳定性，过度商业化会降低旅游地景观的吸引力，引起旅游市场秩序混乱，导致短期投机主义盛行。过度依赖旅游业则会导致地方产业单一，应对突发事件的能力较差，在有些区域还容易导致旅游地产的泡沫经济，最终损害旅游目的地的发展。

（五）突发事件干扰

旅游业是高度环境敏感型和高脆弱性的行业，各种内外部环境要素的改变都会在一定程度上影响旅游目的地的发展。自然灾害、金融危机、能源短缺、战争、疾病、国际关系等突发因素都会短暂干扰旅游业的正常运行。例如受疫情影响，游客的流动性被

阻断,许多旅游目的地都遭受了旅游业的寒冬。

需要注意的是,突发事件的影响有些是长期的,会给当地带来不可逆的改变。比如,2017年,四川九寨沟遭遇7.0级地震,不仅造成了重大的旅游经济损失,还改变了阿坝州的旅游流地理分布与空间流动格局,使得当地的自组织演化趋势受到干扰。有些突发事件的影响则较为短暂,当突发事件消失或解决方案发生实效,旅游目的地就较容易恢复生产和继续发展。比如2008年全球金融危机导致的入境游客量下滑,后来随着经济回暖,游客量逐渐回升。还有一些突发事件的影响是系列性的,比如某系地区战乱频繁、政局不稳定,持续制约了当地旅游业的发展。

第三节　旅游目的地治理与可持续发展

一、社会影响视角下的目的地发展观

在第二次世界大战以后,国际上大众旅游大规模兴起,旅游发展对目的地带来的影响问题受到更多关注。讨论的核心议题往往避不开“为什么要发展”“为谁发展”“选择什么类型的发展模式”“旅游作为驱动力的发展的潜在逻辑是什么”等问题。

受旅游影响研究的启发,Jafari基于学术研究的发展历程,总结了自20世纪50年代大众旅游快速发展起来之后,人们对旅游影响态度的阶段性特征,提出了“关于旅游现象理论认识的四个发展平台”的观点:①20世纪50年代中期到60年代中期的“倡议发展平台”,人们主要关注旅游带来的正面影响,旅游被认为是拉动当地经济增长的重要推动力,各个地方都在提倡发展旅游业;②由于前期盲目、无序地提倡发展,20世纪60年代中后期到70年代,人们逐渐意识到旅游带来的负面影响,“谨慎发展平台”的研究开始起步,学者们先后提出了旅游容量、环境影响评估等概念,对旅游发展持谨慎的态度;③到20世纪80年代中期,人们逐渐回归理性,“适应性发展平台”起步,关注到旅游与其环境之间的相互作用,开始意识到特殊类型的旅游方式,比如生态旅游、可持续旅游等,并提出针对性的方法使得旅游对目的地的影响最小化;④20世纪90年代以来,随着可持续发展概念的提出,对旅游影响的研究逐步进入“知识库型的可持续发展平台”。

这一思想也是旅游社会学中广为援引的一种发展演变观。比如Breakey的博士论文研究就曾将其创造性地应用到了一个目的地的演化和可持续发展中。然而事实上,Jafari的四平台说本质上是反映了西方国家的观点。尽管如此,由于中国的旅游发展与相关研究起步较晚,Jafari的模型能够帮助认知中国的旅游和目的地发展。到底是什么原因导致了目的地的发展和演变?特别是在1980年旅游地生命周期理论和20世纪90年代可持续发展观念被提出来以后,越来越多的学者关注到旅游地发展演化的影响因素,如何避免旅游地走向衰退而实现可持续发展成为重要的研究议题。

二、目的地演化情境中治理模式的选择与影响

旅游目的地在发展演化的过程中是否必然遭遇大众旅游阶段的治理瓶颈？不同发展阶段如何寻找到有效治理的途径？这些是关乎目的地进入旅游大发展阶段的产业升级换代乃至转型期中国社会经济发展的重要议题。

（一）旅游治理

20世纪90年代以来，对旅游政策的研究逐渐从政府的角色转向了治理。1999—2003年，欧盟资助的欧洲“可持续城市旅游治理”项目成为该研究领域的重要推动者。2004年出版的*Tourism and Transition：Governance, Transformation and Development*一书指出，治理是旅游业管理中的一个关键过程。2006年，国外的相关文献中开始使用“目的地治理”（Destination Governance）一词。因为治理在应对社会复杂多样性及动态变化方面的优势，正好契合了旅游情境的特性，所以在当前及未来的目的地规划管理和政策实践中都将成为一个重要概念。旅游治理是指旅游场域中的各利益主体通过不断互动、协商，就某种集体性决策达成共识的秩序和规范的过程。

（二）旅游治理模式

在构建理论分析框架时，对治理构成要素或维度的分解与重组，将会形成多元化的治理模式。旅游治理模式的选择取决于目的地发展的环境，这反过来也影响目的地回应外界挑战的能力，因而治理模式在目的地发展的不同时空背景之下经历着多种分化演变的可能性。

在旅游研究中，有四种常见的治理运行的机制（见图12-5），分别是自上而下政府主导的层级模式、自下而上的市场模式、自组织的社区模式，以及公私合作的网络模式。

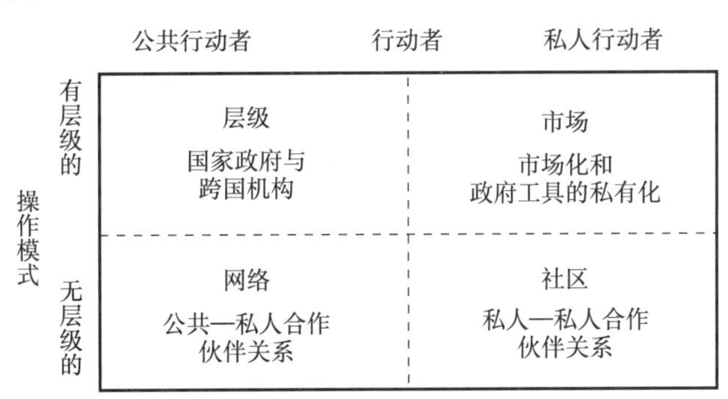

图12-5 旅游治理的类型框架

（资料来源：Hall C. M.，*A Typology of Governance and Its Implications for Tourism Policy Analysis*，2011。）

第一种层级模式意味着自上而下的决策，涉及旅游规划管理事务中的多级政府之间有清晰的权力配置和转接程序，进而发展出一套带有一定强制力的制度安排。它往往被归入更一般化的关于政府在目的地发展中的角色以及政府干预的议题中。在市场机制不够健全和社区力量发育不够完善的情况下，通过政府自上而下主导旅游资源

的规划管理和有效配置,并运用行政的、经济的和法律的手段对旅游市场进行规范管制往往是较为普遍的,尤其在目的地发展的初期阶段。

第二种市场模式是20世纪80年代以来在政治、经济领域开始流行的,它相信市场本身就是最公平有效的资源配置机制,通过交易协商和讨价还价来优化治理效率,赋予了消费者以影响决策的公民权利。旅游市场的主体是种类繁多的,包括了游客、各类旅游企业及其员工等,社区居民可以通过旅游经营转化为市场的力量,越来越多的外来投资介入旅游资源的开发和运营,一些过去属于政府职责的旅游功能开始公司化和私有化,它们之间既有竞争又有合作。市场机制的运行并不意味着政府停止了管制,而是可以通过引导、教育、财政激励等方式鼓励旅游企业向特定的自我管制的方向运作。尽管如此,市场失灵和市场作为一种管理形式的局限也越来越被意识到。

第三种网络模式在旅游政策和规划中引起了较多的关注,因为它最为强调公私合作的伙伴关系,意味着从各级政府到私人部门的多元主体都是相互依赖的关系,共享权利、共担责任、相互学习、信任互惠,能够减少交易费用和调整成本,提高决策效率和执行质量,促进公私利益和资源的协调,更为灵活地回应多元主体的利益诉求。然而,网络也可以服务于自身利益而不是更大程度的集体利益,这是它们作为政策工具的主要挑战,因此,网络能否促进更好的治理还尚未达成共识。要达到更加可持续性的旅游治理,在网络实践中需要更多的地方协作,以及社会环境效益的动机应该远大于经济考量。

第四种社区模式在20世纪80年代早期就成为旅游规划中重要的主题之一,尤其在一些相对不发达的地区,成为资源保护管理和扶贫旅游激励的基本考虑方向。与层级模式正好相反,这是一种自下而上的自我管制,通常是分权的、非正式的,意味着在最少的政府参与下解决社区内部的共同问题,建立在共识的社区形象和成员对集体事务的积极参与上,有时能达到“没有政府的治理”。这种模式重视当地权威,非常依赖于成员间的社会和非正式的资本,以及社区内部的认同、责任、信任和团结互助,包括社区精英的带动能力。

任何一种旅游治理模式都需要解决几个基本的问题,即“谁来治理?”“治理的对象是什么?”“要达成何种目标?”“怎样治理?”“治理的效果如何?”值得一提的是,不同的治理类型并没有必然清晰的边界,不同模式间可以有重叠、相互转化并且发展为混合的形式。治理工具的应用需要考虑到具体的社会文化情境和制度背景,需要在特定的框架下去理解,而不是单一化考虑,理论和实践是不能分离的。因此,旅游治理模式在某种程度上是嵌入在“地方性知识”中的,受到相关行动者的价值观、利益诉求、社会资本、治理能力、行为逻辑、权力关系和互动格局的影响。

(三)旅游治理模式的选择与影响

随着旅游地生命周期的演进,其治理模式也处于动态变化之中。治理模式的分异,意味着旅游地利益主体之间冲突协商和互动机制有效性的差异,进而影响到目的地的竞争力。那么不同的治理模式会对旅游地的发展产生怎样的影响?是否能够寻找到有效治理的政策建议?

Weaver的研究曾指出，随着吸引力的增加，一些原始的自然和文化旅游地将会变成大众旅游场所，如果政府的管制力度和治理能力没有跟上的话，就很可能走向高强度但不可持续的大众旅游，这就是巴特勒的旅游地生命周期模型里所描述的目的地发展的常规路径。因此，旅游地要想实现可持续发展，管制力度必须要随着旅游规模的扩大而逐步增强，包括来自政府层面自上而下的管制和旅游企业的自我管制。

1.政府的角色

世界旅游组织曾经就相关部门在旅游发展中能够起到的作用达成一些共识，指出在旅游业发展的不同阶段，政府所扮演的角色会随着目的地的演化而变化。在旅游发展的起始阶段，政府一般充当着开拓者的角色，主要负责制定旅游产业发展的战略性规划，并进行相应的基础设施建设。当目的地从探查、参与阶段进入发展阶段后，政府的角色转变为规范者，需要根据市场的发展特点进行相关的立法约束，以确保行业的健康发展。在走向成熟阶段以后，政府再次转型为协调者，更强调组织协调和沟通联络的能力，为真正的企业家提供服务，并保障旅游消费者的权益，协调各利益主体的关系，确保市场秩序运行良好，实现公平交易和社会福利的最大化。

需要讨论的是，这些共识多是基于发达国家旅游业发展的背景，未必适用于发展中国家的情形。比如在一些发展中国家，由于市场机制不够健全、公民社会发育不充分，缺乏旅游开发的启动资金和管理能力，政府有可能还要兼顾扮演企业家的角色，有意识地招商引资以推动旅游发展。由此可知，在旅游发展的不同阶段，由于角色定位的差异，对政府治理能力的要求是有很大不同的，要结合具体的发展情况和地方性知识进行讨论。

在旅游探查阶段和参与阶段，由于市场规模小，旅游供需反差不大，依靠市场机制的自动调节就能达到相对的平衡。而且早期的先锋游客一般对基础设施要求不高，注重体验和经历，因此给了本地人参与旅游发展的机会。这个阶段的利益关系相对简单，本地居民的生活还没有因外来游客的改变而受到太大影响，原来的市场交易还嵌入在伦理经济之中，社会资本有足够的存量，基于互惠信任的关系规范还存在，有助于建立内部自组织的治理结构。在这种情境下，如果市场机制健全，并且是一个拥有完全信息、相对理性的市场，将能够从需求角度对本地人的经商行为进行约束。

在旅游大发展之前，市场发展到一定规模，但还没有超过地方的承载力水平，政府如果要介入旅游治理，一定要结合自身的工作能力、拥有的资源来制定切合实际的治理目标，以提供基础设施和公共服务、维护市场秩序为根本，避免与被治理对象产生经济利益的纷争，否则将会给治理工作带来一系列困难。同时也要广泛调动基层社区的主观能动性，做好引导、教育工作，与当地居民进行相应的沟通协商，在制定政策的过程中需要动员民众参与，上下互动达成共识，规划政策和管理信令的下达要结合实际情况缓慢渗透，在准备不充分的情况下急于强制干预有可能难以应对旅游情境的复杂性，而导致适得其反的负面后果。

相比之下，当大众旅游阶段到来，目的地进入旅游大发展期，游客规模急速扩张，产业体量增大，需要更多的基础设施和资金配套，同时利益主体的类型增加且互动关系变得更为复杂，外来投资挤压本地社区的参与性，再加上游客类型的变化从需求层面理性约束的缺失，需要政府提高治理能力、加强管制措施以规范旅游秩序，从而促进目的地的长远可持续发展。如果目的地的各方面还没有做好准备,盲目大开发很可能会造成“繁荣而混乱”的局面。

2.治理启示

对于一些尚未进行大开发的目的地的启发是,一个地方要想得到可持续的发展,并非快速大规模的开发就是好的,而应适当控制发展速度和游客规模,从政府到社区各个层面都需要提高旅游知识技能和管理服务水平,积极引进专家团队等第三方力量的咨询和培训指导,要有控制地发展,避免破坏性开发。同时,本地企业家和社区精英的成长也非常重要,要注重培育并维护地方的社会资本,让有责任心和社区精神的企业家成为市场的主体。当进入管理层,有一定的话语权和影响力,就可能规避地方丧失控制力的负面后果。比如乌镇旅游股份有限公司的总裁是本地人,他刻意放慢乌镇开发节奏,并不热衷申遗,在开发西栅时预留近900亩地没有动,花费近5000万元买了北栅的乌镇丝厂以防止被外地商人买去开发楼盘。有控制性才能更有余力面对旅游市场的多变,不断释放竞争潜能,沉淀品牌影响力。但这种精英治理下的良性旅游开发模式是否可以复制,不能忽视一个重要的地理变量,即“地方根植性”(Local Embeddness)。在地方认同和社区精神作用之下,本地精英更注重社会责任感,而能做到不以利益定输赢。

三、旅游治理与目的地的可持续发展

目的地的可持续发展,被认为与治理有着内在的联系。治理涉及管治和动员社会行动以产生社会秩序的过程,不但是对目的地旅游发展中出现的各种问题的回应,而且不同的治理模式也将影响目的地的规划管理实践和旅游业的发展绩效。旅游治理的过程可能涉及各种管制和动员行动的机制,比如规章制度、决策制定的规则和已经建立的实践惯例。

在目的地系统中,不断流动的游客会产生碎片化的资金流向和利益分配方式,给旅游治理带来了特殊挑战。与此前的“管制”(Regulation)概念不同,“治理”(Governance)摒弃了传统的二分法(如市场与计划),更强调多方参与,政府仅是权威的一方,其他还包括市场机制、社会参与和法制等多种力量的互动协商,治理即某种共同的目标达成共识的秩序和规范的过程。在旅游规划管理的目标中,游客数量的增加可能意味着旅游收入的提升,但治理视角更加关注目的地内部的人地关系、社会秩序和旅游效益的和谐共生,从而有助于平衡内外部系统的互动。适当而有效的治理模式能够促进目的地的民主化进程,实现以可持续性的方式对旅游空间、资源、人力资本、设施和服务的最优化利用。

Hultman 和 Hall利用治理理论来识别目的地利益相关者的关系,探讨了旅游如何通过不同的治理方法来营造“地方性”,发现这些被利益主体的社会互动所建构的地方性在与其他要素竞争中形成了目的地独特的吸引力。

Svensson和Nordin在探讨治理如何影响目的地发展时发现,建立于信任互惠、战略共识、共同承担责任和风险的非正式结构之上的公私伙伴关系有利于提升目的地的创新能力。地方政府也越来越多地变革行政体制、更新管理方式,联合公共部门、私人

及志愿者的力量，优化旅游治理结构和效率，以提高目的地的竞争力，推动旅游规划的落实。调动各利益主体的参与积极性，更清晰地界定其角色、责任与投入，以实现公共利益的最大化并消除负面影响，对创造可持续的旅游产品是极为重要的，并通过旅游治理的水平影响游客的体验质量。

适当而有效的治理模式能够促进目的地的民主化进程，如果合适的制度安排和工具被采用，旅游发展就能够通过有效管理，实现经济、社会和环境可持续性的目标。Hall通过政策学习和政策失灵的概念，分析了可持续旅游及其治理系统，指出基于治理经验的政策学习并有效分析政策失灵的原因，围绕可持续旅游发展目标改良治理的技术层面和政策范式，把"去增长"(De-growth)、"稳态旅游"(Steady State Tourism)和"慢旅游"(Slow Tourism)等治理理念引入目的地的管理系统，能够极大地提升旅游治理的能力和水平。

联合国的相关报道指出，健康的治理环境是实现可持续旅游发展最重要的因素，但可持续治理并没有统一的定义。好的治理的目的在于对旅游空间、资源、人力资本、设施和服务以可持续的方式进行最优利用，体现在参与性、透明性、响应性、公平性、有效性和责任性，受到区域的社会文化、制度环境及地方属性的影响。这些前提已经在业界和学界都达成了一定的共识，各种各样的尝试也在把这些价值观嵌入可持续目的地发展和治理的实践中。值得注意的是，在流动性的背景之下，实现这些好的治理价值和目标，在任何目的地的发展实践中都是极大的挑战。

本章小结

旅游目的地的发展与演化是旅游目的地研究的主要内容之一，本章首先阐述了旅游目的地演化的基本内涵，介绍了主要的演化理论，分析了旅游目的地发展的驱动机制与阻碍因素；阐述了社会影响视角下的目的地发展观，在目的地演化情境下讨论了治理模式的选择与影响，最后剖析了旅游治理与目的地可持续发展的关系。

婺源县域乡村旅游发展三部曲

第一曲：自发形成古村观光型

(1)"中国最美的乡村"为"全国休闲农业与乡村旅游示范县"奠定了基础，良好的乡村自然风光吸引东南沿海地区的驴友、摄影者前来观光摄影。

20世纪90年代初，受当时国内旅游整体发展状况的限制，这一时期来婺源的外来者以专业摄影者群体为主，婺源的公众知晓率还很低。该时期专业摄影者构成了婺源早期旅游者的主体，香港著名的摄影家陈复礼曾以此为主题的作品《天上人间》获得了

国际摄影大赛金奖,婺源也被誉为“中国最美的乡村”。当时谁也没有想到,“中国最美的乡村”对于后来婺源的旅游发展起到如此重要的作用,为全国休闲农业与乡村旅游示范县的评定奠定了坚实的基础。

(2)抓紧机遇破解景区碎片化运营困局,全县景区化打造和谐发展。

确定“中国最美的乡村”形象,借助习近平总书记考察江西,成功推出江湾景区,以江湾为龙头,打造系列古村游景点。组建江西婺源旅游股份有限公司,将分散的旅游点成功串联开发。

婺源县委、县政府做出“优先发展旅游、培育主导产业”的决策,成立了旅游产业领导小组和旅游管理委员会,出台了相关意见,编制了相关规划。婺源县政府于2007年主导成立江西婺源旅游股份有限公司,通过收购、回购、参股等多种方式,将江湾、大鄣山卧龙谷等十余个景区收入囊中“打包”经营,并探索出了“公司＋乡村＋村民”的发展模式,有效兼顾了开发商、景区内农民、各级政府等各方相关者的利益,促进了婺源乡村旅游多方共赢、和谐发展。

第二曲:油菜花带来的“农业＋旅游”时代,打造婺源县全域旅游品牌

到婺源看油菜花,成为春季旅游的全国性黄金主题。

2008年,县政府开始补贴油菜花种植,打造“花开百村”工程。2008年是婺源旅游发展历史的重要分水岭,产业比重的优化表明以旅游业为龙头的第三产业成为婺源的支柱产业。2009年,婺源确定新的发展思路,以科学发展观为指导,着力提升旅游产业竞争力,推进旅游产业转型增效,实现三大转变:在旅游增长方式上,由数量型向质量效益型转变;在旅游产品结构上,由单纯观光游览型向观光旅游与休闲度假游、专项旅游和会展商贸旅游结合型转变;在旅游产品结构上,由以大众旅游为主,向大众旅游与高端旅游统筹发展转变。同时,江西婺源旅游股份有限公司成功打造了“一票制”“景区环境综合整治”、中央电视台“梦里老家”广告、“婺源乡村旅游文化节”和“江岭花海”等工程。婺源成为全国第一个全县整合成一个品牌、一张门票的地方。

第三曲:挖掘文化精髓,探索乡愁旅居型度假游时代

(1)观光产品做到极致之后继续开发新业态,用文化和创意为旅游发展锦上添花。

2011年,婺源县获批“全国休闲农业与乡村旅游示范县”称号。为了提升旅游内涵、加强文化的保护与传承,婺源县还成立了文化研究会,负责对全县文化进行整理,下设朱子文化、茶文化、民俗文化等九个分会,启动了对婺源传统古村落的文化调查与素材整理工作。创新了古村落、古建筑保护方式,成功保护了九思堂、明训堂、西冲院等。截至2019年,全县有7个中国历史文化名村。

(2)婺源旅游的新模板突破乡村旅游季节性消费瓶颈。

盛名之下的“中国最美乡村”,新业态迭出,让游客从“走马观花”到“下马住店”,婺源旅游正从观光游向度假游转型,正在全面进入集观光、体验、度假于一体的乡村旅游目的地。“晒秋人家”篁岭,作为占地面积达到5平方千米的大景区,目前已经发展成为婺源旅游的新模板,篁岭抛却“吃农家饭、住农家店、享农家乐”的传统休闲观光方式,主打以“晒秋”为主题的高端度假乡居品牌,力图将篁岭打造成为世界游客休闲、度假、体验、分享品质旅游和文化交流的理想目的地。

近年来,婺源立足旅游、生态、文化优势,加快农业结构调整,促进农业发展升级,

实现休闲农业和乡村旅游融合发展。婺源将主要旅游路线沿线、村镇可视范围等规划成赏花“主打区域”，打造出12万亩油菜花海。婺源围绕茶产业，以茶园采制体验、山野游览健身、登山观光眺望为主题，建设婺源绿茶产业园和生态茶园观光休闲旅游区，开发集采茶、制茶、品茶、购茶于一体的生态休闲游、风情体验游等，丰富现代农业内涵，促进茶旅融合发展。婺源县政府组织专业团队精心修编《婺源县旅游产业发展规划》，高起点、高标准修编各景区景点的远景规划。婺源实施“发展全域旅游，建设最美乡村”战略，将全域作为一个开放式的大景区进行规划，实现“全县一张图，县域全覆盖”。为落实乡村振兴战略规划的部署，婺源还编制了《婺源县乡村振兴规划》，全面探索乡村振兴发展的新路径。

“古色”是婺源徽文化的重要“成色”。为保护好全县古建筑，婺源县成立古建筑维护专项基金，同时，通过引导农民出租老宅、易地搬迁等方式，建立古建筑保护认领机制，广泛吸引民间投资，将古建筑改造成古宅民宿。通过改色调、改符号、改风格，做到“保徽、建徽、改徽”相结合，切实将婺源打造为徽派建筑的大观园。同时，婺源探索出古村落、古民居、古建筑保护的四种模式，即整村搬迁、多业态融合的“篁岭模式”，民宿聚集的“延村模式”，乡村治理的“汪口模式”，休闲度假的“李坑模式”。

婺源引导广大百姓抢抓旅游发展带来的机遇，通过资源分红、景区务工、自主创业等多种方式，在家门口找到工作岗位，拓宽增收致富的新路子。婺源县乡村文化发展有限公司流转了村落四周曾经大半抛荒的梯田，雇佣当地农民，按公司制定的种植方案，用传统种植方式打造“千亩梯田四季花海”。收获的辣椒、皇菊、稻谷等农产品则定向销售给旅游接待单位，将耕作变成了就业。随着全域旅游的不断发展，如今在婺源，“农民摄影师”“农民模特”“农民演员”等职业应运而生。篁岭复原了近300米的“天街”，街旁密布茶坊、酒肆、书场、砚庄、篾铺，吸引村民返迁“天街”经营相关业态。还集结了一批甲路油纸伞、婺源龙灯、龙尾歙砚等非物质文化遗产传承者，在街里巷间制作传授工艺绝活。“闲时忙旅游，忙时干农活”成了婺源新型农民的真实写照。2019年，婺源9个贫困村脱贫退出，2665名贫困人口脱贫。

（资料来源：根据相关资料整理。）

课后活动

请同学们分小组，选取某一古镇或乡村型旅游目的地，从旅游目的地发展演化的驱动机制与阻碍因素角度对其进行分析，并查阅相关文献，讨论旅游治理与目的地可持续发展的关系。

第十三章
国际旅游目的地管理经验与借鉴

学习目标

1. 熟悉国际旅游发展历程。
2. 学习国际旅游发展趋势和国际旅游目的地管理的成功经验。
3. 明晰旅游目的地发展可能会存在的问题和旅游目的地重振的有效路径。

素养目标

作为促进国民经济发展的重要推动力量，旅游业的高质量发展得到了全球范围的关注。2021年9月3日，2021世界旅游合作与发展大会在北京成功召开。会上，各国一起探讨了疫情影响下旅游业振兴策略。文化和旅游部部长倡议各国在开放中创造机遇、在合作中破解难题，共同促进世界旅游业高质量发展。旅游业是国际社会认知中国形象、感受中国发展的重要途径，其涉外性特点决定了它开放、融合发展的重要性。通过本章的学习，学生应能根据国际旅游目的地管理的经验，总结旅游业发展的逻辑和规律，吸取典型经验和教训，为旅游业目的地管理实践乃至旅游业的可持续和高质量发展做贡献。

学习重难点

1. 国际旅游的发展历程及发展规律。
2. 旅游目的地管理的国际经验和教训。
3. 相关国际经验和教训对我国旅游目的地管理实践的启示。

巴厘岛的旅游业危机

巴厘岛作为世界著名旅游目的地，有着“天堂之岛”“花之岛”等美称，更于2015年被美国著名旅游杂志《漫旅》评为世界上最佳的岛屿。然而，近年来，不合理、不科学的旅游开发严重破坏了巴厘岛的生态环境，其旅游发展也进而面临危机。当下，游客们在这个全球著名的潜水胜地潜水时，看到的不再是五光十色的珊瑚，而是浑浊的海水和在海水中漂浮着的形形色色的垃圾（特别是塑料）。昔日被誉为“天堂”的巴厘岛光景不复从前。究其原因，与目的地管理的错位直接相关。巴厘岛的情况在全球众多的旅游目的地中并非个案。世界各国根据自身经济发展水平和旅游发展状况等因素，针对其旅游目的地管理存在的问题开展了不少有益实践，积攒了丰富的案例和经验。这些国家旅游开发的历史更为悠久，其旅游目的管理的经验和教训，可为我国旅游目的地管理实践提供重要借鉴。

（资料来源：整理自 https://www.sohu.com/a/300798626_631907。）

第一节　国际旅游发展历程与趋势

随着我国社会经济的快速发展，旅游业的产业规模不断扩大，旅游发展带来的负面影响日渐显著，发展瓶颈逐渐显现。本章通过回顾国际旅游的发展历程，分析社会经济发展与旅游活动之间的关系，总结旅游活动的特征，探讨旅游发展的规律，认识和了解国际旅游发展的经验教训，学习先进管理理念，以期减少我国旅游业发展中不必要的问题，实现高效、高质量发展。

一、国际旅游发展历程

（一）旅游活动的萌芽

原始社会时期，生产力低下，生存条件恶劣，人类的迁移活动大多是为了生存。这类迁徙活动具有被迫性和求生性的特点，同时受到社会经济条件的限制。人们客观上不具备能够借以开展旅游活动的物质基础，主观上也不存在旅行的愿望。第三次社会大分工出现后，劳动剩余产品更加丰富，产生了出于交易的外出活动。但这种交易活动是出于实用主义的商贸目的，是一种自发的经济活动，不能称之为旅游活动。奴隶社会时期，社会经济条件进一步发展，交通和住宿等物质条件得到了改善，以消遣享乐为目的的旅游活动才正式出现，但多以短距离的游览活动为主，旅游主体多为统治阶级和富裕的自由人。

封建社会时期，罗马帝国的崩溃和长达几个世纪的战乱，使得社会更加动荡，旅游活动一落千丈。但这一时期出现了基督徒的朝圣之旅、马可波罗的东方之旅、温泉旅行和修学旅行，旅行活动得到一定发展。旅游的发展与当地的社会、政治、经济状况有着直接的联系。在这一漫长的时期中，旅行活动的类型虽然有新的发展和扩大，但其中占据主导地位的活动类型始终是商贸旅行。虽然存在消遣性的旅行活动，而且规模和类型有所扩大，但参加者仍然限于统治阶级及附庸阶层。因此，旅行活动的开展并

不具有普遍意义。

(二)近代旅游的兴起

进入19世纪,"Tourism"(旅游)一词首次提出,旅游的发展开始具有了今天意义上旅游的特点,主要表现在:第一,以休闲度假或消遣游乐为目的的外出旅行的人数大量增加,旅行开始具有普遍的社会意义;第二,人们大都借助专业性的商业服务来完成自己的旅行活动;第三,团体旅游开始出现。

19世纪中叶,在工业革命等的推动下,欧美地区的国内旅游和国际旅游都取得了突破性发展。18世纪60年代发源于英国的工业革命,陆续在欧美各国完成,实现了生产力和生产关系的变革,奠定了旅游活动大发展的物质基础。首先,工业革命加快了各国城市化的进程,促进了人们生活水平的提高,奠定了旅游活动的经济基础。其次,工业革命实现了由机器生产代替手工劳动,枯燥复杂的生产工作为旅游活动奠定了精神需求上的基础。再次,工业革命带来了阶级关系的新变化,资产阶级和工人阶级成为社会的两大阶级,为工人休闲时间的斗争提供了阶级基础。此外,工业革命引发了交通运输业的革命,汽船、蒸汽机车和火车的发明使交通更便捷,为人们开展消遣、旅游活动创造了便利条件。这些影响都促成了古代旅游向近代旅游的根本转变。

到19世纪,人们外出旅游的需求逐渐旺盛。1841年7月5日,英国人托马斯·库克利用包租火车的方式组织了570人,从莱斯特前往洛伯罗赫,参加戒酒大会。该活动基本上具备了现代旅行社组织旅行团的模式,被普遍认为是近代旅游业开端的标志。此后,托马斯·库克进行了一系列商业性尝试,业务范围逐渐拓宽。早期旅行社服务流程如图13-1所示。

图13-1 早期旅行社服务流程

托马斯库克开创了旅行社组团业务的基本模式,结束了西方旧的旅游时代,开辟了西方近代旅游的新纪元。

(三)现代旅游的发展

现代旅游通常指第二次世界大战以后,特别是20世纪60年代以来,迅速发展并流行于世界各国的社会化旅游活动。从全球视角来看,第二次世界大战以后,世界各国致力于恢复和发展经济,使得停滞的旅游业迎来了新的发展机遇,世界旅游需求规模持续增长。1950—1960年,国际旅游规模从约2528万人次增长到约6930万人次,增加了约2倍;国际旅游消费总额也由约21亿美元增长到约69亿美元,增长了2倍多,远远超过了世界经济的增长速度。现代旅游业成为各国不可忽视的经济增长点。

回顾现代旅游的发展历程,促进战后旅游业迅速发展的原因是多样的,但根本上与世界经济和社会环境分不开。战后相对和平的环境,促进了世界经济迅速恢复,使

得科学技术水平实现突破性进展。可支配收入提高、出行条件更加便捷等因素极大地刺激了旅游者的消费欲望,推动了旅游业的发展。此外,生产自动化程度的提高、带薪休假制度的发展和完善、“城市病”现象日益严重、教育的普及、人们消费观念的变化、政府的重视和相关政策的支持等,都对现代旅游的发展起到了良好的促进作用,推动了大众旅游时代的到来。

总之,影响战后旅游发展的因素是多方面的。正是在这些因素的共同影响下,现代旅游日益呈现出游客的大众性、发展的广泛性、地理的集中性、旅游的季节性、增长的持续性和服务的一体性等特征。

二、国际旅游发展趋势

旅游业发展至今,已经进入稳定时期。在21世纪的时代背景下,尽管各国的政治经济情况各不相同,旅游发展进程不一,但国际旅游依然呈现出以下发展趋势(见图13-2)。

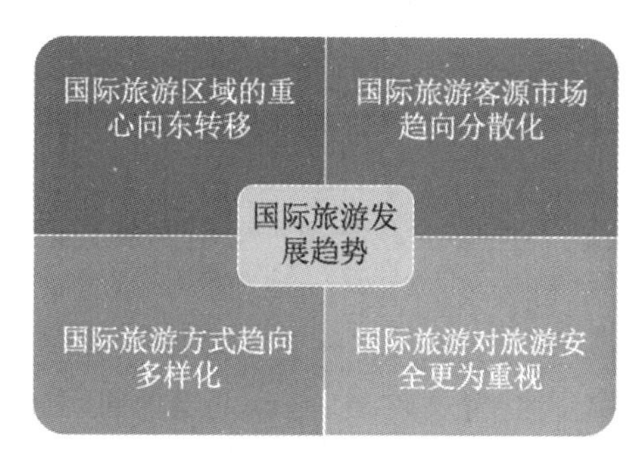

图 13-2　国际旅游发展趋势

(一)国际旅游区域的重心向东转移

《世界旅游经济趋势报告(2020)》数据显示,欧洲作为入境旅游目的地的半壁江山地位有所松动,领先优势逐渐缩小。而亚太地区则在国内旅游人次增速、国内旅游收入增速、旅游总收入相当于GDP的比重增速三方面位居全球五大区域之首,显现出强劲的增长势头。

(二)国际旅游客源市场趋向分散化

长期以来,欧洲与北美都是国际旅游的主要客源市场,参与国际旅游的人数占据四分之三以上比例。但随着亚洲、非洲和拉丁美洲的一批新兴国家快速发展,这些国家逐渐取代传统的旅游客源国,成为国际旅游新的主体市场。

(三)国际旅游方式趋向多样化

随着世界各国经济的发展与人们生活水平的提高,旅游者需求日渐多样化,单纯的消遣观光逐渐被多样化旅游方式所取代,各种内容丰富、新颖独特的旅游方式和旅游项目应运而生,旅游方式朝着个性化、多样化的方向发展。

(四)国际旅游对旅游安全更为重视

虽然和平仍然是时代的主题,但是当前自然灾害、冲突暴乱和恐怖事件等事件仍然时有发生,在时间和经济条件允许的情况,安全成为旅游者的重要关注点。

三、国际旅游目的地管理的主要理念

(一)可持续发展

1972年召开的联合国人类环境会议,首次提出了“可持续发展”的概念,并通过了《联合国人类环境会议宣言》,呼吁各国政府和各国人民共同努力,维护和改善人类共同的生存环境,造福人类的子孙后代,实现人类社会的可持续发展。此后,对于可持续发展的概念界定,逐渐拓展到国际、区域、地方及特别界定的层面。世界环境与发展委员会发表的《我们共同的未来》的报告,将可持续发展定义为“既能满足当代人的需要,又不对后代人满足其需要的能力构成危害的发展”,并对当前人类发展与所面临的环境问题进行了系统的客观评价,从“共同的关注、共同的挑战、共同的努力”三个部分展开,指出当前急需寻找一条环境发展与经济发展相协调的发展道路,使可持续发展的内涵更加明确。

1992年在巴西里约热内卢举办的联合国环境与发展会议上,70多个国际组织和世界183个国家讨论达成了可持续发展道路的共识。会议以可持续发展为指导思想,通过了《21世纪议程》《里约环境与发展宣言》《关于森林问题的原则声明》《联合国气候变化框架公约》《生物多样性公约》等文件,在全球范围内将可持续发展问题从理论探讨推向实践行动。随后,我国政府编制了《中国21世纪议程》,把可持续发展战略纳入我国经济和社会发展的长远规划。1997年党的十五大,还将可持续发展战略即社会可持续发展、生态可持续发展和经济可持续确定为我国“现代化建设中必须实施”的战略。

(二)区域旅游一体化

一体化是当今国际生活中日益引人注目的现象,通常意味着由部分组成整体,即将原来相互分离的单位转变为一个紧密系统的复合体。与旅游目的地管理紧密相关的一体化发展模式即区域经济一体化。学术界将区域经济一体化表述为成员国之间取消所有的歧视性贸易障碍,实行自由贸易,并建立某种合作和协调,其核心内容是建立一个产品、人力、劳务和资本可以自由流通的共同市场,亦即实现市场一体化,消除区域内的一切限制和障碍。在全球化和区域经济一体化的背景下,区域旅游一体化是区域经济一体化的重要组成部分,并且已经逐渐转变为一种必然趋势。

区域旅游一体化是区域旅游合作的最高层次,旨在建设统一的国际旅游目的地,其基本概念为“地理区位上邻近或接壤的两个或者多个国家、地区之间,共同实行统一的旅游政策而建立起来的旅游联合体,进而有利于相互间共同发展旅游业,促进旅游经济共同增长”。区域旅游一体化的核心要义是通过资源共享、优势互补、市场互动,打破地理区位、地域空间和体制障碍,从而进一步打造无障碍旅游区,实现旅游经济全

面发展的目标。区域旅游一体化发展,需要遵循旅游经济发展规律、顺应旅游业发展趋势、加强区域旅游合作、合理配置旅游资源、挖掘旅游区位优势、推进旅游业整体协调可持续发展,其本质是追求旅游经济效益。区域旅游一体化通过各个国家或城市的合作将各个要素进行整合,从而更有效地实现各方利益,促进区域内旅游效益的协调增长,最终实现共赢。

第二节 国际旅游目的地管理相关案例和经验

纽约、伦敦、巴黎等都是世界闻名的国际旅游目的地,这些旅游目的地有着什么样的资源与特色?它们的发展现状是什么?它们又是如何成为旅游目的地发展的领头羊的呢?本章节综合考量各区域、国家、城市以及景区层面的旅游目的地管理政策、规划和做法,选择了涵盖人文和自然两大类型的七个旅游目的地,讨论各旅游目的地管理的成功经验及教训,以期为我国旅游目的地提供管理启示。

一、欧洲文化之都:文化产业带动经济发展

拥有着众多世界文化遗产的欧洲,是世界上历史文化保存较完整和丰富的区域之一。为了维持其历史文化地位,欧洲开展了文化城市建设活动——“欧洲文化之都”。“欧洲文化之都”是欧盟开展的以文化交流及文化展示为主题的活动,也是欧盟授予符合要求并在激烈竞争中胜出的欧洲城市的为期一年的荣誉称号。在享受该荣誉称号的一年里,该城市能够展示其文化亮点、文化遗产、文化活动等文化领域的特色,吸引欧盟乃至全球范围的艺术家、文化机构、游客前来进行演出交流。该活动于1983年由希腊文化部长提出,1985年6月在希腊雅典首次举行。其最开始时被称为“欧洲文化之城”,于1999年更名为“欧洲文化之都”。该活动已经成为欧盟较成功和较受欢迎的一项活动,吸引着全世界的目光。受其启发,美洲与东亚地区也相继开展“美洲文化之都”和“东亚文化之都”活动。

“欧洲文化之都”的评选分为两阶段,第一阶段在举办“欧洲文化之都”活动的前六年开始,经过两年的评选,欧盟理事会确定被选城市(一个或者两个)。剩余的四年为第二阶段。在第二阶段里,由欧盟任命的专家组成的欧洲监理委员会协助、监督和指导被选城市制订一个详细的活动计划,该计划要充分体现“欧洲范畴”和影响力,特别是其附加值。举办城市筹办的活动符合标准和目标,特别是体现了“欧洲范畴”的,将获特别奖励。

该品牌活动发展至今,已经成为欧洲城市推动文化交流、促进经济发展的重要手段,并且形成了完善的行动纲领和行动指南,具备了清晰的操作指导框架与法律框架。“欧洲文化之都”围绕“欧洲范畴”概念展开的系列活动,在强调欧洲文化的丰富度和多样性、联系欧洲人民的文化纽带、增进不同欧洲国家人民之间的文化交流和互相理解以及培养“欧洲市民”的认同感方面起到了很大程度的积极作用。此外,举办文化之都

活动扩大了获选城市的知名度,吸引了更多的游客,促进了文化旅游业的发展,同时吸引了新的投资,也提高了就业率。例如,2003年奥地利的格拉茨(Graz)在担任欧洲文化之都的一年中,举办了6000个活动和开展了108个项目,迎来了300万名游客,当地旅馆客房使用率比前一年上升了25%。

经过多年的实践证明,这一活动的影响力无论对于获得称号的城市还是整个欧洲都是巨大的,其独特的文化引领城市复兴的发展路径为我国的历史文化城市(特别是中小城市)的复兴和发展提供了发展模式的参考,有利于历史文化城市根据自身资源和特色,寻找特色化的发展路径,也为全球区域范围内的文化复兴提供了发展思路。

二、法国的"去国家化"模式:遗产管理的自治化

法国高度重视历史文化遗产的保护和管理,是拥有世界遗产数量最多的国家之一,也是最早提出世界文化遗产日的国家。在遗产保护风格上,法国坚持"风格复原",即坚持把遗产建筑恢复到原来的风格。在管理制度上,法国对遗产实行"去国家化"("自治化"),在组织结构上实行既"外部化"又"内部化"的政策。"外部化"是指遗产机构将它的部分遗产延伸活动转让给私人机构,如游客接待、展览活动等;"内部化"是指将遗产的相关权责收回,交由遗产机构自主经营。这种"外部化"与"内部化"相结合的政策方式,有效解决了遗产管理体制在遗产保护和利用过程中的利益主体错位问题,同时又有利于遗产管理机构对遗产事业与产业进行差别化管理。此外,在"去国家化"模式下,国家设立遗产相应的法规,提出遗产的相关管理措施,如放松对价格的管制,允许将藏品借给其他博物馆并收取费用,创造更多经营机会和资助渠道等,实现对遗产的管理。

卢浮宫是法国实行"去国家化"模式的成功案例,它成功地完成了国有体制改革,实现了自主管理。卢浮宫的经营管理曾一度面临困境,为扭转这一局面,卢浮宫采取了一系列改革措施。首先,加强经营自主权。卢浮宫将选择聘用员工以及发放工资的权利从国家手中接过来,根据空缺岗位,自行招聘员工,并负责直接发放正式员工的工资。其次,实施合同制。卢浮宫同法国文化部和财政部签署了《2003—2005年目标和资金计划》,将卢浮宫改为"合同制",并推出相应的改革措施,规定卢浮宫将自行处置所有的门票收入(此前它必须把45%的收入交给政府)。最后,政府不再对卢浮宫的展出计划、预算以及博物馆展览相关的所有收入进行管理。这些改革措施执行后,卢浮宫提高了工作效率,优化了文化传播、科学研究和经营管理方面的工作,实现了经营收入的增加以及赞助资金的翻倍。

卢浮宫改革的成功在于找到了真正适合的管理模式和制度,是一种在压力和动力兼具的前提下实现的"去国家化"。遗产的经营权归国家所有,国家承担其盈亏,其员工与管理者必然会缺乏动力,从而导致经营困难。但是在"去国家化"模式下,政府不再给予过多支持,遗产机构获得了一定的自主权,但需要自负盈亏。这一政策的实施促使经营管理者为了保证遗产经营的正常运作以及实现盈利,就会采取积极的管理措施,如增加营收机会、改善经营管理等,促进遗产的保护和发展。"去国家化"模式通过管理分权将权限转移、让渡,以强化遗产机构的文化责任感,使之承担起与文化发展有

关的各项责任，管理遗产的各项文化事务，制定和实施更加符合地方实情的政策。这种“去国家化”的模式在法国是成功的，也是行之有效的，提升了法国的文化品牌效应，对促进法国旅游经济的发展起到了积极作用，同时也对我国的遗产管理分权和保护等方面具有一定借鉴意义。

三、日本：观光立国战略下的旅游政策措施

根据日本政府的界定，观光立国战略是把日本建设成为让当地居民感到自豪与幸福的地方，并且能够让游客感受到日本是一个富有独特魅力的国家。简言之，观光立国战略就是要把日本建设成一个“当地人都愿意居住、外地人都愿意来游玩的国家”。21世纪初，针对相对落后的日本旅游产业，日本提出了以丰富多彩且具有魅力的旅游观光立国的构想，并于2003年4月发表了报告。报告针对日本旅游观光立国的基本问题进行了探讨，揭示了日本入境旅游发展滞后的情况，强调了增进国际交流、经济自由化以及旅游观光立国的重要性。

为实现观光立国的战略目标，日本政府主要采取了以下政策措施：其一，在旅游法律体系建设方面，陆续制定并实施《观光立国推进基本法》《生态旅游推进法》《观光圈整备法》等相关法律，促进日本旅游业日趋规范化；其二，在组织机构方面，增设观光立国担当大臣职位，成立观光立国推进本部和旅游行政管理部门——观光厅；其三，在旅游教育方面，开设旅游学科，培养旅游人才；其四，在旅游战略规划方面，制定实施《观光立国推进基本计划》，推进国内区域旅游一体化建设，并在全国范围内进行景观修造工程等；其五，在国外市场开发方面，多渠道宣传国家旅游形象，广泛开展国际旅游合作，对东亚各国尤其是中国开放旅游市场，对国外游客实施旅游价格优惠措施。

2012年3月，日本政府制定了2012—2016年的《观光立国推进基本计划》，提出了2012—2016年日本旅游发展的新战略目标。计划书主要由基本方针、观光立国基本目标、实现观光立国政府应采取的综合措施以及其他事项四部分内容组成。为进一步推进观光立国战略，日本采取了一系列新举措，其中较突出的有两个：其一，通过旅游业扩大日本文化软实力的影响力。在改组日本旅游行政管理机构的基础上增设日本品牌宣传室，并依法实施日本品牌营销战略，由此提升日本文化的辐射力和吸引力。其二，提倡并鼓励在日本国内著名旅游区域和公共场所增设宗教设施场所。这也是推进观光立国战略发展前所未有的重要举措，彰显出日本观光立国战略的内容更加丰富、重点更加突出和实现途径日益多样化的特点。

实施观光立国战略是一个动态发展的过程，随着日本国内经济社会的发展和世界形势的变化，观光立国战略逐渐有新内容和新发展。在较长的一段时期内，观光立国战略模式对指导和推动日本旅游产业的发展仍发挥着不可替代的作用。因此，我国在制定和实施国家旅游发展战略和规划时，需要关注中长期旅游发展规划的作用，发挥它在旅游发展过程中的协调控制作用，最大限度地激发旅游产业活力，实现可持续发展。

四、伦敦道克兰地区:城市重建与旅游发展

作为世界级金融、商业及居住中心的伦敦道克兰地区的城市内部重建项目是世界上同类项目中规模较大的。由于该地区位于世界级旅游城市伦敦的边缘,因此,其城市振兴计划的内容包含着显著的旅游成分,相关项目的完成在很大程度上提升了该区的旅游吸引力。

伦敦道克兰地区原是世界贸易路线上的繁荣枢纽,但后来逐渐衰落,在20世纪60年代时已处于废弃状态。除简易小酒馆外,该地区当时几乎已无任何娱乐场所和设施尚存。为解决其衰落问题,伦敦道克兰地区于20世纪80年代初成立了伦敦道克兰开发公司(LDDC),并于1998年完成了相关重建和振兴工作,使其恢复了昔日的繁荣景象。

道克兰地区城市重建项目的成功很大程度上依赖于交通的完善。LDDC花费了大量资金来改善道克兰地区内、外部交通的通达性。首先,在区域内增设全长12.5千米的轻轨,并使之与伦敦城市轨道交通形成网络体系。又在2000年修建朱比利(Jubilee)地铁线,加强该地区与伦敦市中心及其他地区的联系。其次,改善区域内道路状况,并新建和改建116千米的道路,使区域内道路连入国家公路干道网。最后,将金丝雀码头地区建设成为汇有多层次的交通系统如Jubliee地铁线、湾区轻轨、公交巴士以及伦敦横贯铁路(Crossrail)的交通枢纽。道克兰地区交通条件的改善为其后续旅游业的繁荣发展创造了可能性。

道克兰地区内针对当地居民和商人群体设计的设施和项目为提升当地旅游吸引力起到了良好的推动作用。LDDC在Canary Wharf兴建了标志道克兰地区与法兰克福竞争欧洲金融中心的Canada Tower,该建筑物迅速成为道克兰地区乃至伦敦的新旅游地标。此外,LDDC将许多具有建筑价值的废置货仓改造成餐馆、酒馆、商店、艺术工作室、公寓和博物馆,将湿船坞改造成快艇码头,并将周边面积达160万平方米的水域改建为水上运动区。以上项目使道克兰地区实现了从工业废弃地向以现代化商用和民用建筑为主体的水上城市的转变。

伦敦道克兰地区作为城市改造及城市复兴的一个早期典范,在城市重建过程中积累了大量的经验,同时也产生了深远的影响。伦敦道克兰地区重建过程中的一些开发措施,如城市开发公司的成立、重视道路交通和基础设施等社区规划、重视历史文物的保护性利用等,对城市历史街区的重建和复兴包括城市历史街区的旅游开发和规划具有较大的指导和借鉴意义,也为我国城市历史街区的开发重建和遗产保护提供了一定的管理启示。

五、比利时布鲁日:历史文化名城的古城保护与旅游开发

布鲁日是比利时知名的中世纪古城、文化名城、旅游胜地,素有“北方威尼斯”“比利时艺术圣地”和“佛兰德珍珠”等美称。布鲁日完整地保存了数世纪前的建筑如护城河、城墙等以及整体的城市风貌,2000年布鲁日历史中心被成功列为世界文化遗产,并获得了“中世纪人类聚落的杰出典范,虽历经数世纪沧桑,仍保留着大量历史建筑。在

那里，早期哥特式建筑已经成为城市特征的一部分”的评价。

中世纪，依靠海运和贸易而发展的布鲁日曾是意大利、葡萄牙和西班牙等国的重要港口，但随着入海口泥沙、石块堵塞的问题愈发严重，中世纪以后，它逐渐失去了作为港口的功能和价值。而后，布鲁日逐渐衰落，逐步从欧洲的舞台上淡出，并一度被称“沉寂的布鲁日”。不过，正因如此，布鲁日中世纪的建筑和文化遗产得以完整地保留下来。19世纪下半叶，布鲁日成为世界第一批观光胜地之一，吸引了富有的英国与法国观光客。至20世纪下半叶，布鲁日才开始渐渐找回过往的荣光。20世纪末，国际观光业越来越蓬勃，在政府与市民的共同努力下，2000年布鲁日历史中心被联合国教科文组织列为世界文化遗产，布鲁日亦争取到了2002年“欧洲文化之都”的头衔。在振兴发展的过程中，布鲁日将物质文化遗产与非物质文化遗产作为城市当代发展的重要资本，并将文化遗产打造为城市的标签与名片，同时依据新形势不断调整政策与完善相关管理方案，使其在保存遗产原有特质的基础上成为欧洲文化旅游市场重镇，逐渐走向更广泛的国际市场，吸引世界各地的游客。布鲁日在遗产管理方面不遗余力，并采取了一系列措施使之逐渐成为宜居且适合旅行的城市。其主要举措有以下几点。

（1）遗产管理和保护。首先，布鲁日颁布城市历史建筑保护条例，实施最严格的历史建筑保护政策，并限定建筑改造的内容和条件。其次，为加强对布鲁日历史建筑及相关物质文化遗产的了解，政府文化遗产管理部门建立了当地文化遗产的名录并定期进行评估，按照列入名录和未被列入名录，对遗产进行分类管理和维护。最后，自1978年开始，当地政府制定资助政策以促进布鲁日文化遗产的保护，使得许多破败的地区被复原。在过去的几十年中，超过1000所建筑的维护工作得到了“艺术修复”资金的支持，这些维护在很大程度上提升了布鲁日整体的景观质量。

（2）设立遗产保护管理机构。成立城市历史遗产与城市更新部，该部门与相关专业委员会以及文化遗产监控组织等政府管理授权的非营利机构一起相互支持、相互监督，共同推动布鲁日历史城区的保护管理工作。

（3）促进公众参与。自1972年开始，布鲁日注重向公众普及文化遗产相关知识，并致力于提高公众的遗产保护意识和参与意愿。布鲁日相继成立了涵盖物质文化遗产、非物质文化遗产以及自然遗产的各类遗产协会。这些协会向市民开放，使他们积极参与到布鲁日的遗产保护和开发相关活动中。不少协会密切关注遗产现状，历来活跃于遗产保护和开发相关论坛，对布鲁日的遗产保护和开发起到了突出作用。另外，遗产保护和管理部门定期组织举办建筑遗产日以及遗产开放日等活动，这些节事至今仍是布鲁日重要的文化活动。

（4）实施容量管理和交通管理。旅游业为布鲁日的经济发展带来了巨大的推动力，但也带来了负面的影响。为了不影响当地居民生活的正常生活，布鲁日对旅游业进行容量管理和交通管理，如展开畅通计划等行动，尽可能地实现提供高质量旅游产品和延续历史城区生活模式的统一。

布鲁日历史文化遗产保护的成就来源于先进的保护管理理念与大量的保护管理实践，其严格细致的建筑保护管理制度为延续历史真实性提供了最基本的方法。经过多年的不懈努力，布鲁日已经形成了关于城市历史文化遗产保护、控制、管理等一系列的管理手段和管理政策，如建立遗产名录、提供遗产维护的资助与补助、鼓励公众积极

参与以及实施容量管理和交通管理等,成功塑造了其欧洲遗产旅游重镇的地位,亦为我国遗产旅游地的管理和保护提供了丰富的经验参考。

六、澳大利亚黄金海岸:生命周期停滞期旅游地的重振规划

作为一处世界级旅游胜地,位于澳大利亚昆士兰州的黄金海岸因长约42千米的金色沙滩得名,并以"冲浪者天堂"为世人熟知。丰富的自然资源以及人工景点塑造了黄金海岸的核心吸引力,吸引了大量游客来访。其中,自然旅游资源包括本地区的亚热带气候、绵长的沙滩、太平洋上的冲浪运动、腹地的国家公园、雨林和山脉等。人工景点主要有三座主题公园——海洋世界(Sea World)、电影世界(Movie World)和梦世界(Dream World),以及一座大型水上公园。此外,酒店与购物中心也是当地重要的产业形式和经济支柱。但是随着其步入生命周期的停滞阶段,旅游吸引力下降、市场扩张受限等问题逐步显现。在此背景下,高度创新的愿景规划被视为黄金海岸旅游发展实现复兴的战略举措。

在充分意识到制定愿景规划的必要性之后,黄金海岸基于其作为旅游目的地的未来的畅想和关注开展了愿景规划。针对时下黄金海岸旅游发展的瓶颈,愿景规划全面系统地总结了黄金海岸旅游业的发展状况,充分分析了全球、国家和本地区的相关发展规划,评估它们对黄金海岸的影响,并结合旅游可持续发展原则,制定了黄金海岸未来发展的共同愿景。同时,在共同愿景的框架下,黄金海岸提炼其核心价值,并据此评估其未来发展态势,进而做出与愿景目标相一致的旅游业发展战略选择。

另外,愿景规划也体现了黄金海岸发展策略从"旅游地营销"向"旅游地管理"的转变。愿景规划充分考虑旅游业发展涉及的各要素,并通过充分研判将旅游发展的影响、持续发展和居民态度作为重点关注的三大关键要素。通过深入探究黄金海岸旅游业的特点、分析旅游发展中各利益群体的角色和地位、举办愿景制定研讨会等,黄金海岸最终形成并制定了受到各利益群体广泛支持的旅游发展规划。

愿景规划可总结如下:黄金海岸将成为世界上最优秀的休闲和生活旅游胜地,将致力于实现本地区环境包括自然和人造环境的可持续管理,同时增加社区居民的自信心和自豪感,提高服务地方经济的活跃度和深度,改善社区福利,创造一个有独特品位的、充满活力的旅游度假地;本地区将制定一流的组织管理制度和营销方案,并加强企业、社区和政府之间的合作;本地区将培养并形成品牌和市场意识,将提升黄金海岸在国内外目标市场上的领先地位;黄金海岸将成为"环太平洋"生活和休闲之都。

黄金海岸的愿景规划明确了其未来的发展方向,清楚地阐述了旅游业的核心价值和原则,促使其作为旅游目的地的管理从相对无序向专业、系统转变。虽然这些变化不全是愿景规划的功劳,不过黄金海岸旅游发展战略的研究制定显然受到其愿景规划的影响,印证了旅游重振规划对生命周期处于停滞阶段的旅游目的地的旅游发展的重要作用。黄金海岸愿景规划的经验亦对我国旅游目的地发展规划的制定和目的地品牌形象建设有一定的启示和参考作用。

七、美国黄石国家公园:生态是最核心的价值

黄石国家公园建于1872年,是美国历史最悠久的一座国家公园,也是《国家地理》杂志评选出的"一生必去"的景点之一,被美国人称为"世界上最独一无二的神奇乐园"。它位于怀俄明州西北角,拥有面积广阔的湖泊、雄伟壮观的峡谷、一望无垠的草原和气势磅礴的瀑布,还有着许多野生动物,如野牛、麋鹿和熊等。

保护黄石景观使其成为供人们旅游娱乐的"国家游乐场",是建立黄石国家公园的核心目标,也是黄石国家公园倡导者普遍认同的观念。此观念在《黄石公园法》中也有所体现,如黄石国家公园管理方需在保护自然资源的基础上为游客提供旅游娱乐的机会。然而,在黄石国家公园成立以前,美国对于自然资源的重视程度较低,放任自由的开发利用政策导致了严重的资源和环境破坏问题,使得1995年黄石国家公园被列入《濒危世界遗产名录》。

随着对生态保护重要性的认识加深,黄石国家公园相关管理方相继采取了一系列生态保护措施:在野生动物的保护方面,采取了狩猎限制、垂钓限制、禁止给野生动物投食、防止北美野牛外流以及管理动物和害虫等措施;在本地植物的保护方面,努力消除外来植物对本地植物的危害并整治有安全隐患的树木;在地质资源的保护方面,投入了大量的精力和财力进行宣传教育,提醒游客对易受到损害的地质资源进行保护。在一系列努力下,2003年,黄石国家公园从《濒危世界遗产名录》中被有条件除名。这次事件也让黄石国家公园管理方深刻认识到,生态才是最核心的价值,保护生态和追求经济效益是统一的。因此,黄石国家公园设立了保护公园资源、成为向公众提供娱乐和游客体验的场所、确保机构的高效率等战略目标,并将此作为公园可持续发展的行动指南。

为了更好地实现前述战略目标,黄石国家公园进行了社会功能的开发与利用,建立教育与科研基地,并开展了多种多样的活动,包括野营野餐、探险、开展研讨会等。同时,黄石国家公园还探索发展公园守护者项目,并在经费方面积极争取政府支持。针对当前黄石国家公园面临的交通拥堵和动植物栖息地被破坏等问题,相关管理方也采取了积极的针对性措施,如试行游客预约制度(针对旺季和热门景点),逐步推出景区公共交通服务、试运营无人驾驶电动汽车等。另外,为保护好黄石地区的温带生态系统,黄石国家公园积极与其他机构合作,研究人类活动、气候变化等对公园内脆弱植被和野生动物的影响。

黄石国家公园的建立、管理实践与政策制定都属于开先河。在坚持生态是国家公园最核心价值的理念方面,黄石国家公园的一些措施,如建立动植物监测机制等,极大地影响着国家公园的政策制定和管理实践,并由此产生一系列持续性的影响。当前,我国在以国家公园为主体的自然保护地体系的管理体制和机制改革上展开了积极探索。2021年10月12日,我国第一批国家公园名单公布。美国黄石国家公园的管理经验可为我国国家公园的管理保护实践提供借鉴,并对我国有效推进生态文明建设有着重要参考意义。

Note

本章小结

本章首先回顾了国际旅游的发展历程,总结了国际旅游发展趋势及发展理念;而后多层次、多角度地呈现了世界各国旅游目的地管理的典型案例,详细讨论了各旅游目的地的旅游业发展困境、解决措施和成功经验。在全球旅游可持续发展中被广为推广和借鉴的旅游目的地管理理念和经验可为我国旅游业目的地管理实践乃至我国旅游业的可持续和高质量发展提供重要借鉴。

课后活动

2019年2月18日,中共中央、国务院印发《粤港澳大湾区发展规划纲要》,提出了要将粤港澳大湾区建成充满活力的世界级城市群,试分析如何将粤港澳大湾区打造为世界级旅游目的地。

参考文献

References

[1] Blain C.Destination Branding:Insights and Practices from Destination Management Organizations[J]. Journal of Travel Research, 2005, 43(4).

[2] Buhalis D D.Marketing the competitive destination of the future[J]. Tourism Management, 2000, 21(1).

[3] Morrison A M.Managing and Marketing Tourism Destinations[M]. London: Routledge,2018.

[4] 保继刚.为权利讲述真理还是对权利讲述真理[J].旅游学刊,2012,27(12).

[5] 付健,张玉钧,陈峻崎,等.游憩承载力在游憩区管理中的应用[J].世界林业研究,2010,23(2).

[6] 高静,章勇刚.旅游目的地品牌化若干基本问题的探讨[J].北京第二外国语学院学报,2007(9).

[7] 谷惠敏.旅游危机管理研究[M].天津:南开大学出版社,2007.

[8] 克莱尔·A.冈恩,特格特·瓦尔.旅游规划理论与案例[M].4版.吴必虎,吴冬青,党宁,译.大连:东北财经大学出版社,2005.

[9] 韦鸣秋,白长虹,张彤.旅游目的地精益服务供给中的组织关系演进逻辑——基于重庆、西安、杭州的跨案例比较研究[J].管理世界,2021,37(7).

[10] 刘丹丹,黄安民,杨飞飞.基于多源数据的旅游公共设施空间分布特征及供需平衡研究——以福建省厦门市为例[J].资源开发与市场,2020,36(10).

[11] 邵晓兰,高峻.旅游地生命周期研究现状和展望[J].旅游学刊,2006,21(6).

[12] 宋慧林,蒋依依,王元地.政府旅游公共营销的实现机制和路径选择——基于扎根理论的一个探索性研究[J].旅游学刊,2015,30(1).

[13] 孙根年.论旅游危机的生命周期与后评价研究[J].人文地理,2008,23(1).

[14] 孙九霞,苏静.旅游影响下传统社区空间变迁的理论探讨——基于空间生产理论的反思[J].旅游学刊,2014,29(5).

[15] 王昆欣,牟丹.旅游景区服务与管理[M].3版.北京:旅游教育出版社,2018.
[16] 王有成,匹赞姆.目的地市场营销与管理:理论与实践[M].张朝枝,郑艳芬,译.北京:中国旅游出版社,2014.
[17] 王信章.旅游公共服务体系与旅游目的地建设[J].旅游学刊,2012,27(1).
[18] 杨昀,保继刚.本地旅游精英培育与目的地层面内在影响研究——基于阳朔的历时性解释[J].旅游学刊,2020,35(5).
[19] 杨振之.旅游资源的系统论分析[J].旅游学刊,1997(3).
[20] 张朝枝,陈钢华.旅游目的地管理[M].重庆:重庆大学出版社,2021.
[21] 王昕,张海龙.旅游目的地管理[M].北京:中国旅游出版社,2019.
[22] 邹统钎,王欣.旅游目的地管理[M].2版.北京:高等教育出版社,2019.

教学支持说明

为了改善教学效果，提高教材的使用效率，满足高校授课教师的教学需求，本套教材备有与纸质教材配套的教学课件(PPT电子教案)和拓展资源(案例库、习题库、视频等)。

为保证本教学课件及相关教学资料仅为教材使用者所得，我们将向使用本套教材的高校授课教师赠送教学课件或相关教学资料，烦请授课教师通过电话、邮件或加入旅游专家俱乐部QQ群等方式与我们联系，获取“电子资源申请表”文档，准确填写后反馈给我们，我们的联系方式如下：

地址：湖北省武汉市东湖新技术开发区华工科技园华工园六路

邮编：430223

电话：027-81321911

传真：027-81321917

E-mail：lyzjjlb@163.com

旅游专家俱乐部QQ群号：758712998

旅游专家俱乐部QQ群二维码：

群名称:旅游专家俱乐部5群
群　号:758712998

电子资源申请表

填表时间：________年____月____日

1. 以下内容请教师按实际情况写，★为必填项。
2. 根据个人情况如实填写，相关内容可以酌情调整提交。

★姓名		★性别	□男 □女	出生年月		★ 职务	
						★ 职称	□教授 □副教授 □讲师 □助教
★学校				★院/系			
★教研室				★专业			
★办公电话		家庭电话			★移动电话		
★E-mail（请填写清晰）					★QQ 号/微信号		
★联系地址					★邮编		

★现在主授课程情况		学生人数	教材所属出版社	教材满意度
课程一				□满意 □一般 □不满意
课程二				□满意 □一般 □不满意
课程三				□满意 □一般 □不满意
其　他				□满意 □一般 □不满意

教 材 出 版 信 息		
方向一		□准备写 □写作中 □已成稿 □已出版待修订 □有讲义
方向二		□准备写 □写作中 □已成稿 □已出版待修订 □有讲义
方向三		□准备写 □写作中 □已成稿 □已出版待修订 □有讲义

请教师认真填写表格下列内容，提供索取课件配套教材的相关信息，我社根据每位教师填表信息的完整性、授课情况与索取课件的相关性，以及教材使用的情况赠送教材的配套课件及相关教学资源。

ISBN(书号)	书名	作者	索取课件简要说明	学生人数（如选作教材）
			□教学 □参考	
			□教学 □参考	

★您对与课件配套的纸质教材的意见和建议，希望提供哪些配套教学资源：